高等职业教育“十三五”规划教材

水土保持生态建设

（修订版）

主　编　郑荣伟
副主编　刘祥超　陈　剑　徐伊丽
　　　　黄霄宇　马剑波
主　审　王庆明

黄河水利出版社
·郑州·

内 容 提 要

本书是高等职业教育“十三五”规划教材。本书共分7章，主要内容包括概论、水土流失形式及影响因素、典型水土保持工程、水土保持规划、水土保持监测、生产建设项目水土保持方案编写、案例等。本书注重高职学生与行业的衔接及实践能力的培养，坚持“产教融合、校企一体”的编写思路，内容更贴近行业实际；同时注重高职学生实践技能的提高，在学生理解水土保持基本概念的基础上，系统介绍了小流域综合治理及生产建设项目的方案编制，配以工程案例，引导学生自主进行水土保持方案的编制，提高学生的动手实践能力。

本书可供高职高专院校水利工程类专业教学使用，也可供相关专业工程技术人员学习参考。

图书在版编目(CIP)数据

水土保持生态建设/郑荣伟主编.—郑州：黄河水利出版社，2020.1　(2022.6　修订版重印)
高等职业教育“十三五”规划教材
ISBN 978-7-5509-2571-7

Ⅰ.①水…　Ⅱ.①郑…　Ⅲ.①水土保持-生态环境-环境保护-高等职业教育-教材　Ⅳ.①S157.2

中国版本图书馆CIP数据核字(2020)第006686号

组稿编辑：王路平　电话：0371-66022212　E-mail：hhslwlp@126.com

出 版 社：黄河水利出版社　网址：www.yrcp.com
地址：河南省郑州市顺河路黄委会综合楼14层　邮政编码：450003
发行单位：黄河水利出版社
发行部电话：0371-66026940、66020550、66028024、66022620(传真)
E-mail：hhslcbs@126.com
承印单位：河南承创印务有限公司
开本：787 mm×1 092 mm　1/16
印张：14.5
字数：340千字　印数：1 001—1 600
版次：2020年1月第1版　印次：2022年6月第2次印刷
2022年6月修订版

定价：40.00元

前　言

本书是根据2014年全国职业教育工作会议及《中共中央 国务院关于加快水利改革发展的决定》(2011年中央一号文件)、《国家中长期教育改革和发展规划纲要》(2010~2020年)、《国务院关于加快发展现代职业教育的决定》(国发〔2014〕19号)、《教育部关于全面提高高等职业教育教学质量的若干意见》(教高〔2006〕16号)、《高等职业教育创新发展行动计划》(2015~2018年)等文件精神,落实"水利工程补短板,水利行业强监管"的水利改革发展总基调,按照现代水利职业教育要求,在总结水利类高等职业教育多年教学改革经验的基础上,结合浙江水利实际及优势特色专业建设发展的要求,校企合作编写而成的教材。

为了不断提高教材质量,编者于2022年6月,根据在教学实践中发现的问题和错误,对全书进行了系统的修订完善。

本书坚持"产教融合、校企一体"的编写思路,注重学生实践技能的提高。根据本课程的培养目标和水土保持工作的行业现状,力求拓宽专业面,扩大知识面,综合运用基本理论和知识,解决工程实际问题,内容上尽量符合实际需要。本书主要内容包括概论、水土流失形式及影响因素、典型水土保持工程、水土保持规划、水土保持监测、生产建设项目水土保持方案编写,结合工程案例强化知识的应用,基本涵盖了从事水土保持工作的知识体系。

本书由浙江同济科技职业学院郑荣伟担任主编,浙江广川工程咨询有限公司刘祥超、温州市水利水电勘测设计院陈剑、浙江同济科技职业学院徐伊丽和黄霄宇任副主编。编写分工如下:郑荣伟编写第一章、第三章和第六章,徐伊丽编写第二章,陈剑编写第四章,黄霄宇编写第五章,刘祥超、马剑波编写第七章。全书由中国水利水电科学研究院王庆明担任主审。

本书突出高等职业教育特色、现代水利特色及高素质技术技能型人才培养特色,通俗易懂,实用性强,学员看得懂、能实践。本书既可作为各类高职高专院校水利工程类专业的水土保持课程教材,也可作为水利行业职工继续教育、技能鉴定的教材使用,亦可供基层水利工程技术人员参考使用。

本书在编写过程中,引用了大量的规范、专业文献和工程案例,在书中未一一注明出处,在此向有关文献的作者深表谢意!

由于编者水平有限,书中错误和疏漏之处在所难免,恳请读者在使用过程中将发现的问题及时反馈给编者,以便我们日后修订完善,进一步提高教材质量。

编　者

2022年6月

目　录

第一章 概 论

第一节 基本概念

一、水土流失

水土流失在《中国百科大辞典》中的定义为：由水、重力和风等外界力引起的水土资源破坏和损失；在《中国水利百科全书·第一卷》中的定义为：在水力、重力、风力等外营力作用下，水土资源和土地生产力的破坏和损失，包括土地表层侵蚀及水的损失，亦称水土损失。水土流失的形式除雨滴溅蚀、片蚀、细沟侵蚀、浅沟侵蚀、切沟侵蚀等典型的土壤侵蚀形式外，还包括河岸侵蚀、山洪侵蚀、泥石流侵蚀以及滑坡侵蚀等形式。我国判断水土流失有3条标准：一是水土流失发生的场所是陆地表面，除海洋外的地球表面都有可能发生水土流失；二是水土流失产生的原因必须是外营力，最主要的外营力是水力、风力、重力和人为活动；三是水土流失产生的结果是水土资源和土地生产力的破坏与损失。

"水土流失"一词在中国早已被广泛使用，自从"土壤侵蚀"一词传入我国以后，从广义理解常被用作水土流失的同义语。从土壤侵蚀和水土流失的定义中可以看出，二者虽然存在着共同点，即都包括了在外营力作用下土壤、母质及浅层基岩的剥蚀、搬运和沉积的全过程，但是也有明显的差别，即水土流失中包括了在外营力作用下水资源和土地生产力的破坏与损失，而土壤侵蚀中则没有。

虽然水土流失与土壤侵蚀在定义上存在着明显差别，但应该看到因"水土流失"一词源于我国，科研、教学和生产上使用较为普遍。而"土壤侵蚀"一词为传入我国的外来词，其含义显然狭于水土流失的内容。随着水土保持这一学科逐渐发展和成熟，在教学和科研方面人们对二者的差异给予了越来越多的重视，而在生产上人们常把水土流失和土壤侵蚀作为同一语义来使用。

二、水土保持

水土保持是指对自然因素和人为活动造成水土流失所采取的预防与治理措施。《中国大百科全书·农业卷》(1990年9月)对水土保持的定义为：防治水土流失，保护、改良与合理利用山丘区和风沙区水土资源，维护和提高土地生产力，以利于充分发挥水土资源的经济效益和社会效益，建立良好的生态环境的事业。

水土保持就是在合理利用水土资源的基础上，组织运用水土保持林草措施、水土保持工程措施、水土保持农业措施、水土保持管理措施等形成水土保持综合治理体系，以达到保持水土、提高土地生产力、改善山丘区和风沙区生态环境的目的。

三、土壤侵蚀

土壤及其他地面组成物质在水力、风力、冻融和重力等外营力作用下，被剥蚀、破坏、分离、搬运和沉积的全部过程称为土壤侵蚀。

土壤侵蚀的对象并不限于土壤及其母质，还包括土壤下面的土体、岩屑及松软岩层等。在现代侵蚀条件下，人类活动对土壤侵蚀的影响日益加剧，它对土壤和地表物质的剥离与破坏，已成为十分重要的外营力。因此，全面而确切的土壤侵蚀含义应为：土壤及其他地表组成物质在自然营力作用下或自然营力与人类活动的综合作用下被剥蚀、破坏、分离、搬运和沉积的全部过程。在我国，土壤侵蚀有时作为水土流失的同义词。《中华人民共和国水土保持法》中所指的水土流失包含水的损失和土壤侵蚀两方面的内容。

四、土地荒漠化

土地荒漠化概念有狭义和广义之分。狭义的土地荒漠化是指在脆弱的生态系统下，由人为过度的经济活动，破坏其平衡，使原非沙漠地区出现了类似沙漠景观的环境变化过程。因此，凡是具有发生沙漠化过程的土地都被称为沙漠化土地。沙漠化土地还包括了沙漠边缘风力作用下沙丘前移入侵的地区和后来的固定、半固定沙丘由于植被破坏发生流沙活动的沙丘活化地区。

广义的土地荒漠化是指由于人为和自然因素的综合作用，使得干旱、半干旱甚至半湿润地区自然环境退化（包括盐渍化、草场退化、水土流失、土壤沙化、植被荒漠化、历史时期沙丘前移入侵等以某一环境因素为标志的具有自然环境退化）的总过程。

五、允许土壤流失量和土壤侵蚀强度

允许土壤流失量是长时期内能保持土壤的肥力和维持土地生产力基本稳定的最大土壤流失量，可简称为维持土地高生产力的最大侵蚀量，单位常用 $t/(km^2 \cdot a)$ 表示。由于不同地区的成土速度不同，因此允许土壤流失量也不同。小于允许土壤流失量的侵蚀，属正常侵蚀（微度侵蚀）；大于或等于允许土壤侵蚀量的侵蚀，属加速侵蚀（水土流失）。土壤侵蚀强度可分为微度侵蚀、中度侵蚀、强度侵蚀、极强度侵蚀、剧烈侵蚀。

土壤侵蚀强度是指地壳表层土壤在自然营力（水力、风力、重力及冻融等）和人类活动综合作用下，单位面积和单位时段内被剥蚀并发生位移的土壤侵蚀量，通常用土壤侵蚀模数表示。土壤侵蚀模数即单位面积土壤及土壤母质在单位时间内侵蚀量的大小，侵蚀模数中的土壤流失量可以用质量[$t/(km^2 \cdot a)$]、体积[$m^3/(km^2 \cdot a)$]或厚度（mm/a）来表示。

六、分水岭和侵蚀基准面

河流自然形成一个独立的水文网系统，这种属于一个系统的整个集水区面积，即集水面积。集水区的周界称为分水岭。水土流失的范围最高不超过分水线，最低以侵蚀基准面为界。

河流或河谷下切到某一水平面后，河床趋于稳定，逐渐失去侵蚀能力，这个水平面称为河流或河谷的侵蚀基准面。侵蚀基准面是控制沟谷或河谷下切侵蚀的水平面。因此，在水土保持综合防治措施中，通过在沟道中采取修谷坊、筑淤地坝以及修筑岸坡护脚工程等措施来稳定或抬高沟道和河道的侵蚀基准面，以达到控制其下切侵蚀的目的。

第二节 工程建设项目的分类

一、按平面布局分类

建设项目按平面布局分类，可分为线形建设项目和点形建设项目。

线形建设项目布局跨度较大，呈线状分布，包括公路(高速公路、国道、省道、县际公路、县乡公路和乡村道路)、铁路、管道(供水、输油、输气和通信光缆等)、输电线路和渠道等。

点形建设项目布局相对集中，呈点状分布，如矿山、电厂、水利水电工程、城镇建设工程、农林开发工程和冶金化工工厂等。

二、按水土流失发生时段分类

建设项目按水土流失发生的时段，可分为建设类项目和建设生产类项目。

如公路、铁路、机场、港口、码头、水工程、管道工程、输变电工程和城镇建设工程等开发建设项目，水土流失主要发生在建设过程中，当开发建设项目通过水土保持专项验收并投产使用后，在运营期基本没有开挖、取土(石、料)、弃土(石、渣)等活动，水土流失呈逐步减少、逐渐趋于稳定的趋势，不再新增水土流失，此类项目为建设类项目。其时段标准划分为施工期和试运行期。

建设生产类项目如露天矿开采、农林开发、燃煤电站、冶金建材、石油天然气开采和取土采石场等，不仅在建设过程中产生水土流失，而且在生产运行期间还源源不断地产生水土流失，此类项目均为建设生产类项目。其时段标准划分为施工期、试运行期和生产运行期。如燃煤电站在通过水土保持专项验收并投产使用后，还将产生粉煤灰、石膏等废弃物，还需要采取各种防护措施。

三、按建设性质分类

工程建设项目按建设性质，可分为新建项目、扩建项目、改扩建项目、迁建项目和恢复项目。

(一)新建项目

新建项目是指根据国民经济和社会发展的近、远期规划，按照规定的程序立项，从无到有、“平地起家”建设的工程项目。有的建设项目原有规模很小，经重新进行总体设计扩大建设规模后，其新增加的固定资产价值超过原有全部固定资产价值(原值)3 倍以上时，才可算新建项目。

(二)扩建项目

扩建项目是指现有企业、事业单位在原有场地内或其他地点，为扩大产品的生产能力或增加经济效益而增建的生产车间、独立的生产线或分厂的项目;事业和行政单位在原有业务系统的基础上扩充规模而进行的新增固定资产投资的项目。

(三)改扩建项目

改扩建项目是指为了提高生产效益,改善产品质量或方向,对原有设备、工艺流程进行技术改造的项目,或为提高生产能力而增加的一些附属项目。改建项目包括挖潜、节能、安全、环境保护等工程项目。

(四)迁建项目

迁建项目是指原有企业、事业单位,根据自身生产经营和事业发展的要求,按照国家调整生产力布局的经济发展战略的需要或出于环境保护等其他特殊要求,搬迁到异地而建设的项目。

(五)恢复项目

恢复项目是指原有企业、事业和行政单位,因在自然灾害或战争中使原有固定资产遭受全部或部分报废,需要进行投资重建来恢复生产能力和业务工作条件、生活福利设施等的工程项目。

四、按投资作用分类

工程建设项目按投资作用,可分为生产性工程项目和非生产性工程项目。

(一)生产性工程项目

生产性工程项目是指直接用于物质资料生产或直接为物质资料生产服务的工程项目。

(二)非生产性工程项目

非生产性工程项目是指用于满足人民物质和文化、社会福利需要的建设项目和非物质资料生产部门的建设项目。

五、按项目规模分类

为适应对工程建设项目分级管理的需要,国家规定基本建设项目分为大型、中型、小型三类;更新改造项目分为限额以上和限额以下两类。对于不同等级标准的工程项目,国家规定的审批机关和报建程序也不尽相同。划分项目等级的原则如下:

(1)按批准的可行性研究报告所确定的总设计能力或投资总额的大小,依据国家颁布的《基本建设项目大中小型划分标准》进行分类。

(2)凡生产单一产品的项目,一般以产品的设计生产能力划分;生产多种产品的项目,一般按其主要产品的设计生产能力划分;产品分类较多,不易分清主次、难以按产品的设计能力划分时,可按投资总额划分。

(3)对国民经济和社会发展具有特殊意义的某些项目,虽然设计能力或全部投资不够大、中型项目标准,但经国家批准已列入大、中型计划或国家重点建设工程的项目,也按大、中型项目管理。

(4)更新改造项目一般只按投资额分为限额以上和限额以下项目,不再按生产能力或其他标准划分。

(5)基本建设项目的大、中、小型和更新改造项目限额的具体划分标准,根据各个时期经济发展和实际工作的需要而有所变化。

第三节 水土流失的现状及危害

一、我国的水土流失现状及危害

我国的国土面积为960万km^2,地势西高东低,山地、丘陵和高原面积约占全国总土地面积的2/3,在总土地面积中,耕地占14.0%,林地占16.5%,天然草地占29.0%,难以被农业利用的沙漠、戈壁、冰川、石山和高寒荒漠等占35.0%。由于特殊的地理自然和社会经济条件,我国成为世界上水土流失最为严重的国家之一。根据《第一次全国水利普查水土保持情况公报》(水利部),2011年,全国(未含香港、澳门特别行政区和台湾省)共有水土流失面积294.91万km^2。其中,水力侵蚀面积129.32万km^2,占水土流失总面积的43.85%;风力侵蚀面积165.59万km^2,占水土流失总面积的56.15%。

另外,我国水土流失形式多样,类型复杂。水力侵蚀、风力侵蚀、冻融侵蚀和滑坡、泥石流等重力侵蚀特点各异,相互交错,成因复杂。严重的水土流失给我国经济社会的发展和人民群众的生产生活带来了多方面的危害。

(一)破坏土地,吞食农田,威胁人类生存

水土资源是人类赖以生存的物质基础,是生态环境与农业生产的基本资源。年复一年的水土流失,使有限的水土资源遭到严重的破坏。土层变薄,土地沙化、石化和退化的速度加快,地形被切割得支离破碎,大面积的良田被吞食。据估计,由于水土流失,我国每年损失耕地6.7万hm^2,每年造成的经济损失达100亿元左右,其中西北黄土高原地区、东北黑土区和南方花岗岩“崩岗”地区土壤侵蚀最为严重。黄土高原地区的土壤侵蚀使得沟头平均每年前进1~3 m。黑龙江省的黑土区有大型冲沟约14万条,已吞食耕地9.33万hm^2。长江中上游许多地方由土壤侵蚀导致的石化面积急剧增加,如重庆市的万州区每年增加石化面积2 500 hm^2,陕西省安康市平均每年增加石化面积近700 hm^2。更严重的是,水土流失造成的土地损失,直接威胁到群众的生存,其损失是难以用货币估算的。

(二)降低土壤肥力,加剧干旱发展

坡耕地水、土、肥的流失,致使土地日益瘠薄,田间持水能力降低,土壤理化性质恶化。土壤透水性、持水性下降,加剧了干旱的发展,使农业产量低而不稳。据观测,黄土高原地区平均每年流失的16亿t泥沙中,含氮、磷、钾总量约4 000万t。据统计,全国多年平均受旱面积约2 000万hm^2,成灾面积约700万hm^2,成灾率达35%,而且大部分在水土流失严重的区域。

(三)泥沙淤积河床,加剧洪涝灾害

土壤侵蚀造成大量的坡面泥沙被冲蚀下泄,搬运后沉积在下游河道,削弱了河床泄洪能力,加剧了洪水危害。中华人民共和国成立以来,黄河下游河床平均每年淤高8~10 cm,目前很多地段已高出两岸地面4~10 m,成为“地上悬河”,严重威胁着下游人民生命财产的安全，也成为国家的“心腹大患”。近几十年来，全国各地都有类似黄河的情况，随着土壤侵蚀的日益加剧，各地大、中、小河流的河床淤高和洪涝灾害也日趋严重。1998 年长江流域、松花江流域发生的特大洪涝灾害，在很大程度上表明其中上游地区的土壤侵蚀造成的危害在不断增大的问题，已给国家和人民生命财产造成了巨大的损失。

（四）泥沙淤塞水库、湖泊，降低其综合利用功能

水土流失不仅使洪涝灾害频发，而且产生的泥沙和流失的氮、磷及化学农药等有机污染物，引起水库、湖泊等水体的富营养化，污染环境和水源，也严重威胁水利设施及其效益的发挥。

（五）影响航运，破坏交通安全

由于水土流失造成河道、港口的淤积，航运里程急剧降低，而且每年汛期由于水土流失形成的山体塌方、泥石流等造成的交通中断，在全国各地时有发生。据统计，1949 年全国内河航运里程为 15.7 万 km，到 1985 年减少为 10.93 万 km，1990 年又减少为 7 万多 km，水土流失已严重影响到内河航运事业的发展。

（六）水土流失使生态环境严重恶化

水土流失主要是陡坡开荒、破坏植被和人为开发建设活动扰动地面形成大量的松散固体物质造成的。植被的破坏，造成土壤涵养水源能力降低，加之松散固体物的增加导致洪涝与干旱灾害的频繁交替出现，土地大面积的石化、沙化、退化以及沙尘暴等自然灾害不断加剧，使得生态环境进一步恶化。

水土流失是土地退化和生态恶化的主要表现形式，水土流失对经济社会发展的影响是多方面的、全局性的和深远的，有时甚至是不可逆的。加强水土保持生态建设，不仅直接关系到防洪安全、粮食安全、生态安全和人居安全，而且已成为缓解日趋强化的资源环境约束、加快转变经济发展方式、增强可持续发展能力的必然选择。

二、浙江省水土流失现状

据 2014 年浙江省水土流失调查成果，浙江省共有水土流失面积 9 279.70 km^2，占全省国土总面积的 8.80%。其中，轻度流失面积 2 843.26 km^2，占水土流失面积的 30.64%；中度流失面积 4 321.22 km^2，占水土流失面积的 46.57%；强烈流失面积 1 255.45 km^2，占水土流失面积的 13.53%；极强烈流失面积 692.51 km^2，占水土流失面积的 7.46%；剧烈流失面积 167.26 km^2，占水土流失面积的 1.80%。

浙江省属于南方红壤丘陵区，水土流失类型以水力侵蚀为主，浙西、浙南部分山区存在滑坡、崩塌、泥石流等重力侵蚀，舟山群岛和杭州湾两岸存在少量风力侵蚀。水力侵蚀分布于境内各种母质土壤上，侵蚀形式有面状侵蚀、浅沟侵蚀、切沟侵蚀，其面积占全省水土流失面积的 95% 以上。为了水土流失防治的需要，将浙江省水土流失类型按成因分为自然水土流失和人为水土流失两种类型。自然水土流失按侵蚀地貌形态又可分为面状侵蚀（包括溅蚀、片蚀）、沟状侵蚀（包括细沟侵蚀、浅沟侵蚀、切沟侵蚀和冲沟侵蚀）、溶蚀侵蚀、滑坡（含崩塌、泻溜）和崩岗侵蚀。人为水土流失按人为活动形式可分为采矿、采石取土、陡坡开垦、修路、开发区建设、水利电力工程、坡耕地及其他等八种侵蚀类型（见表 1-1）。根据调查，目前浙江省的水土流失所带来的危害，多数是不合理的人为活动所致。

表 1-1 浙江省主要水土流失类型

水土流失类型		流失特征
自然水土流失	面状侵蚀	雨滴降落在坡面上,对土壤产生击溅和地表径流冲刷,表层土粒被均匀冲刷的侵蚀现象。在浙江省是最为普遍的一种侵蚀方式
	沟状侵蚀	坡面上水流汇集成股流后,对地面进行线状切割产生的以沟槽为主的土壤侵蚀
	滑坡(含崩塌、泻溜)	斜坡上的土、石体在饱和重力水和层间潜流滑动作用下发生的顺坡向下移动
	泥石流	泥石流是浙江省山区突发性的自然灾害,它是一种含有大量泥沙和块石等固体物质、突然暴发、历时短暂、具有强大破坏力的特殊洪流。泥石流中的泥石体积一般占总体积的 15% ~80%,其容重在 1.3 ~2.3 t/m^3
	崩岗	在流水与重力共同作用下形成的以崩塌为主的土壤侵蚀,其特征是侵蚀量巨大
人为水土流失		采矿、大量挖土采土、采石所造成的水土流失
		陡坡开垦及坡耕地:陡坡开垦在浙江省比较普遍,许多坡度在 25° ~35°以上都开垦成旱地、果园或经济作物园等,易产生土壤侵蚀。此外,已有的坡度在 3° ~25°的坡耕旱地,包括果园、茶园、山核桃等,每年翻耕 2 ~4 次,对地表影响很大,易产生水土流失
		开发建设项目引起的水土流失,主要包括:修筑公路、铁路后造成的边坡、堆积土冲刷等方面的土壤侵蚀;开辟房地产、经济开发、旅游等方面的开发区所引发的土壤侵蚀;修筑水库、电站等水利电力工程基础建设所引发的土壤侵蚀
		其他类型的土壤侵蚀

第二章 水土流失形式及影响因素

水土流失形式按侵蚀外营力的不同可分为水力侵蚀、重力侵蚀、风力侵蚀、混合侵蚀、冰川侵蚀和化学侵蚀等形式。实际上，分布于同一区域的各种水土流失形式之间通常是相互影响、相互制约的，甚至是互为因果的，但各种侵蚀形式的形成又各有其特点。值得指出的是，开发建设项目区的水土流失是以人类活动作为外营力对地面土体进行扰动及堆置固体废弃物而造成的一种特殊水土流失类型，也是目前防治的重点内容之一。

第一节 水力侵蚀

水力侵蚀是指以水为主要营力而产生的土壤侵蚀，包括降雨雨滴的击溅、地表径流冲刷、下渗水分作用和集中水流的冲刷与搬运等内容。因此，水力侵蚀既涉及在雨滴作用下的击溅侵蚀，又包括坡面水流的侵蚀及沟道集中水流的侵蚀作用，同时包括了搬运过程中的搬运形式及堆积形式。这些形式往往互相穿插、交错和重叠在一起。水力侵蚀简称水蚀，是目前世界上分布最广、危害最为普遍的一种土壤侵蚀类型。

一、水力侵蚀的表现形式

水力侵蚀的表现形式主要有雨滴击溅侵蚀、面蚀、沟蚀、山洪和库岸波浪冲淘侵蚀等。

（一）雨滴击溅侵蚀（也称降雨侵蚀）

1.雨滴的特性

雨滴的形状、大小及分布、降落速度、落地时冲击力等通称为雨滴特性。雨滴各特性间存在着有机的联系，直接影响侵蚀作用的大小。

2.雨滴的形状、大小及分布

雨滴的大小通常是用同体积球体的直径来衡量和描述的。直径 <0.25 mm 的雨滴称为小雨滴，大雨滴的直径 >6.0 mm。一般情况下，小雨滴为圆球形，大雨滴开始为纺锤形，在其下降的过程中因受空气阻力作用而呈扁平形，两侧微向上弯曲。雨滴在降落过程中，还会因环境条件变化发生破裂与合并。因此，把雨滴直径 $\leqslant 5.5$ mm，降落过程中比较稳定的雨滴称为稳定雨滴；当雨滴直径 >5.5 mm 时，雨滴形状很不稳定，极易发生碎裂或变形，称暂时雨滴。

3.溅蚀过程

裸露地表受到雨滴的猛烈打击时，土壤结构破坏和土壤颗粒发生位移并溅起的现象，称为雨滴的击溅侵蚀，简称溅蚀。溅蚀是一次降雨过程中最初发生的普遍现象。在降暴雨时接近地面白蒙蒙的一片，就是细小土粒被雨滴打击后所溅起的一种现象。当地面发生溅蚀时，土壤结构被破坏，土粒随雨滴溅散变成细小的粉粒，表面形成一层泥浆薄膜，堵塞土壤空隙，阻止雨水下渗，又为径流的形成创造了条件。据实验，在比降为 0.15 的斜坡上，土壤溅蚀量的 75% 向坡下移动。因此，溅蚀实际上包含了土粒的破坏、分离和流失的过程，而且坡面顶部往往成为击溅侵蚀最严重的部位。

雨滴击溅侵蚀量的大小与雨滴的质量、雨滴到达地面的终点速度、雨强以及土壤性质等因素密切相关。雨滴的侵蚀效应主要表现为以下几方面：

（1）分散土壤颗粒，破坏土壤结构，降低土壤的渗透性。

（2）搬运土壤。溅蚀受坡度的影响突出，造成坡地顶部侵蚀量最大。

（3）促进面蚀的形成。溅蚀增强了坡面薄层径流的紊乱强度，促进了薄层水流搬运泥沙的能力，为面蚀的形成创造了条件。

（二）面蚀

分散的地表径流冲走表层土壤颗粒的现象称为面蚀，即地表薄层水流对地面组成物质的破坏和搬运。面蚀带走大量土壤营养物质，导致土壤肥力下降，而且在未受植被保护的地面遇到风力作用时也会将土粒带走，产生明显的面蚀。几乎所有的农地、没有植被及植被稀少的条件下，每逢暴雨或遇风的作用，面蚀这种侵蚀形式都会普遍存在。

面蚀的特点为：①涉及面广，被侵蚀的是肥沃的表土；②均匀的流失，往往不被注意；③单位面积的流失量小，但对农业生产的危害相当严重。面蚀不仅减薄了肥沃的表土层，而且冲蚀掉土壤中的有机质、可溶性的一些矿质营养元素等，使土壤的结构破坏，持水性和透水性降低，最终使土地的生产力下降。面蚀主要有以下几种形式：

（1）层状面蚀。面蚀发生的初期，耕地处于休闲状态或作物生长的初期所发生的一种非常普遍的侵蚀形式。尤其是土层深厚的黄土地区，在地表径流形成的初期，伴随着击溅侵蚀的作用，径流与土体充分混合形成的泥浆沿坡面顺流而下将土粒带走，造成地表土壤颗粒均匀的损失，即为典型的层状面蚀。

（2）沙砾化面蚀。广泛分布于土石山区。在土石山区，由于土层浅薄，粗骨物质较多，经过反复面蚀后，造成土壤颗粒中的细小土粒越来越少，粗大沙砾的含量越来越高，最终导致弃耕，即沙砾化面蚀，群众称之为“沙磊子”。这种面蚀不仅发生在耕地上，在植被稀少的坡面上也常发生。

（3）鳞片状面蚀。在非农地的坡面上，由于不合理的采樵和放牧，植被状况恶化，植被种类减少，覆盖稀疏，造成有植被和无植被处面蚀分布的不均匀，如鱼鳞状。这种形式在北方山地及黄土高原的牧荒地上最为常见。

（4）细沟状面蚀。地表径流形成后，由于地形起伏的影响，地表径流避高就低汇集成无数小股水流，冲刷出许许多多的小沟，造成面蚀的不均匀性，即细沟状面蚀。其特点为：①细沟沿坡面平行分布，因坡面径流由坡面顶部向下部的不断汇集，沿着流线的方向冲刷形成许多平行分布的细沟，有些细沟相互串通；②小沟的深、宽小于 20 cm，经耕翻后又恢复平整，因此仍属面蚀的范畴。细沟状面蚀表明面蚀已发展到了严重的阶段。

此外，受重力作用降水沿土壤空隙向土层深处垂直运动，将溶解的物质和未溶解的细小土壤颗粒挟带至深层土体，造成土壤养分的损失，土壤理化性质恶化，这种侵蚀称为淋溶侵蚀。一般土层薄的沙质壤土，易溶性盐分含量较高时，淋溶侵蚀较严重。淋溶侵蚀也是土壤肥力下降的原因之一。

面蚀属于分散地表径流的侵蚀作用,其侵蚀规律可概括为:①随坡长的变化。从坡的顶部到坡脚由无侵蚀带、侵蚀加强带和堆积带三部分构成。②随坡度的变化。从0°开始,径流随坡度增大而增加,冲刷强度也在加大。当坡度达某一值时,径流量和侵蚀量达到最大值(该坡度即侵蚀转折坡度),之后随着坡度的增加冲刷强度反而减小。

面蚀为水力侵蚀的初级阶段,通常采用的修筑梯田、修筑等高沟埂、营造防护林和改良土壤等都是防治面蚀的主要措施。

(三)沟蚀

随着地表径流的汇集,细沟状面蚀进一步发展,形成了有固定流路的水流,称为集中的地表径流或股流。集中的地表径流冲刷地表,切入地面,带走土壤、母质及破碎的基岩,形成沟壑的过程即沟蚀。由沟蚀形成的沟壑称为侵蚀沟。

侵蚀沟通常由沟头、沟沿、沟坡、沟底、沟口和冲积扇等几个部位组成。沟头为侵蚀沟的最顶端,大多数水流经沟头跌水进入沟道,该部位是侵蚀沟发展最为活跃的地段,因为沟头前进的方向与径流方向相反,因此将沟头不断向前延伸的侵蚀称为溯源侵蚀;沟口是集中地表径流流出侵蚀沟的出口,是径流汇入水文网的连接处,也是理论上侵蚀沟最早形成的地方,沟口处的沟底与河流的交汇处即为侵蚀基准面。

侵蚀沟谷的发育在沟谷形态、侵蚀特性上是不同的,据此,可划分出4个不同的发育阶段。

1. 第一阶段

侵蚀沟深度0.5~1.0 m,沟底纵断面与形成侵蚀沟的斜坡纵断面一致;横断面为三角形,包括尖V形,平面图上呈线形。浅沟是这一阶段的沟谷。

2. 第二阶段

侵蚀沟顶已形成明显的沟头跌水,沟头以崩塌的方式溯源前进,沟头深2~10 m,有的达12~15 m,侵蚀沟深度可达25~40 m或更深;侵蚀沟底纵断面与斜坡坡面不一致。但尚未达到平衡剖面阶段,沟底土跌水、塌土体较多,沟壁陡峻或直立,横断面呈V形或U形,沟头前进、沟底下切、沟岸扩张均很活跃,如切沟。

3. 第三阶段

第三阶段是制造平衡剖面阶段。侵蚀沟沟头已接近分水岭,沟头和沟底下切减缓,沟底比降已接近或达到水力坡度,横断面呈宽U形,沟底已形成流路,但此时由于曲流的关系,沟壁坍塌现象仍较活跃,如冲沟。

4. 第四阶段

第四阶段也称安息阶段。侵蚀沟逐步停止发育,溯源侵蚀和下切侵蚀均已停止,侧蚀仍会继续一定时期,沟底也淤积了一定量的冲积物,沟坡逐渐达自然安息角,坡脚形成稳定的坡积物,沟头和沟坡上逐渐长出植物,如坳沟。

(四)山洪

山洪是山区暴雨径流所形成的洪水及其对固体物质的挟带、移动和堆积过程的总称,是山区溪沟中发生的暴涨洪水。山洪具有突发性,水量集中、流速大、冲刷破坏力强,水流中挟带泥沙甚至石块等,常造成局部性洪灾,一般分为暴雨山洪、融雪山洪、冰川山洪等。山洪的主要特点如下:

(1)具有巨大的冲力,破坏坝库、河堤及交通线路等并伤及人畜,故有“洪水如猛兽”的比喻。

(2)固体堆积物破坏严重。在沟口开阔地段,山洪将挟带的大量固体物质堆积下来,造成沟床或河床抬高,形成地上河以及沟口堆积锥,埋压农田,冲毁村镇等。

(3)加剧干旱的发生。山洪形成的大量洪水一泻而空,增加干旱的威胁,而洪水涌入平原时经常形成洪涝灾害。

(五)库岸波浪冲淘侵蚀

受风力影响,水库库面形成的浪波对岸坡产生冲刷、淘蚀作用,使岸坡土体涮洗、坍塌逐渐后退,导致库岸被吞蚀。这种侵蚀也是水库泥沙淤积量增加的原因之一。

二、影响水力侵蚀的因素

影响水力侵蚀的因素主要包括气候、水文、地质、土壤、地貌、植被和人为活动等因素。

(一)气候、水文

1. 雨强

在气候因素中,雨强是引起水土流失最突出的气象因子。大量研究证明,雨强与侵蚀的关系十分密切,水土流失量随着雨强的增加而增加。其主要原因如下:

(1)单位时间内消耗在土壤渗透、植物吸收和蒸发的水量是个常数,当雨强增加时,产生的径流量增多,产生的水土流失量也会增加。

(2)雨强增大,大雨滴多,动能也大,击溅侵蚀力增强。因此,雨强大的短历时暴雨往往会造成巨量的水土流失。我国各地年降水量分配极不均匀,南方在每年4~9月降雨集中季节,即出现境内河流汛期。汛期水量一般占全年的72%~80%。南方降雨量多,过程雨量大,最大降雨量都超过100 mm,有些地区超过300 mm,过程雨量高达600~1 000 mm。在一年中,通常几场暴雨就可决定年侵蚀量的多少。

2. 降雨量与雨型

降雨量多的地区,发生水土流失的潜在危险大。从雨型的特点看,短阵型降雨受地形和气候的影响,来势凶猛,降雨强度大,历时短暂,而降雨范围小;普通型降雨是受季风影响而形成的,为大面积的一般性降雨,降雨强度小,历时长。显然,前者比后者引起的侵蚀严重。

3. 前期降雨

充分的前期降雨是遇到暴雨时造成严重水土流失的重要因素之一。西北黄土高原区的降雨多集中在7~9月,且有相当多的短阵型降雨,经常出现50~60 mm的降雨。在年降雨中,30%以上的降雨属于暴雨。由于降雨集中,前期降雨多则土壤湿度大,为大暴雨的剧烈侵蚀奠定了一定的基础,导致许多区域该期发生的水土流失量占到全年的50%以上。

另外,北方高寒多雪地区受地形和风力的作用,往往在洼地和背风坡地积雪较厚。在融雪过程中,当气温升高地表层已融解而底层仍在冻结时,融雪水不能下渗,大量的地表径流也会造成严重的冲刷侵蚀。

(二)地质、土壤

地质因素中,岩性与地面组成物质不同,其抗蚀力不同,因而影响侵蚀的程度也不相同。新构造运动的上升区,往往是侵蚀严重区。据观测,六盘山近百年内上升的速度为 5 ~ 15 mm/a,引起这个地区的侵蚀复活,使冲沟和斜坡上的一些古老侵蚀沟再度活跃。

在一定的地形和降雨条件下,地表径流的大小以及土壤侵蚀的程度和强度则取决于土壤的性质,如土壤的透水性、抗蚀性和抗冲性等。

在其他因素相同的条件下,径流对土壤的破坏作用除流速外,主要是径流量的大小,而径流量的大小则完全取决于土壤的透水性。因此,通过增强土壤的透水性,如改良土壤质地、改善土壤结构、提高土壤的空隙率和减弱土壤湿度等措施,可以增强土壤的抗蚀性和抗冲性。土壤的抗蚀性是土壤抵抗雨滴打击分散和抵抗径流悬浮的能力;土壤的抗冲性是指土壤抵抗地表径流对土壤的机械破坏和推动下移的能力。土壤结构越差,遇水崩解越快,抗冲性越弱,越易产生土壤侵蚀。

(三)地貌

地貌中的坡度、坡长、坡型、坡向、侵蚀基准面和沟壑密度等与土壤侵蚀的关系尤为密切。

(四)植被

植被特别是森林植被,在防治水土流失、保护与改善生态环境方面具有十分重要的作用。现代人类对森林的需求大体可归纳为八大方面:①木材产品和林副产品;②经济林产品;③生态保护;④能源;⑤旅游、文化;⑥生物多样性资源库;⑦最大的生物量生产基地;⑧主要的碳储库。可以看出,最重要的需求是森林植被的生态服务功能。在此就森林植被在防治水土流失方面的主要作用概括如下。

1. 拦截降雨,改变降水的性质

植被地上部分的茎、叶、枝、干不仅呈多层遮蔽地面,而且具有一定的弹性开张角度,既能拦截降雨,削弱雨滴的击溅侵蚀力,又改变了降水的性质,减小了林下的降雨量和降雨强度,减轻了林地土壤的侵蚀。植被覆盖度越大,层次结构越复杂,拦截的效果越明显,尤其以茂密的森林最为显著。据观测,降雨量(一次降雨量 10 ~ 20 mm 时)的15% ~40%首先为树冠所截留,之后又蒸发回大气中,其余的降雨到达林地被林内枯枝落叶所吸收,林内降雨的蒸发量为 5% ~10%,大部分降雨(50% ~80%)透到土壤中变成地下径流,仅有约 10% 的降雨形成地表径流。

2. 调节地表径流

林木每年凋落的茎、叶、花、果实、树皮等形成的枯枝落叶层,像一层海绵覆盖在地表,直接承受树冠和树干流下的雨水,保护地表土壤免遭雨滴的击溅和径流侵蚀,维持了土壤的结构性。枯枝落叶层结构疏松,吸水力强。1 kg 的枯枝落叶可吸收 2 ~5 kg 的水,在一定程度上减少了地表径流的形成。枯枝落叶更为主要的作用在于分散、过滤和滞缓地表径流。由于枯枝落叶物纵横交错,径流在汇集过程中多次改变流向而曲折前进,分散了地表径流并减缓了流速。据测定,在 10°的坡地上,15 年生左右的阔叶林,枯枝落叶层中的水流流速仅为裸地的 1/40,可使森林上方挟带的固体物质或林内进入径流的土沙石砾大量沉积下来,起到明显的过滤地表径流的作用。如子午岭林区在稠密的灌丛基部常堆积厚约 30 cm 的泥土层。据报道，径流挟带的固体物质可在林内、林带的上方及林带的下方 2 倍树高的范围内沉积。

枯枝落叶层越厚，分解得越好、越松软，调节地表径流的作用越突出。而且混交林优于纯林，因此乔灌草相结合的水土保持林是控制水土流失的一项根本性的措施。

3. 改良土壤性状

枯枝落叶分解后使林地土壤的腐殖质含量大大增加，既改善了土壤结构，又增强了土壤的渗透性，使土体的抗蚀力大大增强。林地土壤具有强大的透水性，其原因主要为：①林冠截留减弱了雨滴的击溅力；②枯枝落叶层有保护土壤的作用；③根系的腐烂更新，形成了更多的大空隙；④土壤中有益动物的洞穴、孔道，增加了土壤的透水性。正因如此，森林土壤疏松多孔，尤其是非毛管空隙的数量多，持续时间又长，这一特性也是森林具有涵养水源作用的根本原因。

森林土壤储存水分的形式主要为滞留储存(非毛管空隙即大空隙储存的水分：水分在大空隙中储存并靠重力作用向土层深处运动)和吸持储存(毛管空隙储存的水分：水分未达饱和状态时，靠毛管吸力所储存的水分，植物生活所需要的水分几乎全部来自毛管水)。滞留储存使水分有足够的时间向土层深处进行渗透。当土壤含水量达到田间持水量时，滞留储存是唯一的能够储存水分的形式，当其容积足以容下暴雨量时，地表径流则不会形成，而是逐渐形成地下水或以较稳定的流量形成长流水，再源源不断地进入江河。滞留储存帮助水分渗入土壤和减少地表径流的作用是森林独有的重要机能之一。因此，林区及其附近河川流量在一年四季内基本是稳定的。森林的这种减少地表径流，促进水流进入河川或水库，在枯水期仍能维持一定的水量进入河川或水库的作用，即森林的涵养水源作用。森林土壤的非毛管空隙率越高，储水量越大，涵养水源的作用越强。

正因如此，森林被形象地称为“生物水库”或“无形水库”。森林作为降雨和径流之间的调节者，不仅具有改变降雨方式和径流形式，增加土壤蓄水量和地下径流量的作用，而且起到了保水、保土、过滤杂质、提高水质和保护水资源的多重作用。它以“整存零取”的方式自然调节枯洪流量，大大减免了洪涝灾害。据中国科学院观测，林区河流中地下径流量的比例可以达到年径流量的 85%，而无林区仅为 30% ~40%。

4. 固持土体作用

森林植被的根系具有一定的固土作用，因此有“地下钢筋”之称。乔灌木树种构成的混交林依靠其深长的垂直根系、水平根系和斜根系，以相当大的幅度和深度固持着土体，使表土、底土、母质和基岩连成一体，增强了土体的抗蚀能力，减轻了重力灾害的发生。

5. 减低风速，防止风蚀与风害

植被有效地削弱了地表风力，保护土壤，减轻风力侵蚀的危害。据研究，农田防护林的有效防护范围为树高的 20 ~25 倍，在此范围风速可降低 20% ~30%，大大减少了水分的无效蒸发，利于抗旱保墒，也相应地改善了农田的小气候环境条件，促进了作物的良好生长。如一般谷类作物增产 20% ~30%，瓜类和蔬菜增产 50% ~70%。

此外，植被还具有调节气候、净化空气和保护环境的重要作用。

(五)人为活动

随着人类活动对自然生态环境影响的不断加深，前述影响土壤侵蚀的自然因素在人为活动的作用下,可以向着不同的方向发展,既有加剧土壤侵蚀的一面,也有防治土壤侵蚀的一面。因此,人为活动是加剧水土流失发生发展和预防与治理水土流失的主导因素。我们必须尽可能地减免人为活动的消极作用,发挥其积极作用。

第二节　重力侵蚀

重力侵蚀是水土流失的又一种表现形式。所谓重力侵蚀,其实是在其他营力特别是在下渗水分、地下潜水或地下径流的作用下,以重力为其直接原因所造成的地面物质的移动形式。重力侵蚀多发生在大于25°的山地和丘陵坡地、沟坡、河谷的陡岸、人工开挖形成的陡坡地、修建渠道和道路形成的陡坡等地段。在自然界中,土体、岩石组成的斜坡之所以处于稳定状态,主要依靠颗粒间的凝聚力、内摩擦阻力和植物的固土作用来维持,一旦受到外力的作用破坏了原有的平衡,便会发生重力侵蚀。重力侵蚀的发生同时又为山洪和泥石流的形成提供了大量的固体物质,从而加剧了水土流失的危害。重力侵蚀的形式主要有泻溜、崩塌、陷穴、滑坡四种。

一、泻溜

泻溜又叫撒落。疏松的表土,在陡峭的山坡或沟坡上,由于冷热干湿交替变化,促进了表层物质的严重风化,造成土体、岩体表面松散和内聚力降低,形成了与下层母体接触不稳定的碎屑物质,这些碎屑物质在重力作用下时断时续地向坡下撒落,这种侵蚀即泻溜。春季北方地区泻溜侵蚀最为强烈,特别是黄土地区的黏重红土坡面,泻溜侵蚀尤为严重。在土石山区和石质山区岩石易风化的坡地,泻溜也是主要的产沙形式。

二、崩塌

(一)崩塌的特征

崩塌的运动速度很快,一般为5~200 m/s,有时可达到自由落体的速度,其体积由小于1 m^3到若干亿立方米,人们往往根据崩塌发生的不同区域和地形部位给予不同的名称。

1. 山崩

山坡上发生的规模巨大的崩塌称为山崩。山崩破坏力相当大。1911年帕米尔的巴尔坦格河谷发生的崩塌,使约40亿 m^3的土石体从600 m的高处崩塌下来,堵塞河谷,形成了长75 km、宽1.5 km、深262 m的大湖。川藏公路1968年发生的拉月大塌方,也是由600 m厚的岩体崩塌造成的。发生在峡谷区的山崩,可以毁坏森林、堵塞河道、毁坏建筑物和村镇等。

2. 塌岸

发生在河岸、湖岸、海岸的崩塌称为塌岸。它主要是由于河水、湖水或海水的淘蚀,或地下水的潜蚀作用及冰冻作用,岸坡上部土岩体失去支持而发生崩塌。

此外,发生在悬崖陡坡上的大石块崩落,称为坠石或落石。如果崩塌是由地下溶洞、潜蚀穴或采矿区引起的,则称为塌陷。

（二）崩塌发生的条件

1. 地形条件

崩塌只能发生在陡峻的斜坡地段。对于松散物质组成的斜坡，坡度需大于碎屑物的休止角，一般大于45°的陡坡才有崩塌出现。例如，黄土区的切沟、冲沟及其沟头横断面呈"V"字形，坡面超过50°，纵断面比降大，常有跌水裂点，极不稳定，植被匮缺，是崩塌的多发区。此外，当沟边有裂隙发育时，裂隙深度超过沟床下切深度1/2的情况下，也有可能发生崩塌。坚硬岩石组成的坡地，要大于50°或60°时才能发生崩塌。坡地的高度也是崩塌形成的一个重要条件。松散物质组成的斜坡，在高度小于25 m的陡坡上，只能出现小型的崩塌，在高于45 m的陡坡上，可能出现大型的崩塌。对于坚硬岩石组成的陡坡，大型崩塌只能发生在高于50 m的陡坡上。

2. 地质条件

岩石中的节理、断层、地层产状和岩性等都对崩塌有直接影响。在节理和断层发育的山坡上，岩石破碎，很易发生崩塌。当地层倾向与山坡坡向一致，而地层倾角小于山坡坡角时，常沿地层层面发生崩塌。软硬岩性的地层呈互层时，较软岩层易受风化，形成凹坡；坚硬岩层形成陡壁或突出成悬崖，易发生崩塌。

3. 气候条件

在日温差、年温差较大的干旱、半干旱地区，物理风化作用较强，较短的时间内岩石就会风化破碎。例如，兰新铁路一些开挖的花岗岩路堑，仅四五年时间，路堑边坡岩石就遭到强烈风化，形成崩塌。我国西北、东北和青藏高原的一些地区，冻融过程非常强烈，崩塌现象十分普遍。暴雨增加了岩体和土体负荷，破坏岩体和土体结构，软化了黏土层，触发了崩塌。

地震、人工过度开挖边坡等，也都能引起崩塌。

（三）崩塌分类

崩塌可根据组成坡地物质结构和崩塌的移动形式来分类。

（1）根据组成坡地的物质结构可划分为以下几种：①崩积物崩塌。这类崩塌是山坡上已经发生过崩塌的岩屑和沙土等物质，由于它们的质地很松散，当有雨水浸湿或受地震震动时，可再一次形成崩塌。②表层风化物崩塌。这是在地下水沿风化层下部的基岩面流动时，引起风化层沿基岩面崩塌。③沉积物崩塌。有些由厚层冰积物、冲积物或火山碎屑物组成的陡坡，由于结构松散，形成崩塌。④基岩崩塌。在基岩山坡上，常沿节理面、层面或断层面等发生崩塌。

（2）根据崩塌体的移动形式和速度可划分为以下几种：①散落型崩塌。在节理或断层发育的陡坡，或是软硬岩层相间的陡坡，或是由松散沉积物组成的陡坡，常常形成散落型崩塌。②滑动型崩塌。这类崩塌沿一滑动面发生，有时崩塌土体保持了整体形态，这种类型的崩塌和滑坡很相似。③流动型崩塌。降雨时，斜坡上的松散岩屑、砂和黏土，受水浸透后产生流动崩塌。这种类型的崩塌与泥石流很近似，实际上，这是坡地上崩塌型泥石流。

上述各种类型的崩塌并不是孤立存在的，在一次崩塌中，可以有几种形式的崩塌同时出现，或者由一种崩塌形式转变为另一种崩塌形式。

三、陷穴

地表层发生近于圆柱形土体垂直向下塌落的现象称为陷穴。陷穴是黄土地区特有的一种侵蚀形式，黄土地区的梁峁坡地、沟坡地、塬面、沟头和小冲沟的底部常会发生陷穴侵蚀。由于黄土的垂直节理发育，其中含有大量的碳酸盐等可溶性物质，这些可溶性物质随雨水沿着垂直节理缝隙不断向土层深处渗透，甚至达到不透水层，久而久之使土层内部出现了许多微小空隙，严重时形成空洞或管状沟，当地表的土体失去顶托时突然陷落，呈垂直洞穴，在地表往往呈竖井状、漏斗状、下部连通的串珠状等形状。陷穴破坏耕地，跌伤人畜，也为径流的进一步集中汇集和侵蚀沟的发展创造了条件。

四、滑坡

雨水渗透到土层深处，若有不透水层或岩石存在，其交界面上便会有水分聚积，由于水分减小了土体的内摩擦阻力，在重力作用下土体沿不透水层下滑，即形成滑坡。

（一）滑坡的形成过程

滑坡的形成大致可分为三个阶段，即蠕动变形阶段、剧烈滑动阶段和渐趋稳定阶段。

1. 蠕动变形阶段

在斜坡内部某一部分，因抗剪强度小于剪切力而首先变形，产生微小的滑动。以后变形逐渐发展，直至坡面出现断续的拉张裂缝。随着裂缝的出现，渗水作用加强，使变形进一步发展。坡脚附近的土层被挤压，而且显得比较潮湿，此时滑动面已基本形成。蠕动变形阶段，长的可达数年，短的仅有几天。一般来说，滑坡规模越大，这个阶段越长。

2. 剧烈滑动阶段

在此阶段中，岩体已完全破裂，滑动面已形成，滑体与滑床完全分离，滑动带抗剪强度急剧减小，只要有很小的剪切力就能使岩体滑动。这时裂缝错距加大，后缘拉张主裂缝连成整体，两侧羽状裂缝撕开。斜坡前缘出现大量放射状鼓胀裂缝、挤压鼓丘。滑动面出口地方常有浑浊的泉水出露，这时各种滑坡形态纷纷出现，这是滑坡即将开始整体下滑的征兆。然后发生剧烈滑动，滑动的速度一般每分钟数米或数十米，这段时间持续最短，一般为几十分钟。但也有少数滑坡以每秒几十米的速度下滑，这种高速度的滑坡已属崩塌性滑坡，它能引起气浪，产生巨大的声响，如发生在 2009 年 11 月山西省中阳县的滑坡。

3. 渐趋稳定阶段

经过剧烈滑动之后，滑坡体重心降低，能量消耗于克服前进阻力的土体变形中，位移速度越来越慢，并趋于稳定。滑动停止后，土石变得松散破碎，透水性加大，含水量增高，原有的层理局部受到错开和揉皱，并出现老地层覆盖新地层的现象。滑坡停息后，在自重作用下，滑坡体松散土石又渐趋压实，地表裂缝逐渐闭合。滑动时东倒西歪的树木又恢复垂直向上生长，变成许多弯曲的所谓马刀树或醉汉树。滑坡后壁上逐渐生长草木，滑坡体前缘渗出的水变清。滑坡渐趋稳定阶段可能延续数年之久。已停息多年的老滑坡，如果遇到敏感的诱发因素，可能重新活动。

以上几个阶段并不是所有的滑坡都具备，有的只有剧烈滑动阶段、渐趋稳定阶段比较明显，每个阶段持续时间长短也不一样。

（二）影响滑坡的因素

1. 岩性和构造

松散堆积层中发生的滑坡，主要与黏土有关，特别是与蒙脱石、伊利石及高岭石等亲水黏土矿物关系密切，这些矿物含量多的土体，内摩擦角 φ 值很小，因此最易产生滑坡。基岩滑坡多发生在千枚岩、页岩、泥灰岩和各种片岩等岩性区，因为这些岩石遇水时容易软化，在斜坡上失去稳定，产生滑坡。构造主要指的是断层面、节理面、岩层不整合面及松散沉积物与下伏基岩的接触面等，因为它们构成了天然的滑动面，如果岩层倾向与斜坡倾向一致，而岩层倾角小于斜坡倾角，最易形成滑坡。

2. 地形

地形对滑坡的影响主要表现在临空面、坡度和坡地基部受淘冲的程度。河流及沟谷水流对地表的切割，首先为滑坡创造了临空面，基岩沿软弱结构面滑动时，要求坡度为30°～40°；松散堆积层沿层面滑动时，要求坡度在20°以上。凡是河流冲刷坡地基部的地方也是最易产生滑坡的地方。

3. 气候

气候对滑坡的影响主要体现在降水上，特别是与特大暴雨关系密切。据云南、贵州、四川三省14个滑坡资料统计，90%以上的滑坡与降雨有关，一般具有大雨大滑、小雨小滑、无雨不滑的特征。另外，冻融作用也对滑坡有一定的影响。

4. 地下水

地下水的影响主要表现在以下几方面：①降低土体内细颗粒的吸附力；②能溶解土体中的胶结物，如黄土中的碳酸钙，使土体失去黏结力；③水饱和的土体，增加土体单位面积的重量，因而加大平行滑动面的重力分力；④地下水运动时，产生动压力，能使土体发生滑动；⑤地下水沿滑动面运动，使摩擦系数减小，阻力降低。

5. 人为因素

人工开挖坡脚形成高陡边坡，破坏了自然斜坡的稳定状态，这是引起滑坡的主要原因。另外，人工在坡顶堆积弃土、盖房，加大了坡顶载荷，也可促使滑坡的发生，不适宜的大爆破施工也能诱发滑坡等。人为活动造成工程滑坡的主要原因有：斜坡超限开挖，坡脚切坡过陡；建设场地选择不当；斜坡加载填土不当；环山引水渗漏和斜坡坡脚减载不当等。

滑坡危害性相当大，一旦发生，常常埋没村庄，毁坏工厂、矿山，中断交通，堵塞江河，破坏良田和森林等。目前，世界上最大的一次滑坡是意大利瓦依昂特水库左岸石灰岩山坡的滑动，其滑坡体的体积达3亿 m^3。据记载，陇海铁路宝鸡附近发生的一次滑坡，由于倾盆大雨的影响，滑动速度由慢到快，滑坡时间长达半小时之久，滑坡体的体积达2 000万 m^3。滑坡又称“地移”“垮山”“泄山”，一旦发生，其危害程度甚为严重。

第三节　风力侵蚀

风是土壤侵蚀的又一重要营力，当空气水平运动时形成风，风作用于物体时即形成风力。风力对地表土壤及其母质进行破坏、搬运和聚集的过程叫作风力侵蚀，简称风蚀。

风蚀的特点是：①面积广。发生在广大的土地面积上，不论平原、高原、丘陵、山地均可发生(山西省西北部的左云、右玉、平鲁、神池等县为该省典型的风力侵蚀为主的区域)。②时间长。风力侵蚀没有明显的周期性,常年均可进行。③机械组成复杂。风速变化多端,因而风蚀有强烈的变动性,被吹蚀的土粒大小不均,因此机械组成复杂。④风蚀量大。风蚀搬运的是细土粒,但由于风力作用的时间长、范围广,总侵蚀量比水蚀大得多,因此风蚀是造成土地生产力下降和土地荒漠化的主要因素。据全国第三次荒漠化和土地沙化监测,全国荒漠化土地总面积为263.62万km^2,占国土总面积的27.46%;全国沙化土地面积为173.97万km^2,占国土总面积的18.12%;具有明显沙化趋势的面积为31.86万km^2,占国土总面积的3.32%。

风力侵蚀主要发生在比较干旱、缺乏植被的条件下,当风速大于4~5 m/s时即发生土壤侵蚀。如果表土干燥、疏松,土粒过细,也能形成风蚀,尤其是干旱的风沙区及沙漠地区,若遇特别大的风速,1 mm以上的较大沙粒也可被吹蚀,形成所谓的"飞沙走石"现象。

一、沙粒移动形式

(一)浮游

当风速达4~5 m/s时,表层干燥细小的沙粒被吹蚀脱离地表后,由于上层的风速大,而沙粒的自身重量很轻,这样在较长的时间内悬浮于空气中,并以与风速相同的速度运动搬运到远方。悬移运动的沙粒称为悬移质。悬移质的粒径一般为小于0.1 mm甚至小于0.05 mm的粉沙和黏土颗粒。由于体积小、重量轻,加之在搬运过程中涡流的形成使沙粒被浮托上升到高空进行远距离的搬运,只有经过长时间的风静以后或遇到降雨时悬移质才能到达地面,此时已远远离开原地。通常所谓的"降尘"现象就是悬移质的降落。悬移的固体物质量约占风蚀总量的5%以下。

(二)跃动

当风速继续加大时,滚动前进加速,沙粒的运动能量增加,可以腾空到离地面一定的高度,一般在30 cm以下,之后以抛物线的路径斜向落回地面冲击地面沙粒,促使更多的沙粒发生移动。粒径0.1~0.15 mm的沙粒最易以跃移方式移动。若空气层中混有大量跃动颗粒的气流即称为风沙流,这表明风蚀已非常严重(如沙尘暴的形成)。

(三)蠕移

沙粒在地表滑动或滚动称为蠕移,呈蠕移运动的沙粒为粒径0.5~2.0 mm的粗沙。蠕移运动的沙粒称为蠕移质,蠕移质的量可以占到风蚀物总量的20%~25%。当风速大于起沙风速时,地表较大的沙粒开始随风移动,除少数沿地面滑动外,大部分沙粒受地表摩擦力的影响而滚动。

二、流沙的堆积

气流中所挟带的土沙颗粒随风速的减小或遇到地面障碍物(如植物或地表微小起伏)后逐渐堆积,最先停止运动的为滚动的沙粒,其次是跃动的沙粒,最后才是悬移的沙粒,这种现象称为沙粒的分选作用。在主要风向的影响下,分选作用反复进行,便形成大量沙粒堆积形成较均匀的沙丘;若地表具有障碍物,则使风沙流中大量的沙粒在障碍物附近堆积下来,形成沙堆。

各种类型的沙丘都不是静止和固定不变的,沙丘的移动是通过沙粒在迎风坡风蚀、背风坡堆积而实现的。常见的沙丘类型有舌状沙丘、新月形沙丘、脉状沙丘等,还有马蹄形、格状、蜂窝状和金字塔形等形状。长期的风蚀作用,促进了沙漠化的发展,致使大量的良田被破坏,不少的名城变成了废墟。据史料记载,公元413年大夏王朝曾在陕北靖边城建都,当时"临广泽而带清流",后因战争破坏,乱垦滥伐,环境逐渐恶化。到公元822年,这一带"飞沙为堆,高及城堞"。到了明代,长城两侧已是"四望荒沙,不产五谷",流沙已向南移了50 km,吞没农田、牧场14万km^2,其余的农田也在沙丘包围之中。

三、风蚀与沙漠化

沙漠按组成物质的不同可分为以下两类:地面覆盖大量松散沙粒的沙质荒漠;地面覆盖大量砾石的砾质荒漠,即戈壁(滩)。沙漠地区主要处于年降水量250 mm以下的广大干旱荒漠地带,具有干旱荒漠气候地带性的特点。

我国面积最大的沙漠为新疆塔里木盆地的塔克拉玛干沙漠(南疆),约32.2万km^2,其次为内蒙古西部的巴丹吉林沙漠、陕北的毛乌素沙漠及东北西部的科尔沁沙漠,即我国的四大沙漠。

(一)沙漠化

在干旱、半干旱和部分半湿润地区,由于自然因素和人为因素的影响,破坏了自然生态的脆弱平衡,原来非沙漠地区出现了以风沙活动为主要标志的类似沙漠景观的变化过程,以及在沙漠地区发生了沙漠环境条件的强化和扩张过程。简言之,沙漠化即沙漠的形成和扩张过程。

我国是沙漠化危害严重的国家之一,受沙漠和沙漠化影响的区域主要分布在"三北"地区(西北五省(区):新疆、青海、宁夏、甘肃、陕西;华北:内蒙古、山西、河北;东北:主要为西部),形成了长达万里的风沙危害线。"三北"防护林体系建设的主要目的之一,即锁住风沙,防止沙漠化的推进。

沙漠化的主要原因可概括为两大方面:①人为活动。如过度放牧、砍伐、垦殖及过度利用地下水,导致大面积的森林和草原退化、消失。如内蒙古阿拉善旗(内蒙古西部,紧靠腾格里沙漠)绿洲的萎缩,是由于黑河流域的水资源过度利用而造成地下水位下降。②气候条件。气候干旱,风大风多,风沙危害频繁,使得沙漠化的速度加快和沙漠化的面积扩大。我国沙漠化面积扩大的速度,20世纪50~70年代约为1 560 km^2/a,80年代约为2 100 km^2/a,90年代中期约为2 640 km^2/a,90年代末约为3 640 km^2/a。沙漠化扩展的主要表现形式为就地起沙和风沙流外侵。

由于风沙危害,我国每年直接经济损失达45亿元,间接经济损失为直接经济损失的3~10倍。

(二)沙漠化土地

受沙漠化的影响而降低和丧失生产能力的土地,即沙漠化土地。沙漠化造成土地退化的主要表现特征有以下几个方面。

1. 土壤流失

由于风蚀对地表土壤颗粒的搬运,土壤严重流失;大量的土壤颗粒被吹蚀,土壤质地变差，生产力降低，土地退化。同时，吹蚀的堆积物又造成农田、村庄被埋压，甚至堆积形成流动沙丘或造成河道淤塞。如呼伦贝尔磋岗牧场，20 世纪 50 年代初期开垦的 233 hm^2 的耕地中，到 80 年代形成的流动和半流动沙丘面积占复垦区面积的 39.4%；从宁夏中卫到山西河曲段，由于风蚀直接进入黄河干流的沙量达 5 321 万 t/a。

2. 土壤质地变粗，养分流失

土壤中的黏粒胶体和有机质是养分的载体，风蚀导致土壤中细粒物质流失，粗粒物质相对增多，使土壤养分含量显著降低。

3. 生产力降低

土壤生产力是土壤提供作物生长所需的潜在能力。风蚀使土壤养分流失、结构粗化、持水能力降低、耕作层减薄，以及不适宜耕作或难以耕作、底土层出露等，降低了土地的生产力。

4. 磨蚀

风力推动沙粒在地面的磨蚀，不仅使土壤表层的薄层结构被破坏，造成下层土壤裸露，使抗蚀力强的土块和团聚体变得可蚀了，而且磨蚀作用也对植物产生"沙割"危害，影响植物的成活、生长和产量。

（三）沙尘暴

沙尘暴是全球干旱、半干旱地区特殊下垫面条件下产生的一种灾害性天气。我国的沙尘暴主要发生在西北干旱、半干旱区，属于中亚沙尘暴多发区的一部分，也是世界上唯一的中纬度地区发生沙尘暴最多的区域。沙尘暴导致了一系列的环境问题，如污染空气，危害农业、牧业、交通运输、通信、人类健康和动植物生存等，并对气候变化、沙漠化的形成和发展等有着重大影响。

沙尘暴是大风扬起地面沙尘，使空气变得浑浊，水平能见度小于 1 000 m 的恶劣天气现象。

沙尘暴形成的原因，一是大风，二是地面有大量裸露的沙尘物，三是不稳定的空气。其中大风是起动沙尘的动力，丰富的沙尘物是形成沙尘暴的物质基础，不稳定的空气是局地热力条件所致，该条件使沙尘卷扬得更高。因此，沙尘暴是特定气象和地理条件相结合的产物。

黑风暴是大风天气中的一种特强沙尘暴天气，发生时天色灰暗，甚至伸手不见五指，据此形象地称为"黄风"或"黑风"。

风蚀的影响因素除与风力有关外，还与土壤抗蚀性、地形、降水、地表状况等因素有关。

第四节　混合侵蚀

混合侵蚀是指在水流冲力和重力共同作用下产生的一种特殊侵蚀类型。其典型的表现形式为泥石流。

一、泥石流的特点

泥石流是固体物质达到超饱和状态的急流。泥石流的主要特点如下：

(1)泥石流固体物质含量高,流速急,具有大冲大淤的特点。泥石流中固体物质的含量均超过25%,有时高达80%;容重大于1.3 t/m^3,最高可达2.3 t/m^3。

(2)暴发突然,来势凶猛。其搬运能力比水流大数十倍到数百倍,是山区的一种特殊侵蚀现象。

(3)历时短暂,具有强大的破坏力。泥石流发生时,像一条褐色的巨龙,奔腾咆哮,巨石翻滚,激浪飞溅,石块撞击声雷鸣般地响彻山谷,以巨大的破坏力倾泻而下,摧毁前进途中的一切建筑物,埋没农田、森林,堵塞河道、沟道,冲毁路基、桥涵、城镇和村庄。因此,泥石流是水土流失发展到最严重阶段的表现形式。1970年秘鲁的瓦斯卡兰山暴发泥石流,500多万m^{3}的雪水与泥石,以每小时100 km的速度冲向秘鲁的容加依城,这场灾难直接造成2万多人死亡,灾难景象惨不忍睹,经济损失无法估计。

二、泥石流的类型

泥石流按其形成的原因,可分为冰川型泥石流和暴雨型泥石流;按泥石流中所含固体物质量的多少,可分为稀性泥石流(容重1.3~1.8 t/m^3)、过渡型泥石流(容重1.8~2.0 t/m^3)和黏性泥石流(容重2.0~2.3 t/m^3);按泥石流固体物质的组成,可分为石洪、泥流和泥石流。

(一)石洪

石洪是土石山区暴雨后形成的含有大量土砂石砾等松散固体物质的超饱和状态的急流。石洪是水和土砂石砾组成的一个整体流动体。因此,石洪在沉积时是以大小石砾间杂混合沉积。

(二)泥流

泥流是发育在黄土地区以细粒泥沙为主要组成物质的泥石流。泥流所具有的动能远大于山洪,流体表面显著凹凸不平,已失去一般流体特点,在其表面常可浮托、顶运一些大土体。在泥流发育的沟道或堆积区,常常大量堆积着大大小小的泥球、碎屑球。

(三)泥石流

泥石流是指由浆体和石块组成的特殊流体。固体物质的成分从粒径小于0.005 mm的黏土粉粒到直径几十米的大漂砾。这是我国山区常见的一种破坏力极大的自然灾害。

三、泥石流的形成条件

泥石流的形成是各种自然因素与人为活动共同作用的结果。这些因素可归纳为两大系列条件,即基本条件和促发条件。

(一)基本条件

1.充足的固体碎屑物质

土石山区主要是地质构造、岩性、地震、新构造运动和不良的物理地质现象等所造成的;黄土地区,在泥岩、页岩和粉砂岩分布区,常被开垦、风化而形成大量的固体物质。人类不合理的经济建设活动,如毁林开荒、陡坡垦种、各类工程建设中被扰动的疏松土体,以及开矿堆放大量的废渣等,都会使泥石流发生时的固体物质增加。如四川冕宁县泸沽盐井沟,因大量弃渣堆放,激发了泥石流年年发生,已造成百余人死亡的惨剧,并且严重威胁着成昆铁路的安全,虽投巨资进行治理,但仍难以彻底控制泥石流的发生。

2. 充足的水源

充足的水源是泥石流形成的必要条件。如暴雨、冰雪融化、湖库溃决等都是泥石流形成的必要条件。尤其是高强度、短历时暴雨,如雨强 30 mm/h 以上和 10 min 雨强在 10 mm 以上的短历时暴雨。我国气象部门规定,一日降雨量大于 50 mm 为暴雨,100 ~ 200 mm 为大暴雨,大于 200 mm 为特大暴雨。

3. 地形条件

典型的泥石流沟道从上游到下游可划分为三大区域:侵蚀区、过渡区和堆积区。

(1)侵蚀区多为漏斗或勺状地形,易在短期内集中大量的径流。加之暴雨的区域性特点,集水区为 0.5 ~ 10 km^2 的流域常是泥石流的多发区。据研究,泥石流沟床比降多在 5% ~ 30%,尤其是 10% ~ 30% 时最易发生泥石流;10°以上的沟坡即可发生泥石流,尤以 30° ~ 70°为甚。

(2)过渡区的地形多陡直并有跌水存在,此类地形不断补充泥石流运动过程中的能量和物质,促使了泥石流的形成。

(3)堆积区为泥石流固体碎屑物的沉积区,地形通常平缓开阔,泥石流发生过程中大小不同的各类固体物质在该区会突然大量堆积。

(二)促发条件

促发条件包括了激发、触发或诱发条件等。激发条件是指泥石流发生基本条件中某一条件超过一般情况下的强度持续作用,触发条件则是泥石流发生基本条件以外的其他动力作用,诱发条件为影响泥石流发生基本条件的间接因素等。它们的主要表现为:①崩塌、滑坡、冰崩和雪崩等促使土体突然运动;②暴雨、冰川积雪强烈消融、水库等溃决、地下水运动压力增大等使水体和水压力突然增加并强烈推动和冲刷堆积物;③人类活动使坡度变陡、松散土体增高、破坏植被等促使土体发生泥石流运动;④大爆破和地震等,促使泥石流体起动,或使水饱和的土体发生液化流动。

泥石流的形成与地质构造、岩性、地震、新构造运动以及人类活动等都有着密切的联系。

第三章 典型水土保持工程

第一节 挡拦工程

生产建设项目在施工期和生产运行期造成大量弃土、弃石、弃渣、尾矿和其他废弃固体物质时,必须布置专门的堆放场地即弃土(石、渣)场,将其分类集中堆放。弃渣场的防护包括拦渣、防洪排导、绿化等措施,本节仅介绍挡拦工程。挡拦工程主要有挡渣墙、拦渣坝、拦渣堤三种形式。

(1)弃土(石、渣)等堆置在台地、缓坡地上,易发生滑塌,在弃渣坡脚必须修建挡土(渣)墙(以下统称挡渣墙)。

(2)弃土(石、渣)等堆置在沟道中时,必须在弃渣下游修建拦渣坝。

(3)弃土(石、渣)等堆置于河(沟)道旁边时,必须按防洪治导线布置拦渣堤。拦渣堤具有防洪要求时,应结合防洪堤进行布置。

本节主要介绍挡渣墙、拦渣坝、拦渣堤的类型及设计相关内容。

一、挡渣墙

挡渣墙是指支撑和防护弃土(石、渣)体,防止其失稳滑塌的构筑物。它一般适用于生产建设项目弃渣场的渣坡脚防护,如坡地型渣场和不受洪水影响的平地型渣场的防护。对于开挖、削坡、取土(石)形成的土质坡面或风化严重的岩石坡面的坡脚,也可采取挡渣墙防护。

(一)挡渣墙的类型

挡渣墙按结构形式分为重力式、悬臂式和扶壁式三种形式。

1. 重力式挡渣墙

重力式挡渣墙一般采用浆砌块石砌筑或混凝土浇筑,依靠自重与基底摩擦力维持墙身的稳定。适用于墙高小于 5 m、地基土质较好的情况。重力式挡渣墙构造由墙背、墙面、墙顶等组成。

(1)墙背。重力式挡渣墙墙背有仰斜式、俯斜式、垂直式、衡重式等形式(见图 3-1)。

(2)墙面。一般墙面均为平面,其坡度与墙背协调一致,墙面坡度直接影响挡渣墙的高度。因此,在地面横坡较陡时墙面坡度一般为 1:0.05 ~ 1:0.2,矮墙采用陡直墙面,地面平缓时墙面坡度一般采用 1:0.2 ~ 1:0.35。

(3)墙顶。浆砌块石挡渣墙墙顶宽不小于 0.5 m,另需砌筑厚度不小于 0.4 m 的顶帽,若不砌筑顶帽,墙顶应以大块石砌筑,并用砂浆勾缝。

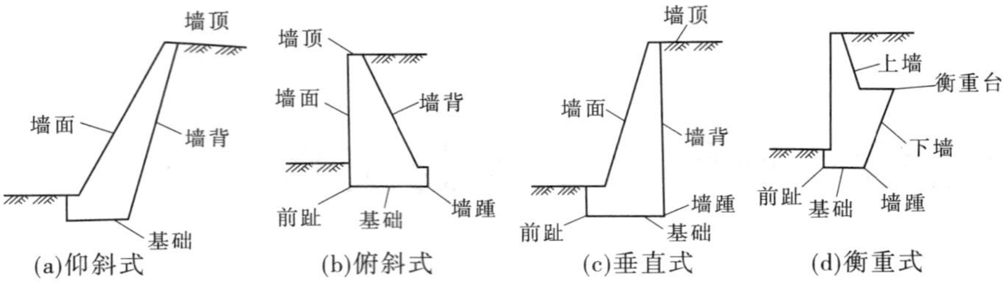

图 3-1　重力式挡渣墙形式

2. 悬臂式挡渣墙

当墙高超过 5 m,地基土质较差,同时当地石料缺乏,在堆渣体下游有重要设施时,适合采用悬臂式钢筋混凝土挡渣墙。悬臂式挡渣墙由立壁、板组成,具有三个悬壁(见图 3-2)。其特点是:主要依靠趾板上的填土重量维持结构稳定性,墙身断面面积小,自重轻,节省材料,适用于墙身较高的情况。

3. 扶壁式挡渣墙

当防护要求较高,墙高大于 10 m 时,适合采用扶壁式挡渣墙。扶壁式挡渣墙的主体是悬臂式挡渣墙,沿墙长度方向每隔 0.8 ~ 1.0 m 布置一个与墙高等高的扶壁,以保持挡渣墙的整体性和墙面板的刚度,增加挡渣量,墙体为钢筋混凝土结构(见图 3-3)。扶壁式挡渣墙在维持结构稳定、断面面积等方面与悬臂式挡渣墙类似。

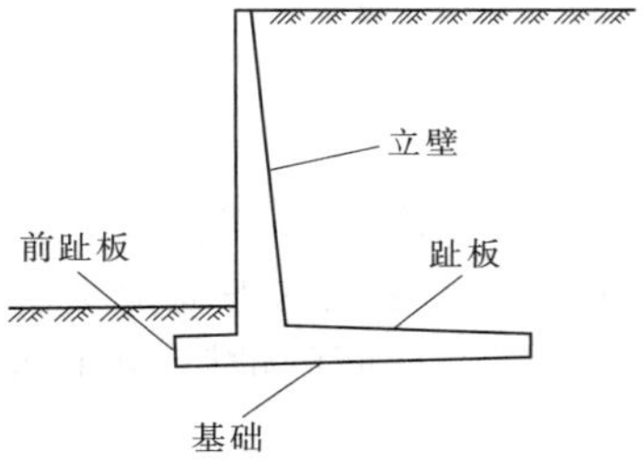

图 3-2　悬臂式挡渣墙

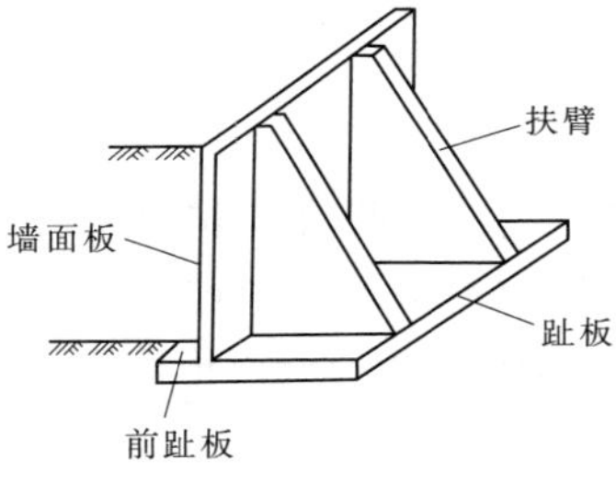

图 3-3　扶壁式挡渣墙

(二)设计及施工要求

1. 墙趾及走向

(1)可沿弃渣坡脚或相对较高的坡面上布置挡渣墙,以有效降低挡渣墙的高度。地基宜为新鲜不易风化的岩石或密实土层。

(2)挡渣墙沿线地基土层内的含水量和密度应均匀单一,避免地基不均匀沉陷引起墙基和墙体断裂等形式的变形。

(3)挡渣墙的长度走向应与水流方向一致,避免截断沟谷和水流。若无法避免则应修建排水建筑物。

(4)挡渣墙线应顺直,转折处采用平滑曲线连接。

2. 断面尺寸设计

挡渣墙的断面尺寸采用试算法确定。根据地形地质条件、拦渣量及渣体高度、弃渣岩性、建筑材料等，先初步拟定断面尺寸，然后进行抗滑、抗倾覆和地基承载力稳定验算。当拟定的断面既符合规范规定的抗滑、抗倾覆和地基承载力要求，断面面积又小时，即为合理的断面尺寸。

3.稳定性分析

挡渣墙须对抗滑、抗倾覆和地基承载力进行稳定性分析。

1)抗滑稳定计算

在岩基上，要核算沿基底面的抗滑稳定。在非岩基上或岩基内有软弱结构面时，还要核算沿地基内某一软弱面的深层抗滑稳定。采用式(3-1)计算抗滑稳定安全系数：

$$K_c = \frac{f\sum W}{\sum P} \tag{3-1}$$

式中　K_c——抗滑稳定安全系数；

$\sum W$——墙身自重、土重等垂直荷载以及基底面上扬压力的总和，kN；

$\sum P$——土压力、水压力等水平荷载的总和，kN；

f——基底面与地基之间或软弱结构面之间的摩擦系数，宜采用试验数据，当无试验资料时，可参考表3-1取值。

表3-1　挡渣墙基底面与地基之间的摩擦系数f值

土的类别		摩擦系数f	土的类别	摩擦系数f
黏性土	可塑	0.25～0.30	中砂、粗砂、砾砂	0.40～0.50
	硬塑	0.30～0.35		
	坚硬	0.35～0.45	碎石土	0.40～0.50
粉土	$S_r \leqslant 0.50$	0.30～0.40	软质岩石	0.4～0.55
			表面粗糙的硬质岩石	0.65～0.75

注：S_r是与基础形状有关的形状系数，$S_r=(1\sim0.4)B/L$。B为基础宽度，m；L为基础长度，m。

挡渣墙最小抗滑稳定安全系数可根据拦渣工程建筑物级别和所遭遇的工况(正常运用工况和地震工况)确定，如表3-2所示。

表3-2　挡渣墙最小抗滑稳定安全系数K_c

工况	挡渣工程建筑物级别	
	3级	4级、5级
正常运用工况	1.30	1.25
地震工况	1.15	1.10

计算得出的抗滑稳定安全系数应大于表3-2中的最小抗滑稳定安全系数，则挡渣墙抗滑稳定。

2)抗倾覆稳定计算

挡渣墙在满足抗滑稳定的同时，还须满足抗倾覆稳定性要求，即对墙前趾取力矩，采用式(3-2)计算：

$$K_o = \frac{\sum M_y}{\sum M_o} \tag{3-2}$$

式中　K_o ——抗倾覆安全系数；

$\sum M_y$ ——作用于堤身各力对墙前趾的稳定力矩，kN · m；

$\sum M_o$ ——作用于堤身各力对墙前趾的倾覆力矩，kN · m。

计算得出的抗倾覆安全系数应大于最小抗倾覆安全系数 K_o =1.5，则挡渣墙抗滑稳定。

3）地基承载力验算

基底应力应小于地基承载力，地基允许承载力[R]可通过试验或参考主体工程有关试验资料或有关设计手册确定。基底应力采用下列偏心受压公式计算：

$$\sigma_{yu} = \sum W/B + 6\sum M/B^2 \tag{3-3}$$

$$\sigma_{yd} = \sum W/B - 6\sum M/B^2 \tag{3-4}$$

式中　σ_{yu}、σ_{yd} ——水平截面上的正应力，kN/m^2，σ_{yu}、$\sigma_{yd} \leqslant [R]$；

$\sum W$ ——作用在计算截面以上的全部荷载的铅直分力之和，kN；

$\sum M$ ——作用在计算截面以上的全部荷载对截面形心的力矩之和，kN · m；

B ——计算截面的长度，m。

软质墙墙基最大应力 σ_{max} 与最小应力 σ_{min} 之比，对于松软地基应小于 1.5 ~2，对于中等坚硬、密实的地基则应小于 2 ~3。

4. 排水设计

1）墙后排水

当墙后水位较高时，需将渣体中出露的地下水以及由降水形成的渗透水流及时排除，有效降低墙后水位，减小墙身水压力，增加墙体稳定性，宜设置排水孔等排水设施。排水孔径 5 ~10 cm，间距 2 ~3 m，排水孔出口应高于墙前水位。排水孔的设计参照《水工挡土墙设计规范》（SL 379）①确定。

2）渣体及上方与周边来水处理

当挡渣墙及渣体上游集流面积较小，坡面径流或洪水对渣体及挡渣墙冲刷较轻时，可采取排洪渠、暗管、导洪堤等排洪工程将洪水排泄至挡渣墙下游。

当挡渣墙及渣体上游集流面积较大，坡面径流或洪水对渣体及挡渣墙造成较大冲刷时，应采取引洪渠、拦洪坝等蓄洪引洪工程，将洪水排泄至挡渣墙下游或拦蓄在坝内有控制地下泄。

5. 基础处理及其他

1）基础埋置深度

根据地质条件确定基础埋置深度，且不小于 0.25 m。当地质条件复杂时，通过挖探

---

① 不注日期的标准、规范，均为现行标准、规范，下同。

或钻探确定基础埋置深度。最小埋置深度见表 3-3。

表 3-3　重力式挡渣墙基础最小埋置深度　(单位:m)

地层类别	埋入深度	距斜坡地面水平距离
较完整的硬质岩层	0.25	0.25 ~ 0.5
一般硬质岩层	0.6	0.6 ~ 1.5
软质岩层	1.0	1.0 ~ 2.0
土层	≥1.0	1.5 ~ 2.5

2) 伸缩沉陷缝

根据地形地质条件、气候条件、墙高及断面尺寸等,设置伸缩缝和沉陷缝,防止因地基不均匀沉陷和温度变化引起墙体裂缝。设计和施工时,一般将二者合并设置,沿墙线方向每隔 10 ~ 15 m 设置一道缝宽 2 ~ 3 cm 的伸缩沉陷缝,缝内填塞沥青麻絮、沥青木板、聚氨酯、胶泥或其他止水材料。

3) 清基

施工过程中必须将基础范围内风化严重的岩石、杂草、树根、表层腐殖土、淤泥等杂物清除。

(三) 典型设计案例

杭徽高速公路昌化至昱岭关段工程起点位于临安市昌化镇西南,终点位于浙皖两省交界处——昱岭关,路线全长 36.68 km。工程设 39 个弃渣场,现以Ⅵ-1# 弃渣场为例,该弃渣场占地面积 0.93 hm^2,堆渣量约 13.50 万 m^3。

为防止弃渣产生水土流失,在弃渣场的渣体下方设置挡渣墙,墙高 3 m,墙顶宽 0.5 m,面坡倾斜坡度 1∶0.1,背坡倾斜坡度 1∶0.4;墙体采用 M7.5 浆砌块石砌筑,顶部采用 10 cm 厚 C15 混凝土压顶,基础深 80 cm;分别在墙体的上部和下部各设置一条 PVC 排水孔。挡渣墙断面设计见图 3-4。

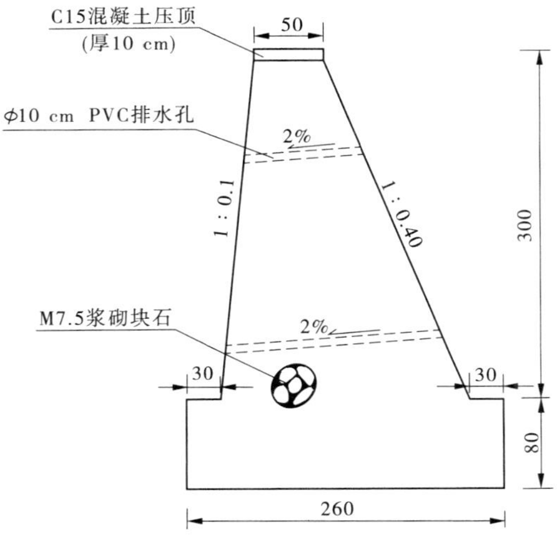

图 3-4　挡渣墙断面图　(单位:cm)

挡渣墙工程应用实例见图 3-5 ~ 图 3-8。

图 3-5　¢ -1#弃渣场挡渣墙

图 3-6　¢ -3#弃渣场挡渣墙

图 3-7　¢ -3#弃渣场挡渣墙

图 3-8　¢⊥-1#弃渣场挡渣墙

二、拦渣坝

(一)拦渣坝的类型

拦渣坝布置在堆渣体下游,工程实践中一般采用两种形式,即滞洪式拦渣坝和截洪式拦渣坝。滞洪式拦渣坝既有拦渣作用,又有滞蓄上游洪水的作用;而截洪式拦渣坝仅拦渣,不滞洪,其上游洪水由排洪涵洞等排洪建筑物排出。实际应用中,应根据上游来水情况及下游防洪要求选用。

(二)设计及施工要求

1. 坝址选择

拦渣坝坝址选择应综合考虑以下几方面因素:

(1)河(沟)谷地形平缓,河(沟)床狭窄,有足够的库容拦挡洪水、泥沙和废弃物。

(2)两岸地质地貌条件适合布置溢洪道、放水设施和施工场地。

(3)坝基宜为新鲜岩石或紧密的土基,无断层破碎带,无地下水出露。

(4)坝址附近筑坝所需土、石、砂料充足,且取料方便,水源条件能满足施工要求。

(5)弃渣的堆放不会增加下游河(沟)道的淤积,不影响河道的行洪和下游的防洪。

2. 防洪标准

(1)拦渣坝根据库容或坝高的规模可分为五个等级,防洪标准可按照《防洪标准》(GB 50210)表4.0.5中的规定选择确定。沟道中的拦渣坝防洪标准还需符合《水土保持治沟骨干工程技术规范》(SL 289)的相关规定。

(2)当拦渣坝一旦失事对下游的城镇、工矿企业、交通运输等设施造成严重危害,或有害物质会大量扩散时,宜比规定确定的防洪标准提高1~2个等级。对于特别重要的拦渣坝,除采用Ⅰ等的最高防洪标准外,还需采取专门的防护措施。

3. 坝高与库容

(1)拦渣坝总库容由拦渣库容、拦泥库容、滞洪库容三部分组成。

(2)坝顶高程为总库容在水位—库容曲线上对应的高程+安全超高。

4. 拦渣坝设计

拦渣坝一般采用碾压式土石坝和浆砌石坝两种坝型。

(1)碾压式土石坝坝型选择及断面设计参照《碾压式土石坝设计规范》(SL 274)第三章中的规定,宜利用弃土、弃石、弃渣、尾矿等修筑心墙或斜墙坝,以降低工程造价。

(2)当基础为坚硬完整的新鲜岩石,弃石中不易风化块石含量较多时,宜选择布置浆砌石坝。浆砌石坝的有关设计参照《浆砌石坝设计规范》(SL 25)中的有关规定。

5. 泄洪与放水建筑物

根据坝址两岸地形地质条件、泄洪流量等因素,确定溢洪道、放水工程的形式。溢洪道分为明渠式溢洪道、陡坡式溢洪道两种形式。放水工程分为卧管式、竖井式两种形式。溢洪道设计参照《水土保持治沟骨干工程技术规范》(SL 289)中4.2节执行,放水工程设计参照该规范中4.3节执行。

6. 稳定性分析与基础处理

碾压式土石坝稳定计算参照《碾压式土石坝设计规范》(SL 274)第八章中的稳定计算方法进行分析,基础处理参照《碾压式土石坝设计规范》(SL 274)第六章中的规定执行。

浆砌石坝稳定分析参照《浆砌石坝设计规范》(SL 25)第五章中的计算方法进行稳定分析,基础处理参照《浆砌石坝设计规范》(SL 25)第八章中的规定执行。

(三)应用实例

浙江桐柏抽水蓄能电站位于浙江省天台县赤城街道百丈村,总装机容量为1 200 MW,平均年发电量21.18亿kW·h,年抽水用电量28.13亿kW·h。工程等级为Ⅰ等,工程规模属大(1)型,在华东电网中承担调峰、填谷、调频、调相以及事故备用等任务。

工程1#弃渣场位于上水库西北侧,占地面积3.98 hm^2,堆渣量58.51万m^3,堆渣边坡坡比为1:2.5。为防止弃渣产生水土流失,在1#弃渣场的渣体下方设置碾压堆石拦渣坝。坝长120 m,顶宽4.0 m,迎水侧采用干砌石护坡防护,砌石厚40 cm,坡比1:1.5。渣体各级马道设矩形断面排水沟,宽×深为65 cm×70 cm、70 cm×70 cm不等;两侧设梯形断面排水沟,底宽50~100 cm,边坡坡比1:0.5。拦渣坝断面见图3-9。

桐柏抽水蓄能电站1#和3#弃渣场的拦渣坝仅拦渣,拦渣坝与普通弃渣场的挡渣墙功能相同,坝上不蓄水,双侧设排水沟。

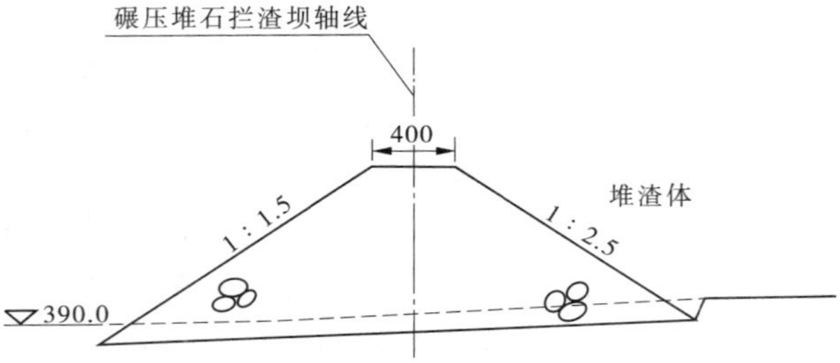

图 3-9　拦渣坝断面设计图　（单位:cm）

拦渣坝工程应用实例见图 3-10、图 3-11。

图 3-10　1#弃渣场拦渣坝

图 3-11　3#弃渣场拦渣坝

三、拦渣堤

拦渣堤是指支撑和防护堆置于河岸边或沟道旁的弃土(石、渣),防止堆体变形失稳或被水流、降雨等冲入河流(河道)造成淤塞的构筑物。它适用于生产建设项目涉水弃渣场的挡护,如临河型渣场、沟道型渣场、库区型渣场和受洪水影响的平地型渣场的挡护。拦渣堤可布置于河岸或沟岸。拦渣堤拦挡的弃渣堆积体或堤后填筑物中,不应含有易溶于水的有毒有害物质,如生活垃圾、医疗废弃物等,也不宜含有大量粉状物料等,以免污染河流水质。

(一)拦渣堤形式及选择

拦渣堤形式按照拦渣堤断面几何形状及受力特点,可分为重力式、半重力式、衡重式、扶壁式(支墩式)、悬臂式、空箱式及板桩式等,常用的有重力式、半重力式、衡重式等。

按照筑堤材料,拦渣堤又可分为砌石堤、土石堤、混凝土或钢筋混凝土堤、新型材料堤(如格宾石笼堤)等。

拦渣堤堤型选择应综合考虑筑堤材料种类及开采运输条件、地形地质条件、气候条件、施工条件、基础处理、抗震要求等因素,经技术经济比较后确定。

(二)设计及施工要求

1.堤线布置

拦渣堤宜选择在河道较宽处,不宜在河流凹岸侧建设。堤线布置按照《堤防工程设计规范》(GB 50286)进行。

2. 防洪标准

(1)拦渣堤设计必须同时满足防洪和拦渣的双重要求。

(2)拦渣堤的防洪标准与堤防工程相同,依据《防洪标准》(GB 50201)的规定执行。

3. 拦渣堤高度确定

堤顶高程必须同时满足防洪与拦渣的双重要求,即选取两者中的最大值。拦渣堤高根据设计洪水、风浪爬高、安全超高、拦渣量综合确定。按拦渣要求确定堤高时,首先根据项目基建施工与生产运行中弃土(石、渣)的数量,确定在设计时段内拦渣堤的拦渣总量。其次由堆渣总量和堤防长度计算确定堆渣高程,再加上预留的覆土厚度和爬高即为堤顶高程。

4. 稳定性分析

拦渣堤抗滑稳定、抗倾覆稳定和基底应力计算公式同挡渣墙。可按《水工挡土墙设计规范》(SL 379)规定执行。

1)最小抗滑稳定安全系数

拦渣堤工程抗滑稳定安全系数应根据拦渣堤工程级别,按表 3-4 确定。

表 3-4 拦渣堤最小抗滑稳定安全系数

拦渣堤工程级别	1	2	3	4	5
正常运用	1.35	1.30	1.25	1.20	1.20
非常运用	1.10	1.10	1.10	1.05	1.05

2)最小抗倾覆稳定安全系数

拦渣堤工程抗倾覆稳定安全系数不应小于最小抗倾覆稳定安全系数 $K_o = 1.5$ 的规定。

3)基底应力验算

拦渣堤工程基底应力验算同挡渣墙。

(三)应用实例

宁波市周公宅水库工程位于浙江省宁波市鄞州区,厂区弃渣场位于水库下游的缓坡地,弃土后改造为苗圃,提供工程区的绿化苗木。该弃渣场占地面积 1.52 hm^2,堆渣总量约 5 万 m^3。

由于弃渣场临河布置,弃渣场按照 20 年一遇洪水标准修建了拦渣堤,拦渣堤高度满足拦渣和防洪要求。拦渣堤平均高度 3.5 ~ 4.5 m,由两级拦渣堤(高度分别为 1.50 m、2.00 m,间距 1.50 m)或复合断面拦渣堤组成。复合断面拦渣堤顶宽 0.4 m、底宽 3.0 m,堤身内设矩形断面种植槽,宽 0.40 m、深 0.45 m。该断面增加了拦渣堤的景观性,断面设计见图 3-12。

弃渣场顶部和周边设置截排水沟,按照 10 年一遇洪水标准修建,挡渣堤上设 3 行排水孔。

拦渣堤工程应用实例见图 3-13。

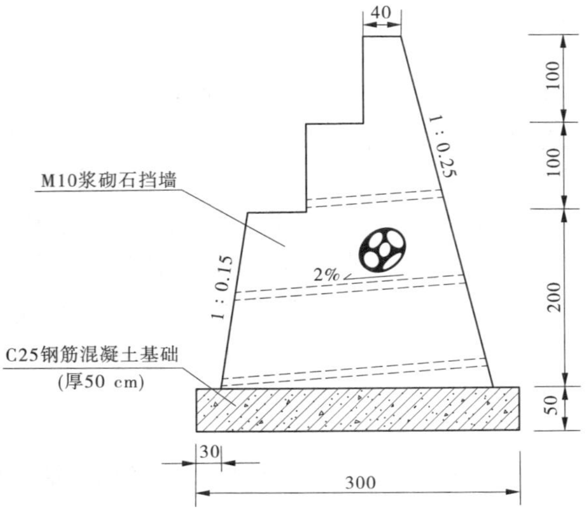

图 3-12　拦渣堤断面设计图　（单位:cm）

图 3-13　周公宅水库工程厂区弃渣场

第二节　防洪排导工程

生产建设项目施工及生产运行中,应根据地形、地质及水文条件,修建适宜的防洪排水工程。水土保持工程常用的防洪排水措施主要包括截水沟和排水沟。截水沟是指在坡面上修筑的拦截、疏导坡面径流,具有一定比降的沟槽工程;排水沟是指用于排除地面、沟道或地下多余水量的沟槽。

一、截、排水沟

(一)分类及适用范围

截、排水沟断面结构一般可采用矩形、梯形、U 形,按护砌方式可分为混凝土衬砌、浆砌石衬砌、混凝土预制块、植草沟、生态袋排水沟及天然不衬砌等形式。截、排水沟适用于所有生产建设项目的开挖、填筑边坡、场地及土石堆积体等的防护。

（二）设计及施工要求

1. 设计标准

根据《开发建设项目水土保持技术规范》（GB 50443），截、排水沟的设计标准同防护对象的暴雨设计标准。

2. 布置

山坡截水沟一般布置在坡面上方距开挖（或填筑）边缘线 5 m 以外；平台截水沟一般在阶梯形和大平台形削坡平台布置；急流槽顺削坡面或坡面两侧布置，将山坡截水沟和平台截水沟中的径流排泄至排水边沟；排水边沟在削坡坡脚布置，将急流槽中的洪水或径流排泄至河道（沟道），以及其他排水系统中。

3. 断面设计

1）断面形式

截水沟的横断面形式，一般采用矩形、梯形和 U 形等。梯形截水沟为土沟和草沟的，其边坡坡比一般采用 1∶1.0，浆砌片石截水沟的边坡坡比采用 1∶0.5。

山坡排水沟断面一般采用矩形、梯形和 U 形，梯形排水沟的内坡坡比按土质类别采用1∶0.5～1∶1.5。

常见的截、排水沟断面形式见图 3-14。

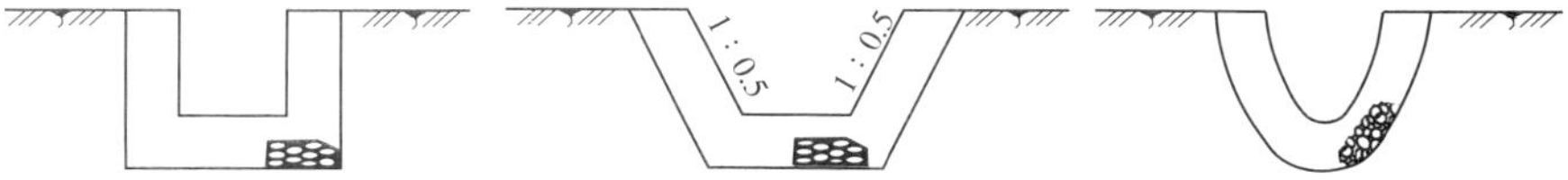

(a)矩形　　(b)梯形　　(c)U形

图 3-14　常见截、排水沟断面形式

2）断面尺寸

截水沟的尺寸按所需排泄的最大洪峰流量确定，最大洪峰流量采用推理公式计算：

$$Q = 0.278kiF \tag{3-5}$$

式中　Q——最大洪峰流量，m^3/s；

k——径流系数；

i——降雨强度，mm/h；

F——汇水面积，km^2。

径流系数 k 按照表 3-5 的要求确定。若汇水面积内有两种或两种以上不同地表种类，按不同地表种类面积加权求得平均径流系数 k。

当工程场址及其邻近地区有 10 年以上自记雨量计资料时，可利用实测资料整理分析得到设计重现期的降雨强度。当缺乏自记雨量计资料时，降雨强度可依据《浙江省短历时暴雨（2003）》计算得出。

表 3-5　径流系数 k 参考值

地表种类	径流系数 k	地表种类	径流系数 k
沥青混凝土路面	0.95	起伏的山地	0.60 ~ 0.80
水泥混凝土路面	0.90	细粒土坡面	0.40 ~ 0.65
粒料路面	0.60 ~ 0.80	平原草地	0.40 ~ 0.65
粗粒土坡面和路肩	0.10 ~ 0.30	一般耕地	0.40 ~ 0.60
陡峻的山地	0.75 ~ 0.90	落叶林地	0.35 ~ 0.60
硬质岩石坡面	0.70 ~ 0.85	针叶林地	0.25 ~ 0.50
软质岩石坡面	0.50 ~ 0.80	粗砂土坡面	0.10 ~ 0.30
水稻田、水塘	0.70 ~ 0.80	卵石、块石坡地	0.08 ~ 0.15

截水沟的断面尺寸采用如下公式试算确定：

$$Q = Av \tag{3-6}$$

$$v = \frac{1}{n}R^{2/3}i^{1/2} \tag{3-7}$$

式中　Q ——最大洪峰流量，m^3/s；

A ——过水断面面积，m^2，$A = bh + mh^2$；

v ——流速，m/s；

R ——水力半径，m，$R = \dfrac{A}{b + 2h\sqrt{1 + m^2}}$；

i ——纵坡比降；

n ——糙率，根据沟槽护砌材料确定；

h ——沟深，m；

b ——底宽，m；

m ——断面边坡坡比。

3）纵坡

排水沟应具有合适的纵坡，以保证水流畅通，不致流速太大而产生冲刷，亦不可流速太小而形成淤积，需通过水文水力计算择优选定。一般情况下，可取 0.5% ~1.0%，不小于 0.3%，亦不宜大于 3%。

在陡坡或深沟地段的排水沟，宜设置跌水构筑物或急流槽。急流槽可采用由浆砌片石铺砌的矩形横断面或者由水泥混凝土预制件铺筑的矩形横断面。浆砌片石矩形急流槽的槽底厚度可为 0.20 ~0.40 m，槽壁厚 0.30 ~0.40 m，混凝土矩形急流槽的厚度可为 0.20 ~0.30 m，槽顶应与两侧斜坡表面齐平。槽深最小 0.20 m，槽底宽最小 0.25 m。槽底每隔 2.5 ~5.0 m 应设置一个凸榫，嵌入坡体内 0.3 ~0.5 m，以避免槽体顺坡下滑。

4. 运行管理

（1）每年汛后和每次较大暴雨后，对截、排水沟工程应进行全面检查，如有冲毁现象，应及时进行衬修。

(2)根据设计要求和坡面侵蚀量大小,每1~3年应对截、排水沟工程进行一次清淤,遇到淤积严重的大沙年,应及时清除淤沙。

(3)截、排水沟填方土埂外坡,可种植经济价值较高的浅根性植物护埂。

(三)应用实例

截、排水工程应用实例见图3-15~图3-18。

图3-15 某电站工程厂房边坡截、排水沟

图3-16 某公路工程隧道截、排水沟

图3-17 某公路工程生态型排水沟(草沟)

图3-18 生态袋排水沟(参考)

二、拦洪坝

(一)拦洪坝的坝型

拦洪坝的坝型主要根据洪水规模、地质条件、当地材料等确定,可采用土坝、堆石坝、浆砌石坝和混凝土坝等结构形式。

(二)拦洪坝的设计

1.坝址选择

(1)坝址处地形、地质条件良好,基础为抗风化岩石或密实土,应避开较大弯道、跌水、泉眼、断层、滑坡体、洞穴等,坝肩应无冲沟。

(2)河(沟)地形平缓,河床较窄,坝轴线短,库容大。

(3)有适宜布置溢洪道和放水工程的地形、地质条件。

(4)坝址上下游有充足的筑坝土、砂、石等建筑材料,有水源条件。

(5)库区淹没损失小,对村镇、工厂、铁路、公路、高压线等建筑物的安全影响小。

2. 库容与坝高

(1)拦洪坝总库容,包括拦泥库容和滞洪库容两部分。根据坝址以上多年来沙量和淤积年限,确定拦泥库容;根据来洪量与排洪量确定滞洪库容。

(2)拦洪坝的坝高由拦泥坝高、滞洪坝高和安全超高三部分组成。根据已确定的拦泥库容与滞洪库容,在坝高—库容关系曲线上查得相应的拦泥坝高和滞洪坝高,再加上相应的安全超高,即为拦洪坝的总坝高。安全超高经验值按表 3-6 确定。

表 3-6　安全超高经验值

坝高(m)	10 ~ 20	>20
安全超高(m)	1.0 ~ 1.5	1.5 ~ 2.0

3. 防洪标准

拦洪坝应根据国家防洪标准,结合防护对象和防护要求选定,见表 3-7。

表 3-7　拦洪坝防洪标准

<table>
<tr><th rowspan="4">工程等别</th><th rowspan="4">工程规模</th><th rowspan="4">总库容(万m^3)</th><th colspan="5">防洪标准(重现期)(a)</th></tr>
<tr><th colspan="3">山区、丘陵区</th><th colspan="2">平原区、滨海区</th></tr>
<tr><th rowspan="2">设计</th><th colspan="2">校核</th><th rowspan="2">设计</th><th rowspan="2">校核</th></tr>
<tr><th>混凝土坝、浆砌石坝及其他水工建筑物</th><th>土坝、堆石坝</th></tr>
<tr><td rowspan="2">Ⅳ</td><td>小(1)型</td><td>100 ~ 1 000</td><td>50 ~ 30</td><td>500 ~ 200</td><td>1 000 ~ 300</td><td>20 ~ 10</td><td>100 ~ 50</td></tr>
<tr><td>小(2)型</td><td>10 ~ 100</td><td>30 ~ 20</td><td>200 ~ 100</td><td>300 ~ 200</td><td>10</td><td>50 ~ 20</td></tr>
</table>

注:当山区、丘陵区水库枢纽工程挡水建筑物的挡水高度低于 15 m、上下游的水头差小于 10 m 时,其防洪标准可按平原区、滨海区的规定确定;当平原区、滨海区水库枢纽工程挡水建筑物的挡水高度高于 15 m、上下游的水头差大于 10 m 时,其防洪标准可按山区、丘陵区的规定确定。

4. 土坝的断面设计

(1)坝顶宽度的确定。按不同的坝高和施工方法采取不同的坝顶宽度。当有交通要求时,应按通行车辆的标准确定,一般单车道为 5 m,双车道为 7 m;坝顶无交通要求时,坝顶宽度参照《水土保持治沟骨干工程技术规范》(SL 289)确定。

(2)坝坡。上游坝坡应比下游坝坡缓,坝体高度越大,坝坡应越缓;水坠坝坝坡应比碾压坝坝坡缓。坝坡比可参照《水土保持治沟骨干工程技术规范》(SL 289)的规定,按其所提供的经验数据初步拟定,最终通过坝体稳定分析确定。

(3)边埂。采用水坠法施工的土坝,根据建筑材料与坝高、施工方法确定。一般坝高较小和土料含沙量较大时,边埂宽度可小些;坝高较大、土料含黏量较大的,边埂宽度可大些。具体技术参照《水土保持治沟骨干工程技术规范》(SL 289)的规定。

(4)坝体排水。在黏土、岩石地基或有清水的沟道上筑坝,在下游坝坡坡脚应设置排水设施。根据不同条件,分棱体排水、贴坡排水等形式,具体参照《碾压式土石坝设计规范》(SL 274) 的规定执行。

5. 应力计算与稳定性分析

(1)坝体稳定依照《碾压式土石坝设计规范》(SL 274)第八章的要求及其附录A中提供的方法计算。水坠坝边埂自身稳定计算等参照《水土保持治沟骨干工程技术规范》(SL 289)的规定。

(2)水坠坝应对施工中和施工后期坝坡整体稳定及边埂自身稳定进行计算,竣工后进行稳定渗流期下游坝坡稳定计算和上游库水位骤降时坝坡稳定验算。

(3)碾压式土坝应对运用期下游坝坡稳定性及上游库水位骤降时坝坡稳定性进行验算。

6. 放水建筑物

1)卧管式放水工程

卧管式放水工程适用于坝上游岸坡基础条件较好的坝库。坡度为1∶2～1∶3,包括卧管、涵管及消力池三部分,具体技术要求参照《水土保持治沟骨干工程技术规范》(SL 289)的规定。

2)竖井式放水工程

竖井式放水工程适于布置在土坝上游坝坡上,且要求坝体基础好。包括竖井、消力井及涵管设计,具体技术参照《水土保持治沟骨干工程技术规范》(SL 289)的规定。

7. 溢洪道设计

1)陡坡式溢洪道

陡坡式溢洪道适用于坝高20 m以上、库容50万m^3以上的较大型坝库。由进口段、陡坡段和消力池三部分组成,具体技术参照《水土保持治沟骨干工程技术规范》(SL 289)的规定。

2)明渠式溢洪道

明渠式溢洪道适用于坝高20 m以下、库容50万m^3以下的中小型坝库。具体技术参照《水土保持治沟骨干工程技术规范》(SL 289)的规定。

8. 基础处理

(1)根据坝型、坝基的地质条件和筑坝施工方式等,采取相应的基础处理方法。

(2)水坠坝基础处理参照《水坠坝技术规范》(SL 320)第八章中的规定执行。

(3)碾压坝基础处理参照《碾压式土石坝设计规范》(SL 274)第六章中的规定执行。

第三节　斜坡固定工程

对生产建设项目因开挖、回填、弃土(石、渣)形成的坡面,应根据地形、地质、水文条件及施工方式等因素,采取边坡防护措施。边坡防护措施包括削坡开级、工程护坡、植物护坡和综合护坡工程等。

一、削坡开级

削坡是指削掉非稳定体的部分，减缓坡度，削减助滑力；开级是指通过开挖边坡，修筑阶梯或平台，达到相对截短坡长，改变坡形、坡度、坡比，降低荷载重心，维持边坡稳定的目的。

（一）分类及适用范围

削坡开级分土质坡面削坡开级和石质坡面削坡开级。

1. 土质坡面削坡开级

对高度大于4 m、坡比陡于1∶1.5的土质坡面，应采取削坡开级工程，主要形式有直线形、折线形、阶梯形、大平台形等4种。

（1）直线形。适用于高度小于15 m、结构紧密的均质土坡，或高度小于10 m的非均质土坡。

（2）折线形。适用于高12～15 m、结构比较松散的土坡，特别适用于上部结构较松散、下部结构较紧密的土坡。

（3）阶梯形。适用于高12 m以上、结构较松散，或高20 m以上、结构较紧密的均质土坡。

（4）大平台形。适用于高度大于30 m，或在8度以上高烈度地震区的土坡。

2. 石质坡面削坡开级

适用于坡面陡直或坡形呈凸形，荷载不平衡，或存在软弱岩石夹层，且岩层走向沿坡体下倾的非稳定边坡。

通常情况下，石料场开采边坡高度超过20 m的，需进行削坡开级，以保证边坡稳定。

（二）设计及施工要求

1. 土质坡面

1）直线形

（1）从上到下，削成同一坡度，削坡后比原坡度减缓，达到该类土质的稳定坡度。

（2）对有松散夹层的土坡，其松散部分应采取加固措施。

2）折线形

（1）重点是削缓上部，削坡后保持上部较缓、下部较陡的折线形。

（2）上下部的高度和坡比，根据土坡高度与土质情况，具体分析确定，以削坡后能保证稳定安全为原则。

3）阶梯形

（1）每一阶小平台的宽度和两平台间的高差，根据当地土质与暴雨径流情况，具体研究确定。一般小平台宽1.5～2 m，两台间高差6～12 m。

（2）开级后应保证土坡稳定。

4）大平台形

（1）大平台一般开在土坡中部，宽4 m以上。平台具体位置与尺寸，需根据《地震区建筑技术规范》对土质边坡高度的限制研究确定。

（2）大平台尺寸基本确定后，需对边坡进行稳定性验算。

2. 石质坡面

(1)坡度要求。除坡面石质坚硬、不易风化的外,削坡后的坡比一般应缓于1:1。

(2)石质坡面削坡,应留出齿槽,齿槽间距3~5 m,齿槽宽度1~2 m。在齿槽上修筑排水明沟和渗沟,一般深10~30 cm、宽20~50 cm。

(3)削坡后因土质疏松可能产生碎落或塌方的坡脚,应采取工程措施予以保护。

3. 其他要求

1)坡脚防护

削坡后因土质(或石质)疏松而产生岩屑、碎石滑落或发生局部塌方的坡脚,应修筑挡土墙予以防护。

无论土质削坡还是石质削坡,均需在距坡脚1 m处开挖防洪排水沟,深0.4~0.6 m,上口宽1~1.2 m,具体尺寸根据坡面来水量计算确定。

2)坡面防护

削坡开级后的土质边坡,应采取植物措施防护。

3)截、排水工程

在坡面采取削坡开级工程时,必须布置山坡截水沟、平台截水沟、急流槽、排水边沟等排水系统,以防止削坡面径流及坡面上方地表径流对坡面的冲刷。

(三)应用实例

削坡开级工程应用实例见图3-19、图3-20。

图3-19 秦山核电工程开挖边坡削坡开级

图3-20 洞头网瞭鼻石料场开挖边坡削坡开级

二、工程护坡

工程护坡包括干砌石护坡、浆砌石护坡和混凝土护坡等几种形式,可根据不同需要分别采用。

(一)干砌石护坡

干砌石护坡是指用无浆的块石砌体进行边坡防护。

1. 分类及适用范围

坡面较缓、受水流冲刷较轻的土质或软质岩石坡面,采用干砌石护坡。干砌石护坡的坡度,根据土体的结构性质而定,土质坚实的砌石护坡可陡些;反之,则应缓些。一般坡度为1:2.5~1:3,个别可为1:2。

干砌石护坡分为单层干砌石和双层干砌石。受水流冲刷较轻的土质或软质岩石坡面,护坡厚度<0.3 m时用单层干砌石护坡,护坡厚度>0.35 m时用双层干砌石护坡。

2. 施工要求

(1)砌石前,应先将土坡或底面铲至规定标准,坡面或底面必须平整,以利于铺沙砾或砌石工作,必要时须将坡面或底面夯实后进行铺砌。

(2)在斜坡铺设沙砾石垫层反滤料时,应与砌石紧密配合,自下而上,随铺随砌。

(3)为保护砌体下的反滤料不被水流淘空,在水位以下的边口,均须用较大的块石封边。

(4)干砌石施工工序为选石、试放、修造和安砌。

(5)宜用立砌法,不得叠砌和浮塞,石料最小边尺寸不宜小于15 cm。

(6)坡面一定要平整,砌石内尽量少用片石填塞,并严禁使用过薄的片石填塞砌缝。

(7)砌体缝口应砌紧,底部应垫稳填实,严禁架空。

(8)砌缝底部如有空隙,均要用合适的片石塞紧,一定要做到底实上紧,以免底部沙砾石由缝隙中间冲出,而造成塌坡事故。

3. 应用实例

新建铁路衢州至常山线工程全线长41.1 km,部分路基边坡底部采用干砌石护坡,边坡比为1:2.5,护坡高度为1 m,厚度为30 cm。

干砌石护坡工程应用实例见图3-21。

(二)浆砌石护坡

浆砌石护坡是指使用胶结材料的块石砌体进行边坡防护。

1. 适用范围

坡度在1:1~1:2,或坡面位于沟岸、河岸,下部可能遭受水流冲刷,且洪水冲击力强的防护地段,宜采用浆砌石护坡。

2. 设计及施工要求

1)设计要求

浆砌石护坡由面层和起反滤层作用的垫层组成。面层铺砌厚度为25~35 cm,垫层又分单层和双层两种,单层厚5~15 cm,双层厚20~25 cm。原坡面如为沙砾、卵石,可不设垫层。

图 3-21 新建铁路衢州至常山线工程路基边坡干砌石护坡

对长度较大的浆砌石护坡，应沿纵向每隔 10 ~ 15 m 设置一道宽约 2 cm 的伸缩缝，并用沥青或木条填塞。

2）施工要求

（1）砌筑前，应将砌体石料上的泥垢冲洗干净，并洒水湿润，砌筑时保持砌石表面充分吸水，但不得残留积水。

（2）砂浆配合比、工作性能等，应按设计强度通过试验确定，施工中应在砌筑现场随机制取试件。

（3）应采用坐浆法分层砌筑，水泥砂浆铺设厚度宜为 3 ~ 6 cm，随铺浆随砌石，砌缝需用砂浆填充饱满，不得无浆直按贴靠，砌缝内砂浆应采用扁铁插捣密实；严禁先堆砌石块再用砂浆灌缝。

（4）砌筑时不得采用外面侧立石块、中间填芯的砌筑方法。砂浆应饱满，石块间较大的空隙应先填塞砂浆，后用碎石或片石嵌实，不得采用先摆碎石后填砂浆或干填碎石块的施工方法，石块间不应相互接触。

（5）上下层砌石应错缝砌筑；砌体外露面应平整美观，外露面上的砌缝应预留约 4 cm 深的空隙，以备勾缝处理；水平缝宽应不大于 2.5 cm，竖缝宽应不大于 4 cm。

（6）砌筑因故停顿，砂浆若已超过初凝时间，应待砂浆强度达到 2.5 MPa 后才可继续施工；在继续砌筑前，应将原砌体表面的浮渣清除；砌筑时应避免振动下层砌体。

（7）勾缝前必须清缝，用水冲净并保持缝槽内湿润，砂浆应分次向缝内填塞密实；勾缝砂浆强度应高于砌体砂浆；应按实有砌缝勾平缝，严禁勾假缝、凸缝；砌筑完毕应保持砌体表面湿润，做好养护。

（8）当最低气温在 0 ~ 5 ℃时，砌筑作业应注意表面覆盖保护，当最低气温在 0 ℃以下或最高气温超过 30 ℃时，应停止砌筑。无防雨棚的仓面，遇大雨应立即停止施工，妥善保护表面；雨后应先排除积水，并及时处理受雨水冲刷部位。

3. 应用实例

浆砌石护坡工程应用实例见图 3-22 和图 3-23。

（三）混凝土护坡

混凝土护坡是指由胶凝材料将骨料胶结成整体的复合材料进行边坡防护。

图 3-22　新建铁路衢州至常山线工程路基边坡

图 3-23　周公宅水库工程施工营地边坡

1. 适用范围

边坡介于 1∶1 ~ 1∶0.5、高度小于 3 m 的坡面，可采用现浇混凝土或混凝土预制块护坡，风化较为严重的部位可以采取挂网喷射混凝土的防护方法；边坡陡于 1∶0.5 的坡面，宜采用钢筋混凝土护坡。

在基岩裂隙小、没有大崩塌发生的地方，可进行喷混凝土护坡。

2. 设计及施工要求

为了减少雨水渗入边坡，在开挖坡面可以采用喷射混凝土防护的方法，其厚度一般为 8 ~ 15 cm。在喷射混凝土防护区域，设置排水孔，孔距不宜大于 3 m，孔径可为 50 ~ 100 mm，孔向宜与边坡走向正交，并倾向坡外，倾角可为 10° ~ 15°，与坡体排水相结合设计。排水孔排出的水汇集至坡面纵横向排水沟排走。

在边坡坡脚可能遭受强烈洪水冲刷的陡坡段，采取混凝土(或钢筋混凝土)护坡，必要时需加锚固定。

坡面有涌水现象时，可采用粗砂、碎石或沙砾等设置反滤层并设排水管。涌水量较大时，宜修筑盲沟排水。

3. 应用实例

混凝土护坡工程应用实例详见图 3-24。

图 3-24　周公宅水库工程上坝公路边坡喷混凝土

混凝土护坡技术目前应用比较少,喷混凝土后,边坡透水性极差,阻断与大地之间的交流,植物生长困难,其生态性较差。实际应用中喷混凝土护坡正在逐渐被植物护坡取代。

三、植物护坡

植物护坡技术常用的有三维植被网草皮护坡、液压喷播植草护坡、客土喷播植草护坡、厚层基材喷射植被护坡及生态袋绿化等技术,可根据不同边坡形式分别采用。

(一)三维植被网草皮护坡

三维植被网草皮护坡是指利用活性植物并结合土工合成材料等工程材料,在坡面构建一个具有自身生长能力的防护系统,通过植物的生长对边坡进行加固的一门新技术。

1. 适用范围

各类土质边坡均可应用,强风化岩石边坡也可应用,土石混合路堤边坡经处理后可应用(见图3-25)。常用坡比1∶1.5,一般不超过1∶1.25,坡比大于1∶1时慎用。过高的边坡需要分级支护,每级高度不超过10 m。

图3-25 三维植被网草皮护坡

2. 施工方法

三维植被网草皮护坡施工工序为:准备工作—铺网—覆土—铺草皮—前期养护。

1)准备工作

(1)平整坡面。为保证三维植被网与坡面的紧密结合,交验后的坡面,采用人工细致整平,清除所有的岩石、碎泥块、垃圾和其他可能引起网在地面被顶起的阻碍物。

(2)回填客土。对土质条件差、不利于草种生长的坡面,采用回填客土,充填时要使用振动板使之密实,靠近表面时用潮湿的黏土回填。

(3)开挖沟槽。在坡顶及坡底沿边坡走向开挖一矩形沟槽,沟宽30 cm,沟深不小于20 cm,顶沟离坡面30 cm,用于固定三维植被网。

(4)排水设施。对于较大规模的边坡,坡顶、坡脚及平台均需设置排水沟,并根据坡面来水流量的大小考虑是否设置坡面排水沟。一般坡面排水沟横向间距为40~50 m。

2)铺网

三维植被网的剪裁长度比坡面长130 cm,顺坡铺设。铺网时,应让网尽量与坡面贴附紧实,防止悬空。铺设时,应使网保持平整,不产生褶皱,网之间要重叠搭接,搭接宽度10 cm。建议采用U形钉或聚乙烯塑料钉,也可用钢钉,但需配以垫圈,钉长为20~45 cm,松土宜用长钉。钉的间距一般为90~150 cm(包括搭接处),在沟槽内也应按约75 cm的间距设钉,然后填土压实。

3)覆土

为保证覆土充满网包,且不压包,应分层多次填土,且洒水浸润,至网包层不外露为止。

4)铺草皮

铺草皮时,把运来的草皮块顺次平铺于坡面上,草皮块与块之间应保留 5 mm 的间隙,以防止草皮块在运输途中失水干缩,遇水浸泡后出现边缘膨胀。块与块间的间隙应填入细土。铺草皮时应尽量避免过分伸展和撕裂。待铺草皮告一段落时,要用木槌把草皮全部拍一遍,以使草皮与坡面密贴。

5)前期养护

草皮从铺装到适应坡面环境健壮生长期间,每天都需洒水养护,每次的洒水量以保持土壤湿润为原则,直至出苗成坪。当草苗发生病害时,应及时使用杀菌剂防治病害。为了保证草苗能茁壮地生长,在有条件的情况下,可根据草皮生长的需要及时追肥。

(二)液压喷播植草护坡

液压喷播植草护坡是利用水力机械进行大面积喷播草籽而快速建草坪的一种方法,是一种用生物方法保护生态环境、防止水土流失、稳定边坡的机械化快速植草绿化系统工程。

1. 适用范围

液压喷播植草护坡一般用于土质边坡,土石边坡经处理后也可应用,常用于坡比 1:1.5～1:2、坡高不大于 10 m 的稳定边坡。

2. 施工方法

液压喷播植草护坡施工工序为:边坡处理—铺设三层式三维网—喷播—覆盖—挖沟排水—养护。

1)边坡处理

将边坡上大的石块、树根、塑料等杂物清理干净,将低洼处回填夯实平整,确保坡面平顺。

2)铺设三层式三维网

将三层式三维网沿坡面由上至下铺于坡面上,网与坡面之间保持平顺结合。三维网铺于坡顶时需延伸 40～80 cm,埋于土中并压实,并将三维网自下而上用Φ 6 mm 以上的 U 形钢筋固定。

3)喷播

铺设三层式三维网完毕,进行液压喷播,即将草籽和促使其生长的附着剂、木纤维、肥料、生长素、保湿剂及水按一定比例混合搅拌,形成均匀混合液,通过液压喷播机均匀喷洒于坡面上。

4)覆盖

喷播植草施工完成后,在边坡表面覆盖无纺布,以保持坡面水分并减少降雨对种子的冲刷,促使种子生长。若温度太高,则无须覆盖,以免病虫害的发生。

5)挖沟排水

覆盖无纺布后,在播植区域顶部挖截、排水沟,防止大雨冲淋草地。

6)养护

苗期注意浇水,确保种子发芽、生长所需的水分。适时揭开无纺布,保证草苗生长正常。适当施肥,为草坪生长提供所需养分。定时有针对性地喷洒农药,定期清除杂草,保证草坪健康生长。

3. 应用实例

液压喷播植草护坡工程应用实例见图 3-26、图 3-27。

图 3-26　杭新景高速公路工程弃渣场及隧洞口液压喷播植草护坡

图 3-27　玉环 76 省道工程液压喷播植草护坡

(三)客土喷播植草护坡

客土喷播植草护坡,是将植物生长的基础——土壤与有机基材、高分子黏结剂、保水剂、肥料和水分拌和成泥浆状,利用专用喷射机提供动力,按照设计厚度喷射到需要防护的坡面上,从而实现边坡的生态防护。

1. 适用范围

(1)适用于开挖的石质裸岩、土石边坡。

(2)一般适用于边坡坡比 1∶1 ~1∶1.5 的稳定坡面,不受坡长限制。

2. 施工方法

客土喷播植草护坡施工工序为:清坡—挂网施工—锚杆施工—配置客土材料—喷播—养护管理。

1)清坡

将容易滑落、影响边坡稳定的岩石处理掉,对于光滑岩面,要通过挖掘横沟等措施进行加糙处理,以免客土下滑。

2)挂网施工

在岩石边坡表面铺设菱形镀锌低碳钢丝网。挂网时网面应尽量紧贴岩面,两张网重叠部分不小于 10 cm,保持坡顶处及坡体两侧覆盖不小于 1 m,小于 1 m 应用更多锚杆固定。

3)锚杆施工

用风钻在坡面钻孔,打锚杆,用于固定镀锌网,同时与镀锌网一起对岩石面进行加固。

4)配置客土材料

客土材料由有机质、肥料、保水剂、稳定剂、酸度调节剂、消毒剂等混合而成。

5)喷播

选用专用客土喷播机,调节输送泵压力、出风量,使混合料均匀喷射至坡面,自上而下实施喷播,喷播厚度为 2 ~ 3 cm。

6)养护管理

为了提高种子的发芽率和成苗率,要盖遮阴网或无纺布,待植株长到 5 ~ 6 cm 或 2 ~ 3 个叶片后,揭掉遮阴网或无纺布;根据坡面湿润度状况定期用高压喷雾器使养护水呈雾状均匀地湿润坡面客土。

3. 应用实例

老虎潭水库坝址位于湖州市吴兴区埭溪镇,在水库管理中心后侧,有面积约 0. 38 hm^2 的裸露土质边坡,坡比约 1∶1. 3,坡高 8 ~ 10 m,采取客土喷播植草护坡形式。喷播厚度约 10 cm,植被长势良好,边坡治理后效果见图 3-28。

图 3-28　湖州市老虎潭水库工程管理中心后侧边坡客土喷播植草护坡

(四)厚层基材喷射植被护坡

厚层基材喷射植被护坡是运用专用设备将含有植物种子的有机种植基材喷射到坡面,使坡面迅速恢复自然植被的边坡生态治理技术。

1. 适用范围

(1)坡比小于 1∶0. 3 的稳定的硬质岩边坡。

(2)软质岩边坡。

(3)开挖的土质边坡,包括瘠薄土质、酸性土质等劣质土坡。

(4)混凝土面及浆砌片石面人工绿化。

2. 施工方法

厚层基材喷射植被护坡施工工序为:修筑天沟及排水沟—清理坡面—铺设固定复合网—拌和植被混合物—喷射绿化基材—覆盖无纺布—喷水养护。

1）修筑天沟及排水沟

在边坡四周、马道、边坡纵向设置排水沟。

2）清理坡面

清除坡面淤积物、浮石，打掉突出岩石，使坡面尽可能平整，再用高压水枪清洗坡面，使坡面有利于植被混凝土与岩石的完全结合。

3）铺设固定复合网

铺设固定复合网的目的是增强护坡强度，形成加筋植被混合物。首先在坡面上安装钢筋锚杆，按 1 m×1 m 交叉锚固，锚杆长 100～120 cm。然后，按设计要求将高强土工网挂在锚杆上，调平拉紧，在边坡平台处采用浆砌片石压边，确保土工网稳定。

4）拌和植被混合物

根据搅拌机大小，按植被绿化基材的配合比计量拌和。喷射前将粉碎过筛的干燥土壤、腐殖质和含有速效肥、长效肥、黏结剂、保水剂、稳定剂的基材混合搅拌，由喷混凝土机喷射至坡面。在面层喷射层拌料时加入混合种子。

5）喷射绿化基材

根据坡面情况调整喷枪口与岩面的距离，在喷枪口头部，由高压水泵将水喷入绿化基材中，喷射时加水量应保持植被混凝土不流不散。分基层和面层连续两次找平。

6）覆盖无纺布

在面层喷射层完成后，覆盖 28 g/m^2 的无纺布保墒，营造种子快速发芽的环境。

7）喷水养护

在养护期，应当保持植被混凝土呈湿润状态。喷水设备宜采用喷雾喷头移动喷洒，杜绝高压水头直接喷灌。绿草成坪后，完全覆盖岩石坡面，此后基本上不必人工养护，可以自然生长。

3. 应用实例

舟山白泉屋基园造船基地项目位于舟山本岛，场地平整形成一开挖高边坡，原状地形坡度 25°～35°，地形较完整，坡面植被发育良好。山体开挖后形成面积约 9 hm^2、最高达 50 m 的大型边坡，边坡开挖采用阶梯状，每级高度 10～15 m，坡比为 1∶0.75。各级边坡间设 2 m 宽马道。

厚层基材喷射植被护坡工程应用实例见图 3-29。

（五）生态袋绿化护坡

生态袋又称植生袋，是采用专用机械设备，依据特定的生产工艺，把草种、肥料、保水剂等按一定的密度定植在可自然降解的无纺布或其他材料上，并经过机器的滚压和针刺的复合定位工序，形成一定规模的产品。生态袋及其组件具备在土壤中永不降解、抗老化、抗紫外线、无毒、不助燃、抗酸碱盐及微生物侵蚀的特点，且可以回收。

1. 适用范围

（1）生态水利工程：生态河岸、水土保持、水库涨落带复绿、湿地工程、湖海岸工程等。

（2）市政工程：山体复绿、城市中心生态河岸、公园湖岸、垃圾填埋场、矿山复绿、高尔夫球场、园艺景观墙、盐碱地边坡等。

（3）公路工程：路基边坡、挡土墙工程、山体开挖边坡、桥墩护坡、涵洞进出口“八字”

图 3-29　舟山市白泉屋基园造船基地项目厚层基材喷射植被护坡

墙、声屏障、生态隔离带、膨胀土边坡、冻融地区边坡等。

(4)房地产:人工景观河道、住宅区边坡、亲水挡土墙、屋顶绿化等。

(5)铁路工程:路基边坡、挡土墙工程、山体开挖边坡、桥墩护坡、涵洞进出口“八字”墙、生态风景区地段生态边坡、生态脆弱地区生态边坡等。

(6)其他:坡体坍塌紧急处理、沙漠绿化、自然保护区、河湖海岸堤岸、防洪墙、生态垂直墙、已有硬体结构面的生态复绿等。

2. 施工方法

生态袋绿化护坡施工工序为:施工准备—清坡—生态袋填充—生态袋和生态袋结构扣及加筋格栅的施工—绿化施工。

1)施工准备

做好人员、机具、材料的准备,挖好基础。

2)清坡

清除坡面浮石、浮根,尽可能平整坡面。

3)生态袋填充

将基质材料填装入生态袋内,采用封口扎带(高强度、抗紫外线)或现场用小型封口机封制。

4)生态袋和生态袋结构扣及加筋格栅的施工

(1)基础和上层形成的结构。将生态袋结构扣水平放置在两个袋子之间、靠近袋子边缘的地方,以便每一个生态袋结构扣跨度两个袋子,摇晃扎实袋子,以便每一个标准扣刺穿袋子的中腹正下面。每层袋子铺设完成后,在上面放置木板并由人在上面行走踩踏。铺设袋子时,注意把袋子的缝线结合一侧向内摆放,每垒砌三层生态袋便铺设一层加筋格栅,加筋格栅一端固定在生态袋结构扣上。

重复上述砌叠步骤,直至完成。

(2)压顶。在墙顶部,将生态袋的长边方向水平垂直于墙面摆放,以确保压顶稳固。

5)绿化施工

(1)喷播。采用液压喷播的方式对构筑好的生态袋挡墙进行喷播绿化施工,然后加盖无纺布,浇水养护。

(2)栽植灌木。对照苗木带的土球大小,用刀把生态袋割一“丁”字小口,同时揭开被切的袋片,用花铲将被切位置土壤取出至适合所带土球大小,被取土壤堆置于切口旁边;用枝剪把苗木的营养袋剪开,完全露出土球,适当修剪苗木根系与枝叶;把苗木放到土穴中,然后用花铲将土壤回填到土穴缝边,同时扎土,直到回填完好,并且盖好袋片;对于刚插植完的苗木,必须浇透淋根水,后期按绿化规范管理养护。

3. 应用实例

桐乡市无量桥港位于河山镇,因船行波影响,经常出现河岸坍塌现象,已严重影响防洪、蓄水、过流、航运能力。2009 年桐乡市河道管理站在无量桥港开展了长 1.1 km 的试验段河道整治工作,分别在堤脚及下坡采取了 3 种护坡形式,在迎水坡筑 3 层生态植草袋,背水坡筑 6 层。

生态袋绿化护坡工程应用实例见图 3-30。

图 3-30　桐乡市无量桥港背水坡生态袋绿化护坡

四、综合护坡

(一)浆砌石骨架植草护坡

浆砌石骨架植草护坡是指采用浆砌石在坡面形成框架,并结合撒草籽、铺草皮、铺土工网、喷播植草、栽植苗木等方法形成的一种生态护坡技术。

1. 分类及适用范围

1)分类

浆砌石骨架根据形状的不同,可以分为拱形、方格形、菱形、人字形等。

2)适用范围

各类土质边坡均可应用,强风化岩质边坡亦可应用。常用坡比 1:1 ~1:1.5,坡比超过 1:1时慎用。过高的边坡需要分级支护,每级高度不超过 10 m。

2. 设计及施工要求

1)设计要求

(1)应视边坡坡比、土质和当地情况确定骨架形式,并与周围景观相协调。框架内应采用植物或其他辅助防护措施。

(2)在降雨量较大且集中的地区,骨架宜做成截水沟型。截水沟断面尺寸由降雨强度计算确定。

2）施工要求

浆砌石骨架植草护坡施工工序为：平整坡面—浆砌石骨架施工—回填耕植土—坡面绿化—盖无纺布—前期养护。

（1）平整坡面。

按设计要求平整坡面，清除坡面危石、松土、填补坑凹等。

（2）浆砌石骨架施工。

浆砌石骨架施工前，应按设计要求在每条骨架的起讫点放控制桩，挂线放样，然后开挖骨架沟槽，其尺寸根据骨架尺寸而定。采用水泥砂浆就地砌筑片石。砌筑骨架时应先砌筑骨架衔接处，再砌筑其他部分，两骨架衔接处应处在同一高度。在骨架底部及顶部和两侧范围内，应用水泥砂浆砌石镶边加固。施工时应自下而上逐条砌筑骨架，骨架应与边坡密贴，骨架流水面应与草皮表面平顺。

（3）回填耕植土。

片石骨架砌好后，即在骨架内铺填改良客土，充填时要使用振动板使之密实，靠近表面时用潮湿的黏土回填。

（4）坡面绿化。

通过撒草籽、铺草皮、铺土工网、喷播植草、栽植苗木等方法实现坡面绿化。

（5）盖无纺布。

雨季施工，为使草种免受雨水冲失，并实现保温保湿，应加盖无纺布，促进草种的发芽生长。也可采用稻草、秸秆编织覆盖。

（6）前期养护。

为使植株或草种顺利成活，早期应适当洒水，以保持每天土壤湿润为原则，直至坡面植被顺利成活。当植被发生病虫害时，应及时使用药剂或生物防治等手段防治病虫害。为了保证草苗能茁壮地生长，在有条件的情况下可适当追肥。

3. 应用实例

浆砌石骨架植草护坡工程应用实例见图 3-31 ~ 图 3-34。

图 3-31　菱形浆砌片石骨架植草护坡

图 3-32　人字形浆砌片石骨架植草护坡

图 3-33　拱形框格植草护坡

图 3-34　方格形框格植草护坡

（二）蜂巢式网格植草护坡

蜂巢式网格植草护坡是一项类似于干砌块石护坡的边坡防护技术，是在修整好的边坡坡面上拼铺正六边形混凝土框砖形成蜂巢式网格后，在网格内铺填种植土，再在砖框内栽草或种草的一项边坡防护技术。

1. 适用范围

蜂巢式网格植草护坡多适用于填方边坡工程。要求被防护的边坡坡体本身必须稳定，土质边坡一般不陡于 1∶1.5，土石边坡一般不陡于 1∶1.4（需加木桩或土钉加以固定），沙质土坡坡比不陡于1∶2。

2. 施工方法

蜂巢式网格植草护坡施工工序为：平整坡面—开挖基坑—埋置砖体并填土—清理杂物—坡面绿化—前期养护。

1）平整坡面

按设计要求平整坡面，清除坡面危石、松土、填补坑凹等。

2）开挖基坑

进行施工放样，开挖砌筑空心砖网格的基坑，并进行人工夯实。

3）埋置砖体并填土

埋置预制混凝土空心砖，要求整齐、顺直、无凹凸不平现象，在砖体内回填绿化用土。

4）清理杂物

将砌筑材料的残留物清除干净，同时不得损坏已成的网格，如有松动或脱落之处，必须及时修整。

5）坡面绿化

铺草皮或播种草种。

6）前期养护

为使植株或草种顺利成活，早期应适当洒水；当植被发生病虫害时，应及时使用药剂或生物防治等手段防治病虫害；有条件时可适当追肥。

3. 应用实例

申嘉湖高速公路嘉兴段全长 59.10 km，沿线路基以填方为主，坡比约 1∶1.5，路基防护采用蜂巢式网格植草护坡形式。草种主要选用狗牙根和高羊茅,长势较好,植物整体覆盖率达到85%,成活率达到95%。

蜂巢式网格植草护坡工程应用实例见图3-35。

图3-35　申嘉湖高速公路嘉兴段工程填方边坡蜂巢式网格植草护坡

(三)铅丝石笼沉排植草护坡

护坡石笼网由高抗腐蚀、高强度、具有延展性的低碳钢丝或者包覆PVC的钢丝使用机械编织而成,使用该网制作而成的箱形结构就是石笼。铅丝石笼沉排植草护坡是指采用铅丝石笼结合植草进行坡面防护的技术。

1. 适用范围

(1)适用生态河岸、湿地工程、湖海岸等土质、土石边坡。

(2)边坡坡比一般不超过1∶1.25,坡比超过1∶1.0时慎用;每级坡面高度不超过10 m。

2. 施工方法

铅丝石笼沉排植草护坡施工工序为:整理坡面—石笼铺装—石料填充—绑扎—填土、撒草种—养护。

1)整理坡面

对石笼及填充石料规格、质量进行检验,整理坡面,使坡面基本平整。

2)石笼铺装

将石笼按照规定的步骤和要求,采用双铰链接,绑扎成箱。一般形成由多个石笼构成的"石笼组",然后将石笼组铺放在平整好的坡面或开挖好的基坑中。

3)石料填充

将石料充填到石笼中,一般每层厚度控制在30 cm左右,并适当捣实,表面叠放平整。如石笼厚度在30 cm以下,可一次性进行填料。

4)绑扎

盖上网盖,将网盖与网身接触的框线按规定进行绑扎。

5)填土、撒草种

在填充石料缝隙适当抛撒泥土,播上草种。

6)养护

根据植物生长情况和水分条件,合理补充水分,直至植被基本覆盖。发现枯死苗木应及时补换。

3. 应用实例

滩坑电站位于丽水市瓯江支流小溪中段，水库总库容 41.5 亿 m^3，电站装机容量 3 × 200 MW。河流两岸受暴雨、涌浪冲刷等容易产生水土流失，已对其采用铅丝石笼沉排植草方式进行防护。

铅丝石笼沉排植草护坡工程应用实例见图 3-36。

图 3-36　滩坑电站铅丝石笼沉排植草护坡

第四节　植被恢复工程

对生产建设项目形成的开挖面、堆弃面、占压破损面及边坡等裸露面，在安全稳定的前提下，宜采取植被恢复技术，恢复自然景观，同时增加地表覆盖，以达到减少水土流失的目的。植被恢复技术主要包括石料场、弃渣场、道路中央分隔带、道路两侧绿化带、堤岸滩、管理区（居住区）等的植被恢复。

一、石料场植被恢复

石料场的水土流失主要发生在开挖裸露面，其特点是坡面大、坡度陡、落差大、易塌方，多数为岩质坡面，植物适生条件差，复绿难度较大。石料场的植被恢复包括开挖边坡的绿化和开采迹地的绿化，以减小水土流失，改善周边景观和当地生态环境。

（一）植物种类选择

1. 选择原则

应根据不同区域环境立地条件，包括边坡类型、边坡高度、阴阳坡面和周围景观特点等，结合植物的生物学和生态学特征，兼顾水土保持和景观改造来确定适宜的植物种类。

（1）生态适应性原则。在对边坡所在区域的气候、土壤、水文、植被等生态环境调查的基础上，优先选择乡土植物种类和适应当地环境条件的物种作为目标群落的主要植物种类。

（2）抗逆性原则。由于岩石坡面一般立地条件比较恶劣，根据项目区的具体情况要求选择具有一定抗旱性、抗寒性、耐瘠薄、耐高温等抗逆性植物种类。

（3）生物多样性原则。坚持以乔木、灌木、草本、藤本等多层次、多种类的组合，形成稳定的复合型森林植物群落。

（4）物种相容性原则。应充分考虑所选物种间的生态特性，遵从种间“互惠共生”原理，以减少生存竞争的矛盾，使人工植物群落内各种群间产生互相补充的整合效应。

（5）景观协调性原则。所选择的植物种类要求与周边的植物群落和谐统一，在水文效应、护坡固土、生态恢复等功能上与周边植物群落相一致。

（6）经济适用性原则。应选用种子来源充足、萌芽力强、容易更新、育苗容易并能大量繁殖的植物种类，同时选用耐旱、耐瘠薄、抗病虫害和适应其他恶劣环境的植物种类，以及自肥力强的豆科固氮植物，减少植物对养护的需求，以期达到减养护和免养护的目的。

2. 常用植物种类

石料场植被恢复常用的植物种类如下。

小乔木类：蜀桧、乌桕、盐肤木、日本花柏、龙柏、铺地柏等。

灌木类：珊瑚、山茶、夹竹桃、大叶黄杨、小叶女贞、杜鹃、金边黄杨、油茶、红花檵木、云南黄馨、胡枝子、马棘、紫穗槐、杭子梢、红叶石楠、迎春等。

藤本类：爬山虎、常春藤、五叶石锦、络石等。

草本类：枸杞、高羊茅、狗牙根、结缕草、百喜草、弯叶画眉草、紫花苜蓿、黑麦草、白三叶、小冠花、波斯菊、金鸡菊、麦冬等。

（二）配置方式

（1）对于坡度大于70°的裸岩石壁，一般采用垂直绿化技术，就是在坡面上构筑种植槽，栽植攀缘性和垂吊性植物，以遮蔽硬质岩陡坡和挡土墙、锚定板等圬工砌体，美化环境。

（2）对于坡度为60°～70°的裸岩石壁，按照高度不同可分为两类：高度大于20 m时，可采用坡脚砌挡土墙＋垂直绿化技术；高度小于20 m时，根据岩体的情况可采用厚层基材喷射植被护坡技术。

（3）对于坡度为45°～60°的裸岩石壁，可采用厚层基材喷射植被护坡技术、液压喷播植草护坡技术和土工格室植草护坡技术。

（4）对于坡度小于45°的裸岩石壁，可采用厚层基材喷射植被护坡技术、液压喷播植草护坡技术、客土喷播植草护坡技术、三维植被网草皮护坡技术和浆砌石骨架植草护坡技术。

（5）坡度小于30°的土石混合边坡，以碎石为主，有少量的土壤，保水保肥能力极差，碎石间大量的空隙造成植物根部与土层结合不紧密，保温能力低，致使植物难以存活且稳定性较差。在对此类坡面进行植被恢复前，需先对其进行固化稳定处理，处理后可采用液压喷播植草护坡技术、客土喷播植草护坡技术、三维植被网草皮护坡技术和浆砌石骨架植草护坡技术。

（6）在平台进行生态袋挡墙砌筑，以增加平台种植的有效土层，同时防止因降雨等造成种植土流失。

（7）对石料场开采迹地，采用乔、灌、草绿化方案。乔木株行距为2～3 m，或根据乔木种类确定初植密度，灌木株行距为0.5～1 m，乔木与灌木采用行间混交或株间混交，林下播草籽。

（8）应根据实际情况布设排灌设施。

（三）应用实例

海宁尖山鼠尾山露采矿山植被修复工程位于海宁市尖山鼠尾山，开采石料用于尖山二期围垦工程围堤填筑，实施绿化面积 21 600 m^2。根据不同区域环境和立地条件，包括边坡类型、边坡高度、阴阳面坡和周围景观特点等，结合植物的生物学和生态学特征，兼顾水土保持和景观改造确定适宜的植物种类，见表 3-8。

表 3-8 植物种类

类别	植物名称
乔木	盐肤木、黄连木、枫香、青冈、木荷、紫果槭、冬青、铁冬青、女贞、乌岗栎、栾树、香樟、杜英、湿地松、黄檀、山合欢、乌桕、楝树、泡桐等
灌木	美丽胡枝子、胡枝子、马棘、紫穗槐、小蜡、野桐、山油麻、伞房决明、映山红、栀子、马银花、岗松、火棘、夹竹桃、珊瑚树等
草本	类芦、狗牙根、高羊茅、野菊花、野古草、黑麦草、弯叶画眉草、紫花苜蓿、白三叶、山类芦、疏花野青茅、相仿苔草、芒等
藤本	络石、爬山虎、常春藤、常春油麻藤、扶芳藤、香花崖豆藤、金银花、石岩枫、黄馨等

1. 坡顶边坡

坡顶边坡位于受损山体坡面上部，与未开凿的山体接壤。以营造藤蔓植物为主，间种乔木或灌木，构成矿山边坡与山体边坡之间的绿色衔接带，种植株间距 1 m 左右。

2. 坡面边坡

（1）坡度大于 60°的高陡岩石坡面，采用局部植树法和构筑种植槽法，以营造藤本植物为主，配以小灌木和小乔木，宜绿则绿，宜裸则裸。

（2）坡度在 30°～60°的缓陡边坡，通过混喷植物种子、栽植乔灌木等方式，按一定比例配置，营造乔、灌、草复合的植物群落结构。

（3）泥质坡面，通过人工播种、植苗造林等方式，采用混交模式，营造以木本植物为主，乔、灌、草复合的群落结构。

（4）马道边坡，采用株间或行间混交模式，营造以乔木和灌木为主，乔、灌、草、藤结合的复合林带。靠近马道外侧，栽种一排下挂的藤本植物，株间距 1 m。靠近马道最内侧，栽种一排上爬的藤本植物，株间距 1 m。

（5）坡脚边坡，通过回填种植土，栽植乔灌木，营造乔、灌、草、藤结合的绿化林带。靠近坡脚挡墙外侧种植一行下挂藤本植物，株间距 0.5～1 m。

3. 迹地平台

采用株间或行间混交模式，营造以乔木和灌木为主，乔、灌、草、藤结合的复合林带。

石料场植被恢复工程应用实例见图 3-37、图 3-38。

图 3-37 海宁尖山鼠尾山露采矿山石料场绿化

图 3-38 周公宅水库采石料场绿化

二、弃渣场植被恢复

弃土弃渣结构松散，在堆积的过程中形成的坡面一般较陡，遇降雨易发生细沟侵蚀甚至坡面整体滑移。弃渣场植被恢复的目的是增加地表覆盖，依靠植物的根系达到固土护坡的效果，减少水土流失，同时改善区域景观。

（一）植物种选择

1. 选择原则

区域气候条件、边坡坡度、弃渣特性等因素都影响着植物的生长发育，选择渣场植物种时应综合考虑这些因素。

（1）耐旱、耐热、耐瘠薄，抗逆性强，适生性广。

（2）速生快长，萌芽力强，覆盖或郁闭快。

（3）自我繁殖和更新能力强，适应粗放管理。

（4）具有结瘤固氮和改土功能。

（5）有一定的利用价值和经济效益。

2. 常用植物种类

弃渣场植被恢复常用的植物种类如下。

乔木类：湿地松、落羽杉、墨西哥落羽杉、刺柏、木麻黄、构树、苦楝、黄连木、合欢、旱柳、垂柳、香樟、乌桕、盐肤木、刺槐、木槿、木荷等。

灌木类：山茶、夹竹桃、大叶黄杨、小叶女贞、杜鹃、金边黄杨、油茶、红花檵木、云南黄馨、胡枝子、马棘、紫穗槐、杭子梢、红叶石楠、迎春、火棘、滨柃等。

藤本类：爬山虎、紫藤、五叶石锦、络石等。

草本类：枸杞、高羊茅、狗牙根、结缕草、百喜草、弯叶画眉草、紫花苜蓿、黑麦草、白三叶、小冠花、波斯菊、金鸡菊、麦冬、垂盆草等。

（二）配置方式

（1）采用浆砌石挡渣坎 + 植物措施方案。即在弃渣坡脚修筑浆砌石挡渣坎，一般坎高 1 ~ 1.5 m，坎顶以上设 1.5 ~ 2 m 宽平台，平台低于坎顶 30 cm，起蓄水、缓冲、落淤作用，平台以上弃渣边坡采用纯植物措施护坡。

(2)采用浆砌石挡渣墙＋攀缘植物方案。根据弃渣情况确需修筑挡渣墙时，在坡脚设置3～4 m高浆砌石挡墙，沿挡墙外脚趾栽植爬山虎、中华藤等攀缘植物，充分利用攀缘植物不占地、生长能力强的特点，使挡墙外墙面完全处于植被覆盖之下，大大提高植被盖度，改善景观。

(3)采用工程框格＋植草(灌木)护坡方案。对于景观要求较高的弃渣场，采用混凝土框格或浆砌石框格护坡，根据框格尺寸大小决定框格内植草还是植灌木，必要时可在坡脚加设25 cm宽矩形混凝土集水落淤槽。

(4)对弃渣场渣顶平台，采用乔、灌、草相结合的绿化方案。乔木株行距为2～3 m，或根据乔木种类确定初植密度，灌木株行距为0.5～1 m，乔、灌木采用行间混交或株间混交，林下播草籽。

(5)应根据实际情况布设排灌设施。

(三)应用实例

周公宅水库工程1#弃渣场堆渣顶面为临时借地，将归还当地村庄利用，撒播草籽绿化。渣体坡面为永久征地，种植乔、灌木，撒播草籽绿化，其中栽植的苗木有香樟、杜英、桂花等，混合撒播狗牙根、高羊茅草籽。

弃渣场植被恢复工程应用实例见图3-39、图3-40。

图3-39　周公宅水库工程厂区弃渣场绿化

图3-40　杭徽高速公路某弃渣场绿化

三、道路中央分隔带绿化

道路中央分隔带绿化即在道路中央分隔带建植的以防眩和景观美化为主要目的的人工绿化带，是道路的主体组成部分。中央分隔带绿化具有遮光防眩、引导视线、美化环境、降低噪声、隔离车道和水土保持等多重功能。

中央分隔带一般立地水分、肥力条件较差，质地及透气性不良，需要通过人为措施来改善土壤条件。

(一)植物种选择

1.选择原则

中央分隔带植物种的选择要遵循以下几个原则：

(1)选择的树种应有较高的抗逆性能，耐寒、抗旱、耐风、抗污染，浅根性，且管理要求比较粗放。

(2)由于中央分隔带比较窄,行驶车辆会产生眩光,绿化要起到防眩和引导行车的作用,且要求植物种没有四季变化,不会因季节变化而丧失其所具有的分隔防眩作用。

(3)植物应具有较高的观赏价值,能较好地适应高速公路行车特点,具有较完美的树形,栽上即见效,且具有生长慢、耐修剪等特点,不会明显落叶,有利于道路保洁。

2. 常用植物种类

浙江省道路中央分隔带常用的绿化植物有蜀桧、圆柏、大叶黄杨、金边黄杨、海桐球、火棘球、冬青球、金叶女贞、珊瑚树、龙爪槐、紫薇、紫叶小蘗、月季、红花酢酱草、书带草等。

(二)配置方式

中央分隔带乔灌木可连续密植,也可不连续栽植。当中央分隔带宽度大于 12 m 时,绿化种植可以不考虑防眩;当中央分隔带较窄且做不连续栽植时,绿化应考虑防眩要求,一般植株间距为 1.5 ~2 m。

中央分隔带植物高度设计应满足防眩要求,但需注意当其超过一定范围后植物阴影会对在内侧车道行驶的车辆造成一定影响。在工程实践中,为达到良好的防眩效果并防止植株投影对行车的影响,直线路段中央分隔带植株高度一般宜为 1.5 ~1.7 m;在曲线路段的凸曲线上,无须增加植株高度,但需加强植株下部的遮光效果;而在凹曲线上,必须增大植株高度,否则光束便会越过植株顶部,直射司机的眼睛,达不到防眩的目的,一般植株高度需增加 10 ~30 cm。

(三)应用实例

湖盐线海宁段改建工程全长 8.726 km,中央分隔带采用灌草结合的方式,灌木选用紫薇、海桐球、蜀桧柏和红帽子月季球,草本选用书带草。紫薇间距 4 m,两株紫薇之间种植蜀桧柏或海桐球,间隔种植,桧柏与海桐球间距均为 8 m。红帽子月季球主要种植在紫薇的四周,书带草在分隔带内满铺。

道路中央分隔带绿化工程应用实例见图 3-41、图 3-42。

图 3-41 湖盐线海宁段改建工程中央分隔带绿化

图 3-42 申苏浙皖高速公路中央分隔带绿化

四、道路两侧绿化带

通过设置道路两侧绿化带,使道路沿线形成一条绿色长廊,是景观环境再造、防尘隔声、协调公路与周围环境关系的有效手段。可分为由乔木或灌木组成的单一植被型道路防护林和由乔木、灌木及草本任意组合而成的复合植被型道路防护林。

(一)植物种选择

1. 选择原则

(1)根据气候及土壤条件选择适宜树种,一般应具有生长快、枝叶繁茂、抗逆性强、生长稳定等优良性状。

(2)植物类型、色彩、树形等应尽量与周边景观协调;植物种类应富于变换,有利于增强其防护效果及生态效益优势互补、减少病虫害、丰富视觉效果。

(3)避免植物种子及根茎等的传播和扩散对周边居民生产生活造成较大影响。应考虑灌溉条件和养护水平对植物生长及种类选择的影响。

2. 常用植物种类

浙江省道路两侧绿化带常用的植物种类如下。

乔木类:杜英、香樟、水杉、垂柳、雪松、马褂木、红叶李、大叶女贞、无患子、黄山栾树、刚竹、碧桃、蜀桧柏、紫薇、龙爪槐、广玉兰、深山含笑、樱花、金桂、雷竹、银杏、枇杷、鸡爪槭、白玉兰、紫竹等。

灌木类:云南黄馨、洒金珊瑚、春鹃、金叶女贞、月季、八角金盘、红叶石楠、红花檵木、葱兰、海桐球、南天竺、中华常春藤、迎春花、小叶女贞、金森女贞、红花红叶鸡冠花、小龙柏、金边黄杨等。

水生植物类:芦苇、荷花、菖蒲、茭白、睡莲、再力花、紫芋、梭鱼草、水葱等。

草本类:马尼拉、高羊茅、狗牙根、白三叶等。

(二)配置方式

道路绿化带如占地较宽,可以设置多行、多树种、乔灌结合、色彩多样的花木。但一般在绿化带用地有限的情况下,以单行栽植,落叶和常绿乔木间隔 5 ~ 10 m 为佳。这样既不会因间隔太密造成视觉屏障而影响观光,又可四季常绿,同时还能防止因树种单一而易受病虫害威胁。

设置两侧绿化带时,应注意在弯道内侧及路口附近保证通视条件,避免交通事故的发生。

(三)应用实例

湖盐线海宁段改建工程全长 8.726 km,道路绿化带共设置 4 排,采用乔灌结合的方式。乔木选用香樟和黑杨,灌木选用夹竹桃。第一排为夹竹桃,株距为 2 m;第二排和第三排为香樟,呈“品”字形布置,株距为 3 m,行距为 2.5 m;第四排为黑杨,株距为 4 m。林下为原生的草本。夹竹桃与香樟间距为 3.5 m,香樟与黑杨间距为 2.5 m。布置一条道路排水沟。

道路两侧绿化带工程应用实例见图 3-43、图 3-44。

图 3-43　湖盐线海宁段改建工程道路两侧绿化带

图 3-44　申苏浙皖高速公路两侧绿化带

五、堤岸滩绿化

堤岸滩绿化主要是指栽种在渠道、河流两岸岸边、河堤或滩地上，用以控制水流流向，抵御波浪、水流侵袭与淘刷的绿化措施。一般包括护岸林、护堤林和护滩林。

(一)植物种选择

1. 选择原则

(1)堤岸滩绿化造林树种应具有耐洪涝、耐淤埋、耐盐碱、喜阴湿、生长迅速、根系发达、萌芽力强、易繁殖、耐旱、耐瘠薄等特性。

(2)应考虑树种的经济价值及兼用性。

(3)树种选择因素有生态特性、生物学特性、经济特性和功能作用等。

2. 常用植物种类

堤岸滩绿化常用的植物种类如下。

乔木类：湿地松、水杉、池杉、落羽杉、墨西哥落羽杉、中山杉、水松、木麻黄、旱柳、垂柳、银芽柳、南川柳、榔榆、浙江楠、杜英、紫荆、紫薇、枫杨、朴树、香樟、苦楝、乌桕、海滨木槿、木芙蓉、柽柳等。

灌木类：南天竹、阔叶十大功劳、夹竹桃、海桐球、紫穗槐、箬竹、芦苇、芦竹、金钟花、胡枝子、厚叶石斑木、小叶蚊母等。

草本类：碱蓬、驴蹄草、垂盆草、紫云英、细叶水团花、香根草、束尾草、萱草、麦冬、吉祥草、石蒜、硬毛地笋、显脉香茶草、斑茅等。

(二)配置方式

1. 护堤林

靠近河身的堤防，应将乔木林带栽植于堤防外平台上，因乔木属于深根系树种，会使堤防土体变得松软而漏水，因此在堤顶和内外坡上不可栽植乔木，只能营造灌木，以便利用灌木稠密的枝条和庞大的根系来保护和固持土壤。护堤林带应距堤防坡脚 5 m 以外，以防根系可能穿过堤防，株行距宜为(0.75～1.0) m×1.5 m。当堤防与河身有一定距离时，在堤外的河滩上，距堤脚 5 m 以外，营造 10～30 m 平行于堤防的护堤林带；在靠近河身一侧，可栽植几行灌木，以缓流拦沙，防止破坏林带和堤防；条件允许时，在堤防内侧平台栽植 10 ~ 20 m 宽的林带。护堤林带应采用乔灌木混交的复层林。

2. 护岸林

当河身稳定，有固定河床时，护岸林可靠近岸边进行造林；河身不稳定时，河水经常冲击滩地，可在常水位线以上营造乔木林，常水位线以下枯水位线以上营造乔灌木林；河流两岸有陡岸不断向外扩展时，可先做护岸工程，然后在岸边进行造林，或者在岸边留出与岸高等宽的地方而后进行造林。护岸林的宽度，主要根据水流的速度、水流向两岸的冲力、河岸陡峭程度和弯曲程度、河宽以及河流两岸土地利用状况来决定；宽度一般为 10 ~ 60 m，采用(0.75 ~ 1.0)m×(1.0 ~ 1.5)m 的株行距，林带宜采用混交复层林，在靠近水流的 3 ~ 5 行应采用耐水湿的灌木，其他可采用乔灌木混交类型。

3. 护滩林

护滩林的缓流挂淤作用取决于浸水深度内树木的分枝多少，应采用耐水湿的乔灌木进行密植，一般应垂直于水流方向成行，行距 1 m，株距 0.3 ~ 0.4 m。当滩地造林地段顺水流方向较长时，可营造雁翅式护滩林，顺着规整流路所要求的导流线，使其与水流方向呈 45°角，依次每隔 10 ~ 20 m，进行带状造林，每带 5 ~ 10 行，株距宜小，约 0.5 m，行距 1.0 ~ 1.5 m。

（三）应用实例

浙江省曹娥江大闸枢纽工程位于曹娥江河口。工程建设任务为防洪(潮)、治涝和水资源开发，兼顾水环境改善和航运等综合利用。工程等别为 I 等工程，闸上水库正常蓄水位 3.9 m，正常库容为 1.46 亿 m^3，最大设计泄洪流量 11 030 m^3/s。大闸枢纽主要由挡潮泄洪闸、堵坝、导流堤、鱼道、闸上江道堤脚保护及管理区等组成。

水土保持措施设计以植物措施为主。堤防迎水坡和背水坡选择乔木下铺植草皮并配置灌木林带方式，其中乔木包括意大利杨、杜英、女贞、合欢、水杉、大叶香樟、垂柳、无患子、黄山栾树、臭椿、黑松，灌木包括金桂、金山绣线菊、日本晚樱、紫薇、孝顺竹、丰花月季、红花石榴、红叶石楠、夹竹桃、金叶女贞、八角金盘、铺地柏、芦苇，草皮包括葱兰、马尼拉、红花酢浆草等。

堤岸滩绿化工程应用实例见图 3-45 ~ 图 3-47。

图 3-45　闸左岸堤防背水坡绿化

图 3-46　闸左岸堤防迎水坡绿化

图 3-47 闸左岸护堤地绿化

六、管理区(居住区)绿化

管理区(居住区)绿化主要指除道路、厂房、硬化场地等区域外,在一切能够用绿色植物覆盖的区域所进行的植被景观建设和园林式绿化美化工程,使其具有美化环境、净化空气、调节气候、减弱噪声、保持水土和划分区域等功能。

(一)植物种选择

1. 选择原则

(1)适地适树,便于管理。选择适应当地气候及土壤条件的树(草)种,以及繁殖容易、便于移栽和管理的树种。

(2)无污染,无伤害性。管理区所选植物本身不能产生污染,忌用有毒、有刺尖、有异味、易燃、易引起过敏的植物,宜选无飞毛、少花粉、落叶整齐的植物。

(3)抗污染。管理区的污染主要来自锅炉煤烟、工业废气、生活污水和污物,以及四周街道上扬起的灰尘。所选树种(植物)宜有较强的抗污染特性,满足工艺流程对环境的要求,如抗二氧化硫、氯气、氟化氢,滞尘、降噪、杀菌、隔音等。

(4)少常绿,多落叶。管理区由于楼房的相互遮挡,采光往往不足,特别是冬季,光强减弱,光照时间短,采光问题更加突出,因此要多选落叶树,少选常绿树。

(5)乔、灌、藤、草、花有机搭配,丰富植物种类,创造四季景观。做到春有花、夏有荫、秋有果、冬有绿、四季有景的景观效果。

(6)选择有小果、小种子的植物,招引鸟类。栽植一定数量的结果实和种子的植物,能模拟出自然景观,引来鸟类,形成"鸟语花香"的环境。

2. 常用植物种类

管理区(居住区)绿化常用的植物种类如下。

乔木类:香樟、水杉、女贞、池杉、杜英、桂花、意大利杨、垂柳、枫杨、构树、蜡梅、木槿、结香、紫薇、刺槐、榔榆、乌桕、栾树、合欢、广玉兰、鹅掌楸、石榴、柿树、文旦等。

灌木类:南天竹、阔叶十大功劳、海桐球、杜鹃、红叶石楠、云南黄馨、凌霄、栀子、枸杞、叶子花、珊瑚等。

藤本类:爬山虎、常春藤等。

草本类:大花萱草、葱兰、白三叶、结缕草、黑麦草、麦冬、假俭草等。

（二）配置方式

（1）点、线、面相结合。这里的点是指管理区的公共绿地，面积较大，提供工余、饭后活动休息的场所，利用率高，要求位置适中，方便前往。平面布置形式以规则为主的混合式为好。植物配置突出“草铺底、乔遮阴、花藤灌木巧点缀”的公园式绿化特点，植物多丛植、孤植、坪植、坛植和棚架等。线是指管理区的道路、围墙绿化，可栽植树冠宽阔、枝叶繁茂、遮阴效果好的小乔木、开花灌木或藤本。面是指建筑物旁绿化，包括建筑物前后及两栋建筑物之间的用地。

（2）注意再生空间的绿化。管理区由于建筑密度相对较大，一方面地面绿地相对少，限制了绿量的扩大；另一方面，多建筑又创造了更多的再生空间（建筑表面积），为主体绿化开辟了广阔前景。山墙、围墙可用垂直绿化，小路和活动场所可用棚架绿化，阳台可以摆放花木等，以提高生态效益和景观质量。

（3）疏密有致。建筑物旁人为活动密集的区域多为稀疏结构，使人轻松、愉快，获得充足的自然光，在垃圾场、锅炉旁和一些环境死角外围密植常绿树木，道路上用遮阴小乔木。

（三）应用实例

曹娥江大闸枢纽工程管理区采用现代庭院式园林绿化，乔、灌、草合理配置，与建造的建筑物及周围景观相协调，其中乔木包括意大利杨、杜英、女贞、合欢、柿树、紫丁香、红枫、雪松、珊瑚朴、栾树、蜡梅、银杏、水杉、香樟、广玉兰、垂柳，灌木包括海桐球、龙柏球、木槿、红叶李、柽柳、桂花、丰花月季、木芙蓉、金叶女贞、八仙花、夹竹桃、刚竹、孝顺竹、紫竹、檀竹、杜鹃、紫藤、蔷薇、花叶美人蕉、黄馨、无刺构骨球、洒金珊瑚，草皮、草种以葱兰、百慕大草坪、书带草、白三叶为主。工程绿化布置见图 3-48。

图 3-48 曹娥江大闸枢纽工程办公管理区绿化

杭新景高速公路龙游支线是浙江省公路水路交通建设规划公路网主骨架之一，是杭新景高速公路的组成部分，是连通杭州与衢州及江西、皖南等地区的重要通道。杭新景高速公路龙游支线服务区选用的乔木有广玉兰、深山含笑、金桂、四季桂、紫竹、鹅掌楸、银杏、鸡爪槭、海棠、香泡等，灌木有火棘球、山茶花、红花檵木、杜鹃、金边黄杨、小龙柏、金丝桃、南天竹、月季、云南黄馨、八角金盘、金叶女贞、夹竹桃等，草本有狗牙根、白三叶、马尼拉等。工程绿化布置见图 3-49。

永康白垤里嘉园别墅区项目景观风格定位为欧式园林风格，庭院景观设计中，以植栽

图 3-49 杭新景高速公路龙游支线服务区绿化

设计为主，植物造景构图上自然式与规则式相结合，乔木、灌木、地被合理搭配，注意高低层次变化和季相变化，公共绿地、道路两侧以及住宅旁空地种植乔灌木，停车场铺设植草砖，生态护岸加斜坡绿化，给用户提供舒适优美的庭院空间。

永康白垤里嘉园小区绿化选用的乔木有龙柏、雪松、香樟、垂柳、广玉兰、白玉兰、银杏、合欢、杜仲等，灌木有迎春、连翘、枇杷、紫薇、女贞、小檗、黄杨、桂花、杜鹃、石楠、八角金盘、小蜡、蚊母、珊瑚树、十大功劳等，草本有马尼拉、马蹄金、高羊茅、麦冬、草地早熟禾等。工程绿化布置见图 3-50。

图 3-50 永康白垤里嘉园小区绿化

第四章　水土保持规划

第一节　概　述

一、水土保持规划的定义与作用

水土保持规划是对保护水土资源、防治水土流失的总体部署或专项部署，是开展水土保持工作的基本依据。水土保持规划是国民经济和社会发展规划体系的重要组成部分，是依法加强水土保持管理的重要依据。

水土保持规划是全国生态环境建设规划的重要组成部分，生态环境建设规划主要包括天然林草等自然资源保护、植树种草、水土保持、防治荒漠化、草原建设、生态农业等。水土保持规划属于专项规划的范畴。水土保持规划可以理解为防治水土流失，保护、改良和开发利用水土资源，在土地利用规划和国家主体功能规划的基础上，确定水土流失防治分区，对各项水土保持措施做出综合配置，对实施的进度和所需的劳力、经费做出合理安排的总体计划。

二、水土保持规划的类型

水土保持规划分为综合规划和专项规划两大类。

水土保持综合规划是以县级以上行政区或流域为单元，根据区域或流域自然与社会经济情况、水土流失现状及水土保持需求，对预防和治理水土流失，保护和利用水土资源做出的总体部署，规划内容涵盖预防、治理、监测、监督管理等。

水土保持综合规划应体现方向性、全局性、战略性、政策性和指导性，突出其对水土资源的保护和合理利用，以及对水土资源开发利用的约束性和控制性。

水土保持专项规划是根据水土保持综合规划，对水土保持专项工作或特定区域预防和治理水土流失而做出的专项部署。

水土保持专项规划编制应以水土保持综合规划为依据，明确专项规划的范围，确定规划目标和任务，提出规划方案和实施建议。

第二节　水土保持综合规划

一、水土保持综合规划的目的与任务

水土保持综合规划的目的是全面考虑、合理布局水土保持措施，最大限度地防治水土

流失，改善生态，维护和提高区域水土保持功能，发挥生态、经济效益和社会效益。其主要任务是根据规划区的水土保持特点和自然、经济、社会条件确定合理的规划目标和规模，并以水土保持区划为基础，拟定水土流失防治方略，制定预防与治理措施，工程、植物、耕作措施相结合的水土保持措施总体布局。在此基础上，按轻重缓急原则，拟定重点项目。要做好水土保持综合规划，水土流失现状与治理状况，自然、经济、社会条件的调查与研究工作是基础，必须掌握现状资料。

二、综合规划主要内容

（一）总体内容与要求

国家、流域和省级水土保持综合规划的规划期宜为10~20年；县级水土保持综合规划的规划期不宜超过10年。规划范围为相应级别行政区全部陆域面积。编制工作主要内容如下：

（1）现状调查和专题研究。国家、流域和省级水土保持综合规划，应当以批准的规划任务书为依据，进行相应深度的现状调查和资料收集工作，并开展必要的专题研究。

市级、县级水土保持综合规划，根据规划区实际情况开展现状调查和资料收集工作。

（2）现状评价与需求分析。现状评价是对规划区土地利用、水土流失、水土保持、生态状况等现状进行分析评价，找出存在问题，分析发展趋势，为需求分析打下基础。现状评价要有针对性地进行客观公正和科学合理的评价。

根据现状评价和经济社会发展要求，结合土地利用、林业发展、农牧业发展等规划，开展水土保持需求分析，为确定水土流失防治目标、任务和规模及措施布局提供依据。

（3）总体布局。包括区域布局和重点布局。区域布局以水土保持区划为基础，结合规划区现状评价，合理拟定；重点布局是在区域布局格局下，根据划定的水土流失重点预防区和重点治理区进行确定。

（4）规划方案。主要包括预防规划、治理规划、监测规划和综合监管规划。

（5）重点项目安排与投资匡算。提出重点项目安排，按指标法匡算近期实施重点项目的投资。

（6）实施效果与保障措施。分析规划实施效果，拟定实施保障措施。综合规划的实施效果以宏观、定性效果分析为主。

（二）现状评价与需求分析

1.现状评价

现状评价包括区域的土地利用和土地适宜性评价、水土流失评价、水土保持现状评价、水资源丰缺程度评价、饮用水水源地面源污染评价、生态状况评价、水土保持监测与监督管理评价等。

（1）土地利用现状评价是根据土地利用规划中的土地利用结构现状，从水土保持角度，分析土地利用结构和土地利用方式是否合理，并提出存在的问题。

土地利用结构和土地利用方式重点是对丘陵、山区和牧区土地进行评价。最典型的是顺坡耕种、陡坡地开荒种田、山区单一的果树林、开垦牧草地种田等，造成的水土流失影响较大。需要通过水土保持治理措施，调整土地利用结构，改变种植方式，提高农村土地综合生产力,提高作物产量,减少水土流失。

县级水土保持规划还需要进行土地适宜性评价。土地适宜性评价是评价宜农、宜果、宜林、宜牧,以及需改造才能利用的土地面积和分布。评价方法可参照《水土保持综合治理规划通则》(GB/T 15772—2008)中表 B.1“土地资源评价等级表”。

(2)水土流失评价是根据不同时期水土流失分布和土地利用情况,分析水土流失变化及其原因,提出水土流失发展趋势。

(3)水土保持现状评价是指在分析现状水土流失治理度、治理措施保存率、水土保持效益的基础上,结合水土保持区划,评价水土保持治理成果对于水土保持区划主导基础功能的符合情况,分析存在的问题。

(4)水资源丰缺程度评价主要从维系水土资源可持续利用、农业生产发展和生态健康生长方面,分析地表水资源丰缺情况,以水资源短缺情况为评价重点。

(5)饮用水水源地面源污染评价是根据水质监测资料、水土流失分布与特点、饮用水水源地保护等相关规划,评价因水土流失造成农药、化肥、农村生活垃圾等对水体的污染影响。

(6)生态状况评价是以主体功能区规划、生态保护与建设等有关规划区的生态功能为依据,评价现状水土资源开发利用,以及其他人类活动对生态的影响,评价主要指标有生态功能重要性、植被类型与覆盖率、生态脆弱程度等情况。

(7)水土保持监测与监督管理评价主要评价现状监测站网、监测体系的完备性及运行情况,评价现状监督管理的法规体系、监管制度、监管能力建设等综合监管能力的完善情况,提出存在的问题。

(8)现行规划修订,需要进行回顾评价。回顾评价是根据经济社会发展变化,对现行规划批准以来的实施情况进行全面分析与评估,分析规划实施取得的主要成效和存在的问题,提出规划修编方向、重点和改进的建议。

根据现状评价结论,提出规划区水土流失防治方向和改进建议,并解决主要问题。

2. 水土保持需求分析

是以现状评价和经济社会发展预测为基础,协调土地利用、林业、牧业发展等,以维护和提高水土保持主导基础功能为目的,分析农业发展、生态保护、改善人居环境、涵养水源等方面对水土保持的需求。根据相关规范,水土保持需求分析主要内容如下:

(1)经济社会发展预测是在国民经济和社会发展规划、国土规划,以及有关行业中长期发展规划的基础上进行的,也可根据规划区经济社会、土地利用等相关资料,结合当前形势对经济社会发展进行合理估测。

(2)农村经济发展与农民增收对水土保持的需求分析,主要根据经济社会发展对土地利用的要求,分析不同区域土地资源利用和变化趋势,结合水土流失分布,从适应土地利用规划、维护土地资源可持续利用方面,分析提出水土流失综合防治方向和布局要求;分析评价土地利用结构现状及存在的问题,提出水土保持措施合理配置的要求;根据国家和地方粮食生产方面的规划、人口及增长率、农牧业发展情况,分析提出需要采取的坡耕地改造、淤地坝建设和保护性农业耕作措施等任务和布局要求;分析制约农村经济社会发展的因素与水土保持的关系,提出满足发展农村经济、建设新农村,以及农民增收对水土保持需求的措施布局和配置要求。

(3)生态安全建设与改善人居环境对水土保持的需求分析,主要根据全国水土保持区划三级区水土保持主导功能和全国主体功能区规划等,分析其功能和定位对水土保持的需求,明确不同区域生态安全建设与水土保持的关系,提出需要采取的林草植被保护与建设等任务和措施布局要求;分析具有人居环境维护功能区域的水土流失分布情况,从改善和维护人居环境要求出发,提出水土保持建设需求。

(4)江河治理与防洪安全对水土保持的需求分析,主要根据规划区水土流失类型、强度和分布与危害,结合山洪灾害防治规划、防洪规划,分析控制河道和水库泥沙淤积对水土保持的需求,提出水土保持需要采取的沟道治理、坡面径流拦蓄等的任务和布局要求。协调相关规划,定性分析滑坡、泥石流、崩岗灾害治理,以及防洪安全建设对水土保持发展的需求,提出水土保持任务与布局要求。

(5)水源保护与饮用水安全对水土保持的需求分析,主要是在分析具有水源涵养功能、水质维护功能的三级区情况的基础上,分析有关江河源头区及水源地保护对水土保持的需求,提出水土流失防治重点和要求,提出水土保持需要采取的水源涵养林草建设、湿地保护、河湖库岸,以及侵蚀沟岸植物保护带等任务和布局要求。

(6)社会公众服务能力提升对水土保持的需求分析,主要根据水土保持现状与监督管理评价结论,提出水土保持监测、综合监督管理体系和能力建设需求。

(三)规划原则、目标、任务与规模

1. 规划原则

水土保持规划编制应按照规划指导思想,遵循统筹协调、分类指导、突出重点和广泛参与的原则。

水土保持涉及国土、农业、林业、能源等多学科、多领域、多行业、多部门。编制水土保持规划应当充分考虑自然、经济、社会等多方面的影响因素,协调与其他行业的关系,分析经济社会发展趋势,合理拟定水土保持目标、任务和重点。

我国水土流失范围广、面积大、类型复杂、特点各异,防治策略和治理模式差别较大。因此,水土流失治理要有针对性,因地制宜,要有重点地分区分类布置措施。

水土保持规划编制要充分征求专家和公众的意见,以提高规划的前瞻性、综合性和科学性,并维护群众的利益,提高规划的针对性和可操作性。

2. 规划目标

规划目标按近期和远期规划水平年分别拟定,定性、定量相结合,近期以定量为主,远期以定性为主。目标的定量指标主要有水土流失治理率、中度及以上侵蚀削减率、减少土壤流失量、林草覆盖率、坡耕地治理率、崩岗治理率等。

3. 规划任务

规划任务主要包括防治水土流失和改善生态与人居环境,促进水土资源合理利用和改善农业生产基础条件,以及发展农业生产,减轻水、旱、风沙灾害,保障经济社会可持续发展等方面。国家层面主要从战略格局上,分析水土流失防治与农业生产和农民增收、生态安全、饮水安全、粮食安全等方面的关系确定。省级、市级、县级则应根据规划区特点分析确定,如沿海发达地区把饮水安全与人居环境改善作为主要任务,西部“老、少、边、穷”

地区则把发展农业生产、改善农村生产生活条件、增加农民收入作为主要任务。存在多项任务量,需要进行主次排序。

4. 规划规模

规划规模主要指水土流失综合防治面积,包括综合治理面积和预防保护面积。根据规划目标和任务,结合现状评价和需求分析、资金投入分析等,按照规划水平年分近期和远期拟定。

(四)总体布局

总体布局包括区域布局和重点布局两部分。应根据规划目标、任务和规模,结合现状评价和需求分析,在水土保持区划,以及水土流失重点预防区和水土流失重点治理区基础上,进行预防和治理、保护及合理利用水土资源的整体部署。流域、省级、市级、县级水土保持综合规划需满足全国水土保持区划,特别是三级区主导功能、防治途径和技术体系对总体布局的要求。

1. 区域布局

区域布局主要根据水土保持区划、水土流失现状及存在的主要问题,统筹考虑相关行业的水土保持工作,提出分区水土流失防治方向、战略和基本要求。区域布局是规划区水土保持的总体安排。

2. 重点布局

重点布局指根据水土流失重点预防区和水土流失重点治理区,结合规划区现实需求,进行的重点建设内容与项目的布局。各级综合规划的重点布局,要优先考虑各级政府公告的水土流失重点预防区和重点治理区。

(五)预防规划

预防规划包括选定预防范围,确定预防规模、保护对象、项目布局或重点工程布局、措施体系及配置等内容。

预防规划突出预防为主、保护优先的原则,主要针对水土流失重点预防区、重点生态功能区、生态敏感区,以及水土保持主导基础功能为水源涵养、生态维护、水质维护、防风固沙等区域,提出预防措施和项目布局。根据规划区水土流失情况,还应确定局部综合治理区域。县级以上规划应根据区域地貌,以及自然条件和水土流失易发程度,分析确定本辖区内山区、丘陵区、风沙区以外的容易发生水土流失的区域。

预防措施主要包括封禁管护、植被恢复、抚育更新、农村能源替代、农村垃圾和污水处置设施、人工湿地,以及其他面源污染控制措施,还包括局部治理区的水土流失治理措施等。预防规划以维护和增强水土保持功能为原则,合理配置措施,保护植被,预防水土流失,形成综合预防保护措施体系,所选择的措施应能有效缓解潜在水土流失问题。江河源头和水源涵养区应当注重封育保护和水源涵养植被建设;饮用水水源保护区以清洁小流域建设为主,配套建设植物过滤带、沼气池、农村垃圾和污水处置设施,以及其他面源污染控制措施。预防措施配置根据典型流域或片区措施配置分析结果,确定区域措施比配,推算措施数量。

(六)治理规划

治理规划主要包括治理范围、对象、项目布局或重点工程布局、措施体系及配置等。

治理规划突出综合治理、因地制宜的原则，主要针对水土流失重点治理区及其他水土流失严重地区，以及主导基础功能为土壤保持、拦沙减沙、蓄水保水、防灾减灾、防风固沙等区域，提出治理措施和项目布局。

治理措施体系主要包括工程措施、林草措施和耕作措施。工程措施包括梯田、沟头防护、谷坊、淤地坝、拦沙坝、塘坝、治沟骨干工程、坡面水系工程及小型蓄排引水工程等；林草措施包括水土保持林、经果林、水蚀坡林地整治、网格林带、灌溉草地、人工草场、高效水土保持植物利用与开发等；耕作措施包括沟垄、坑田、圳田种植、水平防冲沟、免耕、等高耕作、轮耕轮作、草田轮作、间作套种等。不同区域水土保持措施配置应根据典型小流域或片区措施配置模式，确定相应的措施匹配，推算措施数量。

（七）监测与综合监管规划

1. 监测规划

监测规划主要内容包括监测站网布局、监测项目安排、监测内容和方法。

监测站网布局包括监测站网总体布局、监测站点的监测内容及设施设备配置原则。站网总体布局按照水土保持区划，结合不同区域、不同监测对象的监测需要进行，监测站点的布置要考虑区内不同水土流失类型的监测需要，具有一定代表性。不同级别水土保持规划监测站网总体布局，还应按照监测站点类型分类布局。

监测项目包括水土流失定期调查项目，水土流失重点预防区和水土流失重点治理区、特定区域、不同水土流失类型区、重点工程项目区和生产建设项目区等动态监测项目。重点监测项目根据水土保持发展趋势和监测工作现状，结合国民经济和科技发展水平，考虑经济社会发展需求，以及监测的迫切性进行确定。

2. 综合监管规划

综合监管规划主要包括水土保持监督管理、科技支撑及基础设施与管理能力建设等。

监督管理规划应当在明确山区、丘陵区、风沙区，以及容易产生水土流失其他区域的基础上，针对生产建设活动和生产建设项目、水土保持综合治理及重点工程建设、水土保持监测工作，违法行为查处和纠纷调处，以及行政许可和水土保持补偿费征收等管理项目，分别提出监督管理的内容和措施。

科技支撑规划包括科技支撑体系、基础研究与技术研发、技术推广与示范、科普教育以及技术标准体系建设。提出科技支撑规划的同时，还需要确定规划期内重点科技攻关项目、科技推广项目和水土保持科技示范园区建设规模。

基础设施与管理能力建设规划主要包括科研设施建设、监督管理能力建设、监测站点标准化建设、信息化建设和法律法规建设。

（八）实施进度及投资匡（估）算

1. 实施进度安排

实施进度安排主要提出近期和远期规划水平年实施进度安排的意见。按轻重缓急原则，对近期和远期规划实施安排进行排序，根据规划区资金投入情况，合理确定近期预防、治理的规模。近期项目优先安排在水土流失重点预防区和重点治理区，对国民经济和生态系统有重大影响的江河中上游地区、重要水源区，“老、少、边、穷”地区，投入少、见效快、效益明显、示范作用强的地区。

2. 投资匡算

国家级及省级、大型流域的水土保持综合规划按综合指标法进行投资匡算，市级、县级及中小型流域的水土保持综合规划根据要求进行投资匡(估)算。

(九)实施效果分析

实施效果分析包括调水保土、经济、社会和生态效果以及社会管理与公共服务能力提升，分析方法应遵循定性与定量相结合的原则。从防沙减沙、水土保持功能的改善与提升等方面进行调水保土效益分析，从农业增产增效、农民增收等方面进行经济效果分析，从提高水土资源承载能力、优化农村产业结构、提高防灾减灾能力、改善农村生产生活条件等方面进行社会效果分析，从林草植被建设、生态环境改善等方面进行生态效果分析，从公众参与、信息公开等方面进行社会管理与公共服务能力提升分析。国家、大型流域、省级水土保持综合规划以定性分析为主，市级、县级综合规划根据需要采取定性、定量相结合的方法进行。

(十)实施保障措施

实施保障措施包括法律法规保障、政策保障、组织管理保障、投入保障、科技保障等。从水土资源保护、监督管理等方面，提出法律法规、规范性文件保障措施；从政策和制度制定、落实等方面，提出政策保障措施；从组织协调机构建设、目标责任考核制度和水土保持工作报告制度落实，以及依法行政等方面，提出组织管理保障措施；从稳定投资渠道、拓展投融资渠道、建立水土保持补偿和生态补偿机制等方面，提出投入保障措施；从建立健全科研和服务体系、科技攻关、科技成果转化等方面，提出科技保障措施。重点提出规划实施的机制、体制、制度、政策等关键保障措施。

三、案例

(一)全国水土保持规划简介

1. 指导思想与编制原则

指导思想：深入贯彻党的十八大和十八届二中、三中、四中全会精神，认真落实党中央、国务院关于生态文明建设的决策部署，树立尊重自然、顺应自然、保护自然的理念，坚持预防为主、保护优先，全面规划、因地制宜，注重自然恢复，突出综合治理，强化监督管理，创新体制机制，充分发挥水土保持的生态、经济效益和社会效益，实现水土资源可持续利用，为保护和改善生态环境、加快生态文明建设、推动经济社会持续健康发展提供重要支撑。

编制原则：一是坚持以人为本，人与自然和谐相处；二是坚持整体部署，统筹兼顾；三是坚持分区防治，合理布局；四是坚持突出重点，分步实施；五是坚持制度创新，加强监管；六是坚持科技支撑，注重效益。

2. 目标与任务

《全国水土保持规划(2015—2030年)》确定近期到2020年，基本建成与我国经济社会发展相适应的水土流失综合防治体系，基本实现预防保护，重点防治区的水土流失得到有效治理，生态进一步趋向好转。全国新增水土流失治理面积32.00万km^2，其中新增水蚀治理面积29.00万km^2，风蚀面积逐步减少，水土流失面积和侵蚀强度有所下降，人为水土流失得到有效控制;林草植被得到有效保护与恢复;年均减少土壤流失量 8 亿 t,输入江河湖库的泥沙有效减少。

远期到 2030 年,建成与我国经济社会发展相适应的水土流失综合防治体系,实现全面预防保护,重点防治地区的水土流失得到全面治理,生态实现良性循环。全国新增水土流失治理面积 94.00 万 km^2,其中新增水蚀治理面积 86.00 万 km^2,中度及以上侵蚀面积大幅减少,风蚀面积有效削减,人为水土流失得到全面防治;林草植被得到全面保护与恢复;年均减少土壤流失量 15 亿 t,输入江河湖库的泥沙大幅减少。

3. 水土保持总体方略与布局

按照规划目标,以水土保持区划为基础,综合分析水土流失防治现状和趋势、水土保持功能的维护和提高需求,提出预防、治理和综合监管 3 个方面的全国水土保持总体方略。

综合协调天然林保护、退耕还林还草、草原保护建设、保护性耕作推广、土地整治、城镇建设、城乡统筹发展等相关水土保持内容,按 8 个一级区凝练提出水土保持区域布局。

4. 重点防治项目

以国家级"两区"为基础,以最急需保护、最需要治理的区域为重点,拟定了一批重点预防和重点治理项目。

(1)重点预防项目。遵循"大预防、小治理""集中连片、以重点预防区为主兼顾其他"的原则,规划 3 个重点预防项目:一是重要江河源头区水土保持项目,共涉及长江、黄河等 32 条江河的源头区;二是重要水源地水土保持项目,共涉及丹江口库区、密云水库等 87 个重要水源地;三是水蚀风蚀交错区水土保持项目,范围覆盖北方农牧交错区和黄泛平原风沙区。

(2)重点治理项目。以国家级水土流失重点治理区为主要范围,统筹正在实施的水土保持等生态重点工程,考虑"老、少、边、穷"地区等治理需求迫切、集中连片、水土流失治理程度较低的区域,确定 4 个重点项目:一是以小流域为单元,开展重点区域水土流失综合治理项目;二是在坡耕地分布相对集中、流失严重的地区开展坡耕地水土流失综合治理项目;三是在东北黑土区、西北黄土高原区、南方红壤区选取侵蚀沟和崩岗分布相对密集的区域,开展侵蚀沟综合治理项目;四是为更好地发挥示范带动作用,选取具有典型代表性、治理基础好、示范效应强、辐射范围大的区域,规划建设一批水土流失综合治理示范区。

5. 综合监管

规划贯彻落实水土保持法规定,提出综合监管建设内容和重点,主要包括 3 个方面:一是明确水土保持监管的主要内容,依法构建水土保持政策与制度框架,确定规划管理、工程建设管理、生产建设项目监督管理、监测评价等一系列重点制度建设内容;二是明确动态监测任务和要求,确定水土保持普查、水土流失动态监测与公告、重要支流水土保持监测、生产建设项目集中区水土保持监测等重点项目;三是细化水土保持监管能力建设,确定监管、监测、科技支撑、社会服务、宣传教育、信息化等方面的能力建设内容和要求。

6. 实施保障措施

《全国水土保持规划(2015—2030 年)》要求各级政府将水土保持纳入本级国民经济

和社会发展规划，并从加强组织领导、健全法规体系、加大投入力度、创新体制机制、依靠科技进步、强化宣传教育6个方面，提出规划实施的保障措施。

（二）浙江省水土保持规划

1. 规划期限

规划期限为2015～2030年。近期规划水平年为2020年，远期规划水平年为2030年。

2. 水土流失和水土保持成效情况以及面临的问题

（1）水土流失情况。浙江省水土流失的类型主要是水力侵蚀，2014年浙江省水土流失面积9 279.70 km^2，占总土地面积的8.90%，其中轻度流失面积2 843.26 km^2，中度流失面积4 321.22 km^2，强烈流失面积1 255.45 km^2，极强烈流失面积692.51 km^2，剧烈流失面积167.26 km^2。

（2）水土保持成效。人为活动产生的新的水土流失得到初步遏制，水土流失面积明显减少，自2000年以来，水土流失面积占总土地面积的比例下降了6.5%，土壤侵蚀强度显著降低，治理区生产生活条件改善，林草植被覆盖度逐步增加，生态环境明显趋好，蓄水保土能力不断提高，减沙拦沙效果日趋明显，水源涵养能力日益增强，水源地保护初显成效。

（3）面临的问题。水土流失综合治理的任务仍然艰巨，水土保持投入机制有待完善，局部人为水土流失依然突出，综合监管亟待加强，公众水土保持意识尚需进一步提高。

3. 水土保持区划

浙江省在全国水土保持区划的一级区为南方红壤区（Ⅴ区），涉及江淮丘陵及下游平原区（Ⅴ-3）、江南山地丘陵区（Ⅴ-4）和浙闽山地丘陵区（Ⅴ-6）等3个二级区，以及浙沪平原人居环境维护水质维护区（Ⅴ-3-1rs）、浙皖低山丘陵生态水质维护区（Ⅴ-4-7ws）、浙赣低山丘陵人居环境维护保土区（Ⅴ-4-8rt）、浙东低山岛屿水质维护人居环境维护区（Ⅴ-6-1sr）、浙西南山地丘陵保土生态维护区（Ⅴ-6-2tw）等5个三级区。其中浙沪平原人居环境维护水质维护区为平原区，需要确定容易发生水土流失的其他区域，其他4个三级区均为山地丘陵区。

4. 目标、任务与布局

（1）总体目标。到2030年，基本建成与浙江省经济社会发展相适应的分区水土流失综合防治体系。全省水土流失面积占总土地面积的比例下降到5%以下，中度及以上侵蚀面积削减25%，水土流失面积和强度控制在适当范围内，人为水土流失得到全面控制，全省所有县（市、区）水土流失面积占国土面积均在15%以下；森林覆盖率达到61%以上，林草植被覆盖状况得到明显改善。

（2）近期目标。到2020年，初步建成与浙江省经济社会发展相适应的分区水土流失综合防治体系，重点防治地区生态趋向好转。全省水土流失面积占总土地面积的比例下降到7%以下，中度及以上侵蚀面积削减15%，水土流失面积和强度有所下降，人为水土流失得到有效控制，全省所有县（市、区）水土流失面积占国土面积均在20%以下；森林覆盖率达到61%，林草植被覆盖状况得到有效改善。

（3）主要任务。加强预防保护、保护林草植被和治理成果，提高林草覆盖度和水源涵养能力，维护供水安全；统筹各方力量，以水土流失重点治理区为重点，以小流域为单元，实施水土流失综合治理，近期新增水土流失治理面积 2 600.00 km^2，远期新增水土流失治理面积 4 600.00 km^2；建立健全水土保持监测体系，创新体制机制，强化科技支撑，建立健全综合监管体系，提升综合监管能力。

(4) 总体布局。“一岛两岸三片四带”。“一岛”是做好舟山群岛等海岛的生态维护、人居环境维护，“两岸”是强化杭州湾两岸城市水土保持和重点建设区域的监督管理，“三片”是指衢江中上游片、飞云江和鳌江中上游片、曹娥江源头区片的水土流失综合治理与水质维护，“四带”是千岛湖－天目山生态维护水质维护预防带、四明山－天台山水质维护水源涵养预防带、仙霞岭水源涵养生态维护预防带、洞宫山保土生态维护预防带。

(5) 水土流失重点预防区和重点治理区划分。淳安县、建德市属新安江国家级水土流失重点预防区，确定预防保护范围面积为 3 340.00 km^2。全省共划定 8 个省级水土流失重点预防区，涉及 53 个县（市、区），重点预防区面积为 33 136.00 km^2。划定 3 个省级水土流失重点治理区，涉及 16 个县（市、区），重点治理区面积为 2 483.00 km^2。

5. 预防保护

(1) 预防对象。保护现有的天然林、郁闭度高的人工林、覆盖度高的草地等林草植被和水土保持设施，以及其他治理成果。恢复和提高林草植被覆盖度低，且存在水土流失区域的林草植被覆盖度。预防开办涉及土石方开挖、填筑或者堆放、排弃等生产建设活动造成的新的水土流失。预防垦造耕地、经济林种植、林木采伐，以及其他农业生产活动过程中的水土流失。

(2) 措施体系。包括禁止准入、规范管理、生态修复及辅助治理等措施。

(3) 措施配置。按水土保持主导基础功能合理配置措施。

6. 综合治理

(1) 治理范围。包括影响农林业生产和人类居住环境的水土流失区域，以及直接影响人类居住与生产安全的可治理的山洪和泥石流地质灾害易发的区域，但不包括裸岩等不适宜治理的区域。

(2) 治理对象。包括存在水土流失的园地经济林地、坡耕地、残次林地、荒山、侵蚀沟道、裸露土地等。

(3) 措施体系。包括工程措施、林草措施和耕作措施。

(4) 措施配置。以小流域为单元，以园地经济林地水土流失治理和坡耕地、溪沟整治为重点，坡沟兼治。

7. 监测

优化监测站网布设，构建浙江省水土保持基础信息平台，建成浙江省监测预报、生态建设、预防监督和社会服务等信息系统，实现省、市、县三级信息服务和资源共享。开展水土流失调查、水土流失重点预防区和重点治理区动态监测、水土保持生态建设项目和生产建设项目集中区监测，完善浙江省水土保持数据库和水土保持综合应用平台等建设，定期发布水土流失及防治情况公告。

8. 综合监管

(1) 监督管理。加强水土保持相关规划、水土流失预防工作、水土流失治理情况、水土保持监测和监督检查的监管,完善相关制度。

(2)机制完善。重点是建立健全组织领导与协调机制,加强基层监管机构和队伍建设,完善技术服务体系监管制度。

(3)重点制度建设。水土保持相关规划管理制度、水土保持目标责任制和考核奖惩制度、水土流失重点防治区管理制度、生产建设项目水土保持监督管理制度、水土保持生态补偿制度、水土保持监测评价制度建设、水土保持重点工程建设管理制度等。

(4)监管能力建设。明确各级监管机构管辖范围内的监管任务,规范行政许可及各项监督管理工作;开展水土保持监督执法人员定期培训与考核,出台水土保持监督执法装备配置标准,逐步配备完善各级水土保持监督执法队伍,建立水土保持监督管理信息化平台,做好政务公开。

(5)社会服务能力建设。完善各类社会服务机构的资质管理制度,建立咨询设计质量和诚信评价体系,加强从业人员技术与知识更新培训,强化社会服务机构的技术交流。

(6)宣传教育能力建设。加强水土保持宣传机构、人才培养与教育建设,完善宣传平台建设,完善宣传顶层设计,强化日常业务宣传。

(7)科技支撑及推广。加强基础理论和关键技术研究,重点推广新技术、新材料,提升安吉县水土保持科技示范园建设水平,规划建设钱塘江等源头区、城区或城郊区等水土保持科技示范园区。

(8)信息化建设。依托浙江省水利行业信息网络资源,在优先采用已建信息化标准的基础上,建立浙江省水土保持信息化体系,形成较完善的水土保持信息化基础平台,实现信息资源的充分共享和开发利用。

9.近期工程安排

(1)重要江河源区水土保持。范围主要为“四带”中流域面积较大的重要江河的源头,对下游水资源和饮水安全具有重要作用的江河的源头等。主要任务以封育保护为主,辅以综合治理,实现生态自我修复,推进水源地生态清洁小流域建设,建立可行的水土保持生态补偿制度,以达到提高水源涵养功能、控制水土流失、保障区域社会经济可持续发展的目的,治理水土流失面积215.00 km^2。

(2)重要水源地水土保持。范围包括重要的湖库型饮用水水源地,水土流失轻微,具有重要的水源涵养、水质维护、生态维护等水土保持功能的区域,重要的生态功能区或生态敏感区域,大城市引调水工程取水水源地周边一定范围。主要任务以保护和建设以水源涵养林为主的森林植被,远山边山开展生态自然修复,中低山丘陵实施以林草植被建设为主的小流域综合治理,近库(湖、河)及村镇周边建设生态清洁型小流域,滨库(湖、河)建设植物保护带和湿地,控制入河(湖、库)的泥沙及面源污染物,维护水质安全,并配套建立可行的水土保持生态补偿制度,治理水土流失面积925.00 km^2。

(3)海岛区水土保持。舟山群岛等主要岛屿在加强生产建设活动和生产建设项目水土保持监督管理的同时,加强生态敏感地区和重要饮用水水源地等区域,实施生态修复与保护,在集中式供水水库上游水源地实施清洁小流域建设,结合河岸两侧、水库周边植被缓冲带人工湿地建设、水源涵养林营造等,保护海岛地区生态环境,加强水源涵养,防治水土流失,治理水土流失面积50.00 km^2。

(4)重点片区水土流失综合治理。范围主要分布在钱塘江流域的新安江、衢江上游、分水江、金华江、曹娥江流域上游、椒江流域上游、瓯江流域的中下游,以及飞云江和鳌江流域。其中衢江中游片、曹娥江源头区片、瓯飞鳌三江片3个重点区域为重点治理区。主要任务以片区或小流域为单元,山水田林路沟村综合规划,以坡耕地治理、园地经济林地水土流失治理、水土保持林营造为主,结合溪沟整治,沟坡兼治,生态与经济并重,着力于水土资源优化配置,提高土地生产力,促进农业产业结构调整,治理水土流失面积1 360.00 km^2。

(5)城市水土保持。以治理城市水土流失、改善城市人居环境为主,加强水土保持监督管理,扩大城区林草植被面积,提高林草植被覆盖度,严格监管区域内生产建设活动,防治人为水土流失,治理水土流失面积50.00 km^2。

(6)水土保持监测网络建设。包括水土保持监测网络建设,开展水土流失调查及定位观测,重点区域水土保持监测及公告,水土保持重点工程项目监测,生产建设项目集中区监测,新建1个监测点。

10. 保障措施

(略)

第三节　水土保持专项规划

专项规划包括专项工程规划和专项工作规划。本部分内容主要针对专项工程(含特定区域)规划进行阐述,专项工作规划由于涉及类型较多,要求各异,可根据有关规定与要求编写。专项监测规划按《水土保持监测技术规程》(SL 277)及相关规定编制。专项科技支撑规划,以及其他专项工作规划,应当根据规划编制的任务与要求确定相应内容。

一、专项规划主要内容

(一)专项规划主要内容

专项规划主要内容,包括开展相应深度的现状调查和勘查,规模大的规划根据需要进行专题研究;阐明开展专项规划的必要性,确定规划范围、规划水平年,进行现状评价与需求分析;确定规划目标、任务,论证工程规模,提出措施总体布局和规划方案;确定规划实施意见和进度安排,匡(估)算投资,进行效益分析或经济评价,拟定实施保障措施。

(二)依据与范围、规划期

以水土保持综合规划为依据,结合编制任务以及工作基础、工程建设条件等分析确定专项规划的范围。规划期宜为5~10年。

(三)目标、任务和规模

水土保持专项规划的目标与任务,与综合规划内容基本一致,详见水土保持综合规划中有关规划目标与任务的内容。

专项规划的规模主要指特定区域包括预防保护面积和综合治理面积的综合防治面积,或特定工程的改造面积或建设数量。规划规模主要根据规划目标和任务、资金投入分析,结合现状评价和需求分析等,经过分析、论证确定。

（四）规划方案

根据规划目标、任务和规模，结合现状评价和需求分析，按照水土保持区划以及各级人民政府划定并公告的水土流失重点预防区和水土流失重点治理区，进行预防和治理规划总体布局。

专项工程规划，根据综合规划的区域布局，结合水土保持区划主导功能及专项规划任务和要求，分区提出水土流失治理技术途径和防治对策。专项工作规划因各区域内容基本一致，无须进行分区布局，但有区域特点的工作规划，要根据情况以水土保持区划为基础进行分区布局。

根据总体布局，结合工程规划特点和水土流失重点预防区、重点治理区，按照轻重缓急，提出重点布局。特定区域的专项规划需进行重点布局，针对特定区域存在的水土流失主要问题，结合区域水土保持主导基础功能，提出预防及治理措施与重点工程布局。

（五）近期重点建设内容和投资估算

在总体布局的基础上，根据水土保持近期工作需要的迫切性，拟定近期重点建设内容安排。

通过不同地区典型小流域或工程调查，测算单项措施投资指标，进行投资估算；对于设计深度接近项目建议书的专项规划，根据水土保持工程概（估）算编制规定按工程量编制投资估算。必要时可对资金筹措做出初步安排。

专项规划需在效益分析的基础上进行国民经济评价。

二、案例——东北黑土区水土流失综合防治规划

（一）规划背景

东北黑土区分布于松辽流域黑龙江省、吉林省、辽宁省、内蒙古自治区，是世界的三大黑土带之一，也是我国重要的商品粮基地。多年来，由于自然因素和人类生产经营活动的影响，黑土区的水土流失日益加剧，国家粮食生产安全受到威胁。为了全面贯彻党的十六大精神，落实中央有关精神及水利部党组可持续发展的治水思路，加快东北黑土区水土流失治理步伐，保护珍贵的黑土资源，在总结“试点工程”经验的基础上，水利部松辽水利委员会组织编制《东北黑土区水土流失综合防治规划》。本次规划水平年为 2005 年，规划范围涉及黑龙江、吉林、辽宁、内蒙古 4 省（自治区），20 个重点流域，总面积 27.71 km^2。

（二）基本情况

东北黑土区北起大、小兴安岭，南至辽宁省盘锦市，西到内蒙古东部的大兴安岭山地边缘，东达乌苏里江和图们江，行政区包括黑龙江、吉林、辽宁、内蒙古等 4 省（自治区）的部分地区。总面积 103.00 万 km^2，其中，黑龙江省 45.25 万 km^2，吉林省 18.70 万 km^2，辽宁省 12.29 万 km^2，内蒙古自治区 26.76 万 km^2。

1. 自然条件

东北黑土区地貌为西、北、东三面环山，南部临海，中南部为松辽平原，东北部为三江平原。地势大致由北向南、由东西向中部倾斜。主要河流有松花江、辽河及黑龙江、图们江、鸭绿江以及部分独流入海河流。气候类型从东往西依次是中温带湿润区、半湿润区、半干旱区，西北部大兴安岭地区属寒温带湿润区。区内年均降水量从东南部辽东山区的

1 000 mm 递减到大兴安岭以西地区和辽河平原西部的 300 mm。植被类型以寒温带针叶林、温带针阔混交林、暖温带落叶阔叶林为主。地带性土壤主要有寒温带的棕色针叶林土、山地灰色森林土，温带的暗棕壤、黑土、黑钙土，此外，还有一些白浆土、草甸土、风沙土、沼泽土和水稻土等。

2. 社会经济

东北黑土区共有 41 个市(州、盟)，总人口 1.17 亿人。东北黑土区 103.00 万 km^2 的面积中，总耕地面积 2 139.83 万 hm^2，占黑土区总面积的 20.78%；林地、草地、果园、荒山荒地、水域和其他用地面积分别占总面积的 50.00%、11.11%、0.80%、5.52%、11.79%。东北黑土区粮食总产量 627.02 亿 kg，占当年全国粮食总产量的 14.156%，其中大豆产量占全国总产量的 41.30%，玉米产量占全国总产量的 29.00%。水果主要有苹果、梨、桃、杏等。

3. 水土流失现状

据第二次全国土壤侵蚀遥感调查，东北黑土区水土流失面积 27.59 万 km^2，占黑土区总面积的 27%。按行政区域划分，黑龙江省 11.52 万 km^2，吉林省 3.11 万 km^2，辽宁省 3.41 万 km^2，内蒙古自治区 9.55 万 km^2；按侵蚀类型划分，水蚀面积 17.70 万 km^2，风蚀面积 4.13 万 km^2，冻融侵蚀面积 5.76 万 km^2。水土流失主要来源为坡耕地，坡耕地水土流失面积占整个黑土区水土流失面积的 46.39%。

4. 水土保持现状

中华人民共和国成立以来，累计完成水土流失综合治理 18.64 万 km^2。先后开展的国家工程有柳河上游国家水土保持重点治理工程、小流域综合治理试点工程、国债水土保持重点防治工程、“试点工程”等。各项工作效益显著，探索了黑土区不同类型区水土流失有效防治措施，总结出一套科学的治理模式。

(三)现状评价与需求分析

1. 现状评价

东北黑土区坡耕地面积占耕地总面积的 59.38%，坡耕地水土流失面积占整个黑土区水土流失面积的 46.39%。坡耕地水土流失主要表现在剥蚀和沟蚀。东北黑土区目前有 25 万条大型侵蚀沟，导致大量耕地被沟壑切割而被迫弃耕；通过典型调查推算，沟壑吞噬农田超过 47.12 万 hm^2，每年损失粮食约 14 亿 kg。

东北黑土区虽然经过“试点工程”治理，局部治理效果明显，就整个东北黑土区而言，仍有水土流失面积 27.59 万 km^2，其中 6.50 万 km^2 水土流失面积需要抢救性治理。若以“试点工程”600 km^2/a 的治理速度，在不产生新的水土流失情况下，仅这 6.50 万 km^2 的水土流失面积得到初步治理就需要 100 多年。因此，黑土区的广大群众迫切要求加大投资，加快治理。

2. 水土保持需求分析

长期以来，由于不合理地开发利用水土资源，超载过牧、滥垦乱伐、乱挖滥弃等，导致黑土区土层变薄，土地退化，土地生产力逐年下降；严重的水土流失，直接影响着水土资源的综合利用，恶化了生态环境，造成自然灾害频繁，危及当地群众的生产生活条件，制约了当地经济社会的可持续发展。因此，要加快东北黑土区水土流失综合防治，建立不同侵蚀类型区的水土流失防治体系,保护珍贵的黑土资源,减少水土流失及其引起的自然灾害,保证国家粮食生产安全和可持续发展,必须尽快实施东北黑土区水土流失治理。

3. 开展黑土区水土流失治理的有利条件

多年来,东北地区的地方政府也十分重视水土流失的治理。松辽水利委员会组织东北4省(区)做了大量的前期规划设计工作和研究课题,针对不同侵蚀类型区水土保持措施对位配置研究和优化配置,探索出不同类型区的治理模式,为治理水土流失奠定了坚实的基础。

4. 探索了建管机制,工程建设有保证

黑土区水土流失防治试点工程开始以来,建立了一套行之有效的管理制度。制定了试点工程管理、验收和档案管理等办法。

(四)规划目标、任务和规模

规划区总面积27.71 km^2,涉及黑龙江、吉林、辽宁、内蒙古4省(自治区),20个重点流域,50个项目区。通过治理,使22.25万km^2的黑土地资源得到有效的保护,治理程度达到80%以上,年均减少土壤流失量0.52亿m^3,使黑土区严重的水土流失恶化趋势得到遏制,黑土资源得到可持续利用,为稳固和提高国家商品粮基地的生产能力提供保障。

(五)分区及总体布局

按照地貌类型及水土流失特点,将黑土区分为漫川漫岗区(Ⅰ)、丘陵沟壑区(Ⅱ)、风沙区(Ⅲ)、中低山区(Ⅳ)、平原区(Ⅴ)等5个水土保持类型区,并制定每个区的防治策略。

Ⅰ——漫川漫岗区。本区总面积11.41万km^2,主要是大、小兴安岭和长白山延伸的山前台地。由于开发较早,土地开垦指数高,地面植被覆盖率低,沟壑密度在2 km/km^2以上,年土壤侵蚀模数平均为0.7万t/km^2。本区要坚持沟坡兼治,以治理坡耕地为重点。在措施的布设上,坡顶植树戴帽,林地与耕地交界处挖截水沟,就地拦蓄坡面径流、泥沙。坡面采取改顺坡垄为水平垄,修地埂植物带、坡式梯田和水平梯田等工程措施,调节和拦蓄地表径流,控制面蚀的发展。同时,结合水源工程等小型水利水土保持工程,建设高标准基本农田。侵蚀沟的治理采用植物跌水和沟坡植树等措施,防止沟道发展。

Ⅱ——丘陵沟壑区。本区总面积43.37万km^2,主要分布在嫩江、第二松花江的支流和辽河的中上游及东辽河。其中,分布在嫩江、第二松花江的支流和东辽河的丘陵沟壑区为Ⅱ1区,该区主要为农区;分布在辽河的中上游地区的丘陵沟壑区为Ⅱ2区,该区主要为农牧结合区。丘陵沟壑区共有3°以上的坡耕地1.9万km^2,坡耕地年平均流失表土厚层0.2~0.7 cm,沟壑密度1.5~2.0 km/km^2,年土壤侵蚀模数平均为0.5万t/km^2,主要把治坡和治沟结合起来。林区要以预防为主,坚持合理采伐,积极采取封山育林等措施。荒山荒坡要大力营造水土保持林,对现有的疏林地进行有计划的改造,采取生态修复等措施,提高林草覆盖率,增强蓄水保土和抗蚀能力。Ⅱ1区大力开展小流域综合治理,以治理坡耕地和荒山为突破口,大力改造中低产田。降水少的地区要全面推广旱作农业高产技术,建设旱作农业高产田,增强农业综合生产能力。Ⅱ2区重点是营造防护林和种草,增加地面植被,建设稳定草场。搞好旱作农业和集水灌溉措施,适当发展果树。沟壑要采取沟头防护、修谷坊和小塘坝等措施进行治理,对于较大的侵蚀沟,要修建拦沙坝等控制骨干工程,以达到控制和治理水土流失的目的。

Ⅲ——风沙区。本区总面积10.30万km^2,主要分布在松花江流域的中游和西辽河中上游地带。其中,松花江流域中游的风沙区为Ⅲ1区,特点是风沙干旱和土地的盐碱化,年风蚀表土厚度0.6 cm左右,年土壤侵蚀模数0.6万t/km^2;西辽河中上游地带的风沙区为Ⅲ2区,特点是土地沙化和草场退化并伴随着流动沙丘的发生。本区水土流失应防治结合,结合"三北"防护林建设,采取植物固沙和沙障固沙措施,建立农田防护林体系。Ⅲ1区结合水土流失的治理,推广节水灌溉技术和建立抗旱防蚀耕作制度为主,注意搞好盐碱地的中低产田改造。Ⅲ2区治理的重点是防风固沙,植物措施以草、灌为主,配以速生乔木,大搞草、田、林网建设,并结合轮牧、舍饲等措施,发展高效牧业,为保护草原和大面积植被恢复创造条件。

Ⅳ——中低山区。本区总面积29.29万km^2,又分为两个亚区Ⅳ1和Ⅳ2区。Ⅳ1区主要分布在嫩江和东江河上游,特点是山地绵延;Ⅳ2区主要分布在第二松花江的上游,地势较陡。中低山区内主要是林区及部分农区和半农半牧区。水土流失程度以农区和半农半牧区较为严重。本区森林覆被率高,但由于多年大量采伐,迹地更新跟不上,局部水土流失比较严重,潜在危险性很大。本区治理开发方向要以预防保护为重点,认真执行《中华人民共和国水土保持法》《中华人民共和国森林法》和有关的地方性法规,地面坡度25°以上的森林不准砍伐,25°以下的森林可以采取间伐,做到采育结合。对现有的疏林地,进行有计划的改造和保护,提高林草覆盖率,增强蓄水保土和抗蚀能力,防止疏林地水土流失。Ⅳ1区重点是搞好预防保护工作。Ⅳ2区在搞好预防保护的同时,要重点搞好局部严重水土流失地区沟蚀的综合治理工作,实现青山常在,永续利用。

Ⅴ——平原区。本区总面积8.63万km^2,主要是指三江平原和松辽平原及辽河流域的中下游平原。其中,三江平原和松辽平原为Ⅴ1区,这里地势平坦,有大片沼泽,在生物多样性保护方面起着重要作用;辽河流域的中下游平原为Ⅴ2区,这里地势低洼,荒原多,且分布大片的盐碱地和芦苇塘。平原区水土保持工作的重点是合理保护和开发利用农业资源,大力营造网、带、片相结合的农田防护林,建立合理的耕作制度,大力提倡深松少耕,秸秆还田,增施有机肥料,改良土壤,增强土壤的抗蚀能力。

(六)综合治理

1.耕地治理

禁垦坡度以下的坡耕地,根据坡度和土层厚度等实际,因地制宜地布设水平梯田、坡式梯田、地埂植物带、改垄等措施。修梯田时,田埂根据当地资源状况修筑石埂或土埂,土埂需栽植灌木植物护埂。禁垦坡度以上坡耕地及已不适宜耕作的坡耕地退耕,因地制宜地还林(果)、还草,营建水土保持林时,进行水平槽、鱼鳞坑整地措施。营建经济林时,应配置果树台田。同时,要结合农事耕作,因地制宜采取草田轮作、间作、套种、合理密植、少耕免耕、增施有机肥、留茬播种等保水保土耕作法。

2.荒山荒坡治理

根据立地条件和社会经济情况,对荒山荒坡配备林草措施,"宜林则林,宜果则果,宜草则草"。营造水土保持林(草)时,要进行整地措施,坡面较为平整的,采用水平沟、水平阶整地;坡面较为破碎的,采用鱼鳞坑或穴状整地;营造经济林时,要进行果树台田(果树梯田)整地。

3. 沟道治理

在沟头上方,修沟头防护工程,防止沟头发展。在沟底修谷坊、拦沙坝等沟床固定工程,防止沟床冲刷和泥石流灾害的发生;谷坊修建在下切侵蚀活跃的支毛沟,特别是发育旺盛的"V"形沟道内;拦沙坝修建在有季节性水流的沟道中。对潜在危险性大的溪沟,通过工程措施进行整治,在村庄或耕地较薄弱地段修筑护村护地坝。

4. 疏林、草地治理

水土流失严重、生态修复措施已不能满足水土保持需要的疏林、草地,对土层较厚、坡度较缓的疏林地和退化严重、产草量低的天然草场,直接进行补植;对土层浅薄、坡度较陡的疏林地,要进行工程整地后开展补植补种。无工程整地措施的坡地果园全部建造果树台田;二类蚕场通过补植增加蚕场墩数,防止沙化;三类蚕场退蚕还林。

5. 风蚀治理

在风口处造林,造林前先设置与主害风向相垂直的带状沙障,沙障内呈块状营造紧密型乔灌混交林,迎风面栽灌木,背面栽乔木。在农田绿洲内设置防护林网,同时,耕种时采取水土保持耕作措施,防止风蚀发生。在农田林网外围的沙丘前沿地带及流沙边缘与农田绿洲交界处,设置防风固沙基干林带。在风蚀较轻的沙地或稳定的低沙丘、半流动沙丘,可以直接成片造林。对流动沙丘,应当首先设置沙障或化学固沙,减缓沙丘前移,然后成片造林,在背风坡丘间低地栽植乔木林带,阻挡流沙前移,在迎风坡脚下种植灌木,拉低沙丘。在林带与沙障已基本控制风蚀和流沙移动的沙地上,大面积成片人工种草,进一步改造并利用沙地。对地广人稀、固沙种草任务较大的地方,采用飞播种草。

6. 小型蓄排引水工程

蓄水池、塘坝等蓄水工程,主要配置在降水少、水源条件差的地区,工程选址应距耕地、果园较近,方便发展灌溉;在坡面上部为荒地或者人工草地、灌木林地、无措施的坡耕地,而下部为梯田、保土耕作或林草地区,应在其交界处布设截水沟;当坡面上的蓄水池、截水沟不能全部拦截暴雨径流时,或上部的保土耕作不能全部入渗拦蓄暴雨径流时,布设排水沟,排水沟需种植草皮防冲,并尽量与蓄水池、水窖、塘坝等蓄水工程或天然水道连接。

7. 其他措施

在开展综合治理的同时,根据水土保持工程建设、管理需要,因地制宜修建作业路、农道桥(涵),配置水井、小型灌溉设备等辅助设施。

(七)水土保持监测

在"试点工程"监测工作的基础上,初步建立起布局合理、覆盖松辽流域的水土保持监测网络,对水土流失状况实施及时、准确、持续的监测,形成标准统一、定量准确、技术先进、时效性强的水土保持监测系统。通过遥感遥测、对比监测、结合抽样调查的定点监测,开展重点治理区内水土流失的分布、面积、危害、强度等的影响及其变化趋势、水土流失成因、水土保持治理措施的动态监测。

第五章 水土保持监测

第一节 概 述

一、水土保持监测概念

依据《中华人民共和国水土保持法》，水土保持是指对自然因素及人为活动造成水土流失所采取的预防和治理措施。《中国水利百科全书》(第 2 版)《水土保持分册》则将水土保持定义为“防治水土流失，保护、改良与合理利用水、土资源，维护和提高土地生产力，以利于充分发挥水土资源的生态、经济效益和社会效益，建立良好生态环境的事业”。

监测是指对某种现象(监测对象)变化过程进行长期、持续的观测和分析的过程。因此，水土保持监测就是对“水土保持”这一人类活动及其对象、效果的监测。“水土保持”的对象是水土流失，效果是通过布设水土流失防治措施防止或减轻水土流失及由此产生的生态、经济效益和社会效益。综合起来，水土保持监测就是运用多种技术手段和方法，对水土流失的成因、数量、强度、影响范围及其发生、发展和危害，以及水土保持措施及其防治效果和效益，所开展的长期、持续的调查、观测和分析工作。

水土保持监测的概念，可以从广义和狭义两个层面来理解。广义的水土保持监测，是指对自然因素和人为活动造成的水土流失及所采取的预防和治理措施的调查、实验研究、实时监视和长期观测，包括水土保持调查、水土保持动态监测和水土保持实验研究。狭义的水土保持监测，仅指水土保持动态监测，即对自然因素和人为活动造成的水土流失及所采取的预防和治理措施的实时监视与长期观测。

(一)水土保持调查

水土保持调查是指通过某种或某些手段与方式，充分掌握和占有第一手资料，全面接触、广泛了解和深度熟悉水土流失及其防治情况，以及相关的影响因素的状况，在去粗取精、去伪存真的基础上，客观反映水土流失及其预防、治理的历史、现状及发展规律的一种科学工作方法。

总体上讲，水土保持调查技术体系包括调查的内容、技术与方法、标准、统计、制图和调查报告编制等。从工作角度看，水土保持调查包括水土流失及水土保持的普查、综合调查、专项调查、典型调查和重点调查等多个类型。从调查区域大小看，水土保持调查可分为小流域调查、区域调查和全国调查等层次。

在水土保持调查的过程中，应充分地查询和收集资料、详尽地观察和监测、综合地查勘和考察、深刻地统计和分析，形成详尽的文字、图件、音频和视频等资料以及分析结果，力求客观、科学地反映水土保持状况，为水土保持规划、综合治理、监督管理和动态监测等服务。调查是掌握第一手资料的基本方法，也是动态监测方案设计的基础；没有扎实的调查资料及科学的分析方法，就不可能做好动态监测方案，也就不可能做好动态监测。通过定期和不定期的调查，可以获得区域社会经济状况、土壤侵蚀类型及危害、水土流失影响因素、土地利用类型、水土流失预防和治理等动态变化情况，也能够获取水土保持政策落实、执法监督、公众认识等多方面的资料。因此，水土保持调查是其他方法不能取代的基本方法。

（二）水土保持实验研究

水土保持实验研究是运用科学实验的原理和方法，以水土保持理论及假设为指导，有目的地设计、控制某个或某些因素或条件，观察水土流失影响因素、水土保持措施与流失量，防治效果之间的因果关系，从中探索、了解和掌握水土流失规律、水土保持规律及其预测预报技术、方法的活动和实践。

水土保持实验研究是为了发现、解释或校正水土流失及其防治的现象、事实和事件、理论和规律，或把水土流失及其防治的现象、事实和事件、理论或规律以实际应用来呈现。

（三）水土保持动态监测

水土保持动态监测是指对水土流失及其防治情况或者其中的一部分，进行实时监视、实时测试，长期观测；或者针对水土流失及其防治情况或者其中的一部分，设计确定对应的技术手段、途径和频率，进行高频率、周期性、长期性的监视与测试观测。相对于水土保持调查和水土保持实验研究，水土保持动态监测更加强调“动态”二字，也就是较高的监测频率或者较短的监测周期，即在一段较长时间内的持续性监测。

由于水土保持监测对象的多样性和区域的广泛性，尤其是监测范围的广阔性以及不同区域之间的差异性，水土保持动态监测是一个复杂的系统工程，正在随着水土流失地面自动观测技术、高分遥感技术、无人机技术、区域抽样技术、信息技术等现代先进技术的发展而不断加速发展。水土保持动态监测适应了水土保持科学的多维度结构、多时相状态、多尺度规模的特点，能够更好地掌握不同空间规模和不同时间尺度的水土流失及其防治的状况，可为各个层次的水土保持调查、规划、综合治理提供基础数据。

水土保持调查、水土保持实验研究和水土保持动态监测具有相互支撑、相互促进的关系。水土保持调查是发现水土流失及其防治的事实、事件和现象及掌握第一手资料的直接手段，是设计和确定水土保持动态监测和实验研究的基础；水土保持实验研究是运用科学实验的原理和方法，对调查和动态监测中发现的水土流失及其防治的现象、事实和事件进行控制性的实验与分析研究，是对调查、动态监测的发展；水土保持动态监测是长期、持续、稳定地监视、测验水土流失及其防治的发生、发展和演变过程的方式，为水土保持调查和实验研究提供基础数据。

二、水土保持监测的目的与作用

（一）监测目的

水土保持监测是一项重要的基础性工作，其主要目的可以概括为如下4个方面。

1. 查清水土流失状况

水土保持监测的最直接目的就是查清水土流失状况。通过水土保持监测，可以查清水土流失基本状况，包括：①查清监测区域内的主要水土流失类型；②查清监测区域内的主要水土流失形式；③查清监测区域内的水土流失强度、面积和空间分布；④查清监测区域内的水土流失程度；⑤查清监测区域内的水土流失潜在危险程度；⑥查清监测区域内的水土流失危害情况；⑦通过长期、持续的水土保持动态监测，查清监测区域的水土流失动态变化及消长情况。

2. 认识水土流失规律，预报土壤流失量

水土保持监测的另外一个重要目的就是认识水土流失规律，通过长期监测和大量监测数据资料的积累，从中分析水土流失与各种影响因素之间的关系，可以发现水土流失量与各因素之间的定量关系，从而可以构建土壤侵蚀定量预报模型，用于预报土壤流失量。

3. 评价水土流失防治成效

水土流失综合防治是水土保持生态建设的主要任务，通过水土保持监测，能够准确获得水土保持治理工程实施进度、质量状况，成为项目验收的基础；评价不同措施配置对水土流失的防治效果，解决水土保持综合治理的措施配置和施工顺序等问题，对同类地区科学开展规划、设计和治理等具有指导意义；分析宏观水土保持效益，还为水土保持规划或可行性研究提供依据。具体包括：①水土保持生态建设实施状况；②水土保持防治效果；③宏观水土保持生态环境效益。

4. 跟踪生产建设项目水土保持动态

通过开展生产建设项目水土保持监测，可以跟踪掌握生产建设项目水土保持动态，达到以下目的：

(1)及时掌握项目区水土流失发生的时段、强度和空间分布等情况，了解水土保持措施的防护效果，及时发现问题以便采取相应的补救措施，确保各项水土保持措施能够正常发挥作用，最大限度地减少水土流失。

(2)为同类生产建设项目水土流失预测和制定防治措施体系提供借鉴。

(3)为水土保持监督管理提供数据。

(4)促进水土保持方案的实施。

(5)获得项目建设过程中水土流失总治理度、土壤流失控制比、拦渣率、扰动土地整治率、林草覆盖率、植被恢复系数等水土流失防治效果指标值，并基于这些指标判别是否达到国家规定的防治标准和方案确定的防治目标，为项目的水土保持设施专项验收提供依据。

（二）水土保持监测的作用

1. 水土保持监测可以在政府决策中发挥重要作用

水土流失状况是衡量水土资源、生态环境优劣程度、经济社会可持续发展能力的重要指标，扎实开展水土保持监测，及时、准确地掌握水土流失动态变化，分析和评价重大生态工程治理成效，定量分析和评价水土流失与各项社会因素的关系，有利于各级政府科学制定战略发展规划、国家生态文明建设宏观战略和相关政策法规，协调推进经济社会健康持续发展；有利于深入实施水土保持政府目标责任制，全面加强政府绩效管理与考核；有利于全面提高水土流失防灾减灾等国家应急管理能力，切实保障人民群众的生命财产安全。

2. 水土保持监测可以在经济社会发展中发挥重要作用

为提高经济增长的质量和效益，推进生态文明建设水平，主要途径就是要积极探索走出一条生态环境代价小、经济效益好、可持续发展的道路。实践证明，水土保持是保护水土资源持续利用、维护生态协调发展的最有效手段，是衡量资源环境和经济社会可持续发展的重要指标，是全面建设小康社会的重要基础，在国民经济和社会发展中占有重要的地位。通过开展水土保持监测，不断掌握水土资源状况及其消长变化，科学测算绿色 GDP，科学分析评估各项经济社会建设对水土流失及水土保持生态建设、环境保护的影响，可以为国家制定经济社会发展规划、调整经济发展格局与产业布局、保障经济社会的可持续发展提供重要技术支撑，有助于处理好经济增长与生态环境保护之间的关系，促进经济结构调整和增长方式转变，增加经济增长方式本身的可持续性，推动资源节约型、环境友好型社会建设，实现人与自然的和谐发展。

3. 水土保持监测可以在社会公众服务中发挥重要作用

水土保持监测作为一项政府公益事业，为社会公众了解、参与水土保持生态建设提供了一条重要途径，是社会公众了解、参与水土保持的重要基础。通过水土保持监测，定期获取国家、省、市、县等不同层次的水土流失动态变化及其治理情况信息，建立信息发布服务体系，并予以定期公告，可以使公众及时了解水土流失、水土保持对生活环境的影响，可以极大地满足社会公众对水土保持生态建设状况的知情权，有效增强社会公众的水土保持生态建设与环境保护意识；可以极大地深化社会公众对水土保持生态建设的参与权，有效加强水土保持工作和发展机制的创新；可以极大地提高社会公众对水土流失预防保护和综合治理的监督权，不断健全水土保持监督机制，有效推动水土保持事业健康、持续发展。

三、水土保持监测的原则

水土保持监测是为政府决策、经济社会发展和社会公众服务的，有很强的针对性。因此，水土保持监测应遵循以下原则。

（一）宏观监测与微观监测相结合

水土保持监测的范围可以大到一个国家乃至全球，小至一个地块或者径流小区。根据监测区域的范围大小，结合我国行政区域与流域管理实际，可以将监测的范围划分为 7 个不同层次，由小到大分别为地块、自然坡面、小流域、县（区、市）、省（自治区、直辖市）、大江大河流域和全国；也可以将水土保持监测尺度简单归纳为坡面、小流域和区域等 3 个层次；还可以分为宏观、中观和微观 3 个监测尺度。

水土保持监测应遵循宏观监测与微观监测相结合的原则，根据服务对象的实际需要，科学合理地确定监测的范围、尺度、重点内容和详细程度。宏观监测往往需要通过大量微观监测成果推算来完成，而微观监测也往往需要在掌握宏观监测成果资料的基础上有针对性地开展，两者是相辅相成、既有区别又有联系的对立面和有机体。

（二）系统性与专题性相结合

水土保持监测是一项复杂的系统工程，监测内容包括水土流失影响因素、水土流失状况、水土流失灾害、水土保持措施及效益等 4 个方面，无论对某一侵蚀类型和侵蚀方式，或是对坡面、小流域和区域等不同尺度，或是对水土保持重点治理工程和生产建设项目的监测，均应包含这4个方面并有机地组成完整的水土保持监测系统，才能回答诸如侵蚀类型、侵蚀强度、减沙机制、效益大小等问题。

水土保持监测也需要根据特定目的，对水土保持某个专题进行专项监测。例如，黄土高原淤地坝专项监测、东北黑土区侵蚀沟监测、西南地区岩溶石漠化监测、南方红壤丘陵区崩岗侵蚀监测、水土保持措施专题调查、生产建设项目水土保持监测等。

系统性监测往往可以由多个专题性监测组合完成，而专题性监测也需要在系统性监测的总体架构和指导下开展，两者相辅相成、相互支撑。因此，水土保持监测应遵循系统性与专题性相结合的原则。

（三）完整性与代表性相结合

监测范围一旦确定，水土保持监测就必须遵循完整性原则，即必须完整地监测整个监测范围内的水土流失及其防治情况。例如，开展某流域的水土保持监测时，必须对该流域界线范围内的所有地块或者图斑的水土流失影响因素（降水、土壤、坡度、坡长、土地利用、植被覆盖、工程和耕作措施等）、水土流失类型和强度、面积、水土保持防治措施类型和数量及其防治效益等进行全面、完整的监测，不能遗漏某些地块或者图斑。同理，如果开展某个省或者市、县的水土保持监测，也必须对整个行政区划范围开展监测，不能遗漏某些地块或者图斑，更不能遗漏某个乡镇或者村。

在开展水土保持监测工作时，往往是通过选取足够有代表性的对象或者地块进行监测，然后通过这些样本数据推算整个区域的水土流失及其水土流失防治总体情况，即由样本推算总体。因此，水土保持监测既要遵循完整性原则，也要遵循代表性原则。

（四）持续性与时效性相结合

水土保持监测的对象随时、随地都在变化，变化复杂且幅度大。只有通过长时期的持续观测，积累资料，取得大样本，才能统计出基本规律，实现科学研究的重复性。持续性原则不仅强调了时间上的持续性，应用同一监测方法、手段开展长期监测，取得长序列资料，还强调了空间上的持续性，应用规范的统一方法，取得可以互相对比的观测资料。统计分析这些资料，可以掌握时空变化规律，满足社会不同层次的需要。

在开展长期、持续监测的同时，要注意监测的时效性或者及时性，必须及时而准确地实施监测，并将监测成果及时报告和提供给用户使用，才能有效发挥水土保持监测在政府决策、经济社会发展和社会公众服务中的重要作用。因此，水土保持监测应遵循持续性与时效性相结合的原则，长期、持续监测是总的要求，但每次监测都必须是及时的。

（五）连续定位观测、周期性普查和即时性监测相结合

水土保持监测对象和内容多种多样，面对复杂的水土流失类型、形式和不同类型的水土保持措施，需要采取不同的监测方式。对于小流域、坡面、径流小区以及生产建设项目等范围小的监测对象，其降水、径流、泥沙或者侵蚀量、风蚀强度等的时效性要求高，一般采用连续定位观测方式。对于全国、大流域、省级行政区等范围很大的监测对象，其水土流失及防治情况变化缓慢，年际变化不明显，一般采用周期性普查方式。对于一些突发性的水土流失灾害事件，如滑坡、泥石流、地震引发的严重水土流失灾害等，以及建设周期短的生产建设项目，其水土流失状况一般采用即时性监测方式。

连续定位观测、即时性监测和周期性普查是相互联系、相互补充、相辅相成的。连续定位观测和即时性监测可以为周期性普查提供基础资料和相关参数；周期性普查可以弥补连续定位观测和即时性监测范围小、只反映局部水土流失和水土保持状况的缺陷，是对连续定位观测和即时性监测的全局性补充。因此，水土保持监测应遵循连续定位观测、周期性普查和即时性监测相结合的原则。

（六）常规方法和先进技术相结合

水土保持监测要求监测方法成熟和实用，监测结果真实和可靠。特别是对于需要向全社会公布公告的监测成果，应该采用成熟的、可操作性强、简捷实用的常规方法，如径流小区、控制站、土壤侵蚀野外调查单元等的连续定位观测方法以及典型调查、抽样调查等方法。在模型方面，应该选用运算灵活方便、指标容易获得的简单、成熟、实用的模型。

随着现代科学技术的进步，水土保持监测方法也在不断发展和进步，除了传统的常规监测方法，应鼓励积极采用先进技术和新方法。目前，计算机和信息技术、遥感（Remote Sensing，RS）、地理信息系统（Geographic Information System，GIS）和全球定位系统（Global Positioning System，GPS）、三维激光扫描技术、无人机技术、移动终端、物联网技术、云计算和大数据技术等已经正在水土保持监测领域得到应用。

常规方法与先进技术可以相互融合和促进。常规方法在融入先进技术之后，就可以转化为先进技术；反之，先进技术也可以通过在水土保持监测实践中不断成熟化、实用化并大力推广使用。

四、水土保持监测内容与程序

（一）监测内容

1. 基本监测内容

水土保持监测的基本内容包括以下几方面：

（1）水土流失影响因素监测。水土流失影响因素是发生水土流失的动力和环境条件，包括自然因素和人为活动因素两类。自然因素包括气候（降水、风）、地质地貌、土壤与地面物质组成、植被（类型与覆盖度）、水文（径流、泥沙）等，人为活动因素有土地利用方式、生产建设活动经济社会发展水平等。通过了解和掌握水土流失影响因素，能够阐明水土流失发生发展的机制、变化和规律，明确水土保持的治理方向。

（2）水土流失状况监测。水土流失状况是指水土流失类型、形式、分布、面积、强度，以及水土流失发生、运移堆积的数量（流失量）和趋势。通过全面分析水土流失状况，能够判断水土流失发育阶段及时空分布，为水土保持措施布置与设计提供基本依据。

（3）水土流失危害监测。主要包括水土资源破坏、泥沙（风沙、滑坡等）淤积危害、洪水（风沙）危害、水土资源污染植被与生态环境变化以及社会经济危害等。

（4）水土保持措施及效益监测。水土保持措施包括实施治理措施的类型、名称、规模、分布、数量和质量状况等；水土保持效益监测包括蓄水保土效益、生态效益、经济效益、社会效益等方面。水土保持措施和效益监测，既有利于对已往工作的检验和评价，也有利于对未来工作开展及部署的重要提示和指导。

2. 专题监测内容

在全面考虑上述基本监测内容的基础上,区域监测、中小流域监测和生产建设项目监测应注重如下专题内容及其指标的监测:

(1)区域监测。内容主要包括:不同侵蚀类型的面积和强度;重力侵蚀易发区,对崩塌、滑坡、泥石流等进行典型监测;典型区水土流失危害监测;典型区水土流失防治效果监测。

(2)中小流域监测。内容主要包括:不同侵蚀类型的面积、强度流失量和潜在危险度;水土流失危害监测;水土保持措施数量、质量及效果监测;小流域监测还应考虑小流域特征值、气象要素、土地利用、主要灾害、水土流失及其防治、社会经济要素、土壤改良情况。

(3)生产建设项目监测。内容主要包括:项目建设区水土流失影响因素;水土流失状况;水土流失防治效果。

(二)监测程序

水土保持监测一般划分为监测准备、动态监测、监测总结3个阶段。监测准备阶段主要工作为编制监测实施方案,组建监测项目部,监测人员进场。动态监测阶段主要工作包括全面开展监测,加强对重点区域如扰动土地、取土(石、料)、弃土(石渣)等情况监测;监测单位每次现场监测后,应向建设单位及时提出水土保持监测意见;编制与报送水土保持监测报告。监测总结阶段主要工作为汇总、分析各阶段监测数据成果,分析评价防治效果,编制与报送水土保持监测总结报告。

1. 监测实施方案编制与报送

监测实施方案主要内容应包括建设项目及项目区概况、水土保持监测的布局、内容指标和方法、预期成果及形式工作组织等。编制监测实施方案前应收集项目区自然情况及有关规划、区划、水土保持治理情况资料,主体工程的初步设计、施工组织设计、绿化设计资料,项目水土保持方案报告书和水土保持专项设计资料。现场调查主要包括施工现场的交通情况、占地面积,水土流失面积与分布,水土保持措施类型和数量,水土保持监测重点区域的位置、数量和监测时段。

监测实施方案编制应明确监测内容和方法,监测点的种类、数量与位置,满足水土保持监测工作的需要。大型建设项目监测实施方案应开展专家咨询论证。

建设单位应在主体工程开工后及时向相关水行政主管部门报送水土保持监测实施方案。水利部批复水土保持方案的项目,由建设单位向项目所涉及各流域机构报送,同时报送项目所涉及各省级水行政主管部门。地方水行政主管部门批复水土保持方案的项目,由建设单位向批复方案的水行政主管部门报送。

2. 监测项目部组建

现场设立监测项目部,主要职责包括负责监测项目的组织、协调和实施,负责监测进度、质量、设备配置和项目管理,负责与施工单位的日常联络,收集主体工程进度、施工报表等资料,负责日常监测数据采集,做好原始记录,负责监测资料汇总、复核、成果编制与报送,开展施工现场突发性水土流失事件应急监测。

3. 监测人员进场

工程开工后，监测人员进场，建设单位应组织召开监测技术交底会议，由水土保持监测单位、监理单位，工程设计单位、主体工程监理单位、施工单位的有关负责人参加会议，会议介绍水土保持法等法律法规，生产建设项目水土保持管理的相关规定，介绍监测实施方案，包括水土保持监测技术路线、布局、内容和方法，监测工作组织与质量保证体系等，建立项目水土保持组织管理机构，明确监测单位在机构中的职责。

4. 动态监测

项目要指定专职人员开展定期监测或监测机构派人员驻点监测。扰动地表面积、弃土（石、渣）量、水土保持措施实施情况等内容以实地量测为主。线路长、取弃土（石、渣）量大的公路、铁路等大型生产建设项目，需结合卫星遥感和航空遥感等手段调查扰动地表面积与水土保持措施实施情况。根据项目建设特点，可以布设监测样地、卡口监测站、测钎监测点，开展水土流失量的监测。

建设类项目在整个建设期（含施工准备期）内必须全程开展监测；生产类项目要不间断监测。正在使用的取土（石、料）场、弃土（石、渣）场的取土（石、料）、弃土（石、渣）量，正在实施的水土保持措施建设情况等至少每 10 天监测记录 1 次；扰动地表面积、水土保持工程措施拦挡效果等至少每 1 个月监测记录 1 次；主体工程建设进度、水土流失影响因子、水土保持植物措施生长情况等至少每 3 个月监测记录 1 次。遇暴雨、大风等情况应及时加测。水土流失灾害事件发生后 1 周内完成监测。

5. 监测总结

监测期末，进行监测工作总结。主要工作为汇总、分析各阶段监测数据成果，分析评价防治效果，编制与报送水土保持监测总结报告。

第二节　水土流失指标监测

一、水土流失影响因素监测

（一）自然因素

影响土壤侵蚀的自然因素有地质、地貌、气象、水文、土壤及植被等。

1. 地质

地质因素监测指标主要有地质构造特征、地层岩性特征、物理地质现象、水文地质现象及新构造运动特征等。

（1）地质构造特征是指地壳运动发展变化形成的各种地质构造现象。地质构造与沟系统形成、沟沿线、滑坡、崩塌、泥石流的产生关系密切。由专业人员调查或者查阅有关资料取得。

（2）地层是区域岩层的时代和出露顺序。岩性是岩石的基本特性。地层岩性特征由专业人员判别。

（3）物理地质现象是指在水流、冰川、重力、风化（温度）等营力作用下形成的各种地质现象，如滑坡、崩塌、泥石流、喀斯特、冻土等。物理地质现象一般由调查采集，也可查阅资料取得。

(4)水文地质现象主要指区域地下水类型及有关地质现象,包括渗漏、地下水位、流速、流向、隔水层、古河道、喀斯特通道等状况。水文地质现象一般由调查和测验得出,也可参考水文地质资料(图)分析归纳得出。

2. 地貌

地貌因素主要包括地貌类型、坡地特征(坡度、坡长、坡向、坡形等),这些因子都对侵蚀产生一定作用。

(1)地貌类型。在一定的范围内,各种地貌形态彼此在成因上相互联系,有规律地组合,称之为地貌类型。地貌形态依据海拔和相对高差划分为6类,划分指标见表5-1。

表5-1 地貌形态类型划分指标

地貌类型	绝对高程(m)	切割强度	相对高度(m)
极高山	≥5 000	切割明显	>1 000
高山	3 500~5 000	深切割高山	>1 000
		中切割高山	500~1 000
		浅切割高山	100~500
中山	1 000~3 500	深切割中山	>1 000
		中切割中山	500~1 000
		浅切割中山	100~500
低山	500~1 000	中切割低山	100~200
		浅切割低山	50~100
丘陵	<500	高丘	100~200
		中丘	50~100
		低(浅)丘	<50
平原		平坦开阔	相对高差很小

(2)坡地特征。坡地特征包括坡度、坡长、坡向、坡形等。

坡度是地貌形态特征的主要因素,又是影响坡面侵蚀的重要因素,坡度分级见表5-2。有坡度的地面,就有地势高差,地势高差是产生水流能量的根源。坡度大小直接决定了径流冲刷能力,并对土壤侵蚀有重要影响。除此之外,坡度大小还影响渗透量与径流量。测坡度可采用经纬仪、测斜仪和手持水准仪、GPR等。

表5-2 坡度分级

名称	部门	平坡	缓坡	斜坡	陡坡	急坡	险坡
坡度(°)	水保	<5	5~8	8~15	15~25	25~35	>35
	林业	<5	5~15	15~25	25~35	35~45	>45

坡长分级见表5-3。

表 5-3 坡长分级

坡名	短坡	中长坡	长坡	超长坡
坡长(m)	<20	20~50	50~100	>100

坡向为坡面的倾斜方向。坡向有阳坡、阴坡之分,见表 5-4。

表 5-4 坡向划分

四分法	阴坡	半阴坡	阳坡	半阳坡
方位角(°)	337.5~22.5	22.5~157.5	157.5~202.5	202.5~337.5
三分法	阴坡	半阴半阳		阳坡
方位角(°)	337.5~22.5	22.5~157.5,202.5~337.5		157.5~202.5
二分法	阳坡		阴坡	
方位角(°)	67.5~247.5		247.5~67.5	

坡面的形态称为坡形。坡形不同会导致坡面降雨径流的再分配,改变径流方向、流速和深度,直接影响侵蚀方式和侵蚀强度。坡形一般分为直线坡、凹形坡、凸形坡和复合坡四种。坡形对土壤的侵蚀,实际上是坡度、坡长两因素综合影响的结果。

此外,还有流域形状系数、沟谷长度、沟谷密度、沟谷割裂强度、主沟道纵比降、地理位置等。

3. 气象

气候因素是影响土壤侵蚀的主要外营力。主要影响土壤侵蚀的因素包括气候类型与分布、气温与地温、不小于 10 ℃积温、降水量、蒸发量、无霜期、干燥指数、太阳辐射与日照等。风蚀区还包括风速与风向、大风日等。重点说明以下几个指标的监测。

1)降水测定

(1)降水量。降水是陆地水分的主要来源。降至林冠上空或空旷地上的水量称为总降水量。一般以单位面积上水层的深度(mm)来表示。降水观测多采用雨量筒、自记雨量计,常用的自记雨量计有虹吸式、翻斗式、浮子式和综合记录仪等数种。其原理是用一定口径面积的承雨器收集大气降水,并集中于储水器中,或通过一定传感装置记录数量过程,最后利用特制的量雨杯测出降水量。量雨筒记录次降雨,虹吸式记录降雨变化过程。

(2)降雨强度。单位时间内的降雨量,称为降雨强度。监测降雨强度,对阐明土壤侵蚀极为重要。水土保持中常用的降雨强度指标有平均降雨强度、瞬时降雨强度等。平均降雨强度是指次降雨平均强度,单位为 mm/min 或 m/h,它是降雨量与降雨历时的比值,反映侵蚀的平均状况。瞬时降雨强度指降雨过程中影响侵蚀最明显的某一时段的平均降雨强度,常用的瞬时降雨强度有 I_{10}、I_{30}、I_{60} 等,它是在次降雨过程中,降雨强度最大的 10 min、30 min、60 min 的平均强度。

(3)降雨侵蚀力。降雨侵蚀力是表达雨滴溅蚀、扰动薄层水流,增加径流冲刷和挟带搬运泥沙的能力,它并非物理学中“力”的概念,而是降雨侵蚀作用强弱大小的一个表达式,通常用 R 表示。雨滴动能和雨强两个特征值的乘积,可计算降雨侵蚀力。雨滴动能

可由经验公式求得(周佩华等,1981):

$$E = 23.49 I^{0.27} \tag{5-1}$$

式中 E——降雨雨滴动能,$J/(m^2 \cdot mm)$;

I——降雨强度,mm/min。

在水土保持监测过程中,对降水因素的监测主要使用雨量计、量雨筒等设备。

2)风速风向

风是造成风力侵蚀的营力,对风的观测是风蚀监测中的主要内容,风速是指单位时间内空气移动的水平距离,以 m/s 为单位。风向是指风的来向。风速风向的监测有人工观测、自动观测两种方法。风向风速观测可以用电接式风向风速仪和手持轻便三杯风向风速仪。在观测时,同时计算风向和风速频率。

3)蒸发量

蒸发量是指地面、水面等在自然状态下蒸发损失水分的平均深度。水面蒸发是用一定口径的蒸发器测定的水因蒸发而降低的深度。地面蒸发也称土壤蒸发,是在不同处理下测定土壤含水率,利用蒸发期前后两次测值之差,再转换成水深而得出。目前应用最多的是蒸发器。

4. 土壤

土壤是侵蚀的对象,对土壤特性的监测是水土保持监测中的重要内容。土壤因素指标主要包括土壤类型及其土壤质地与组成、有效土层厚度等,或者地面物质的组分及其构成比例。

(1)土壤类型。我国的土壤分类主要依据土壤的发生学原则,即把成土因素、成土过程和土壤属性(较稳定的形态特征)三者结合起来考虑;同时,把耕作土与自然土作为统一的整体来考虑,注意了生产上的实用性,形成我国土壤分类系统。土壤分类采用土纲、土类、亚类、土属、土种、变种六级的等级分类制,我国土壤共 12 个土纲、27 个亚纲、61 个土类(具体分类可见《中国土壤分类暂行草案》)。土壤类型一般采用现场调查的方法,结合相关资料研究成果确定。

(2)土壤质地。土壤质地是指颗粒的相对含量,也称机械组成。将颗粒组成相近而土壤性质相似的土壤划分为一类并给予一定名称,称为土壤质地类型。我国分为沙土、壤土和黏土三类。沙土类以沙粒含量划分为粗沙土、细沙土、面沙土和沙粉土;黏土类以黏粒含量划分为沙黏土、粉黏土、壤黏土和黏土;壤土类划分为粉土、粉壤土、黏壤土(具体分类标准可参见中国科学院南京土壤研究所《中国土壤质地分类暂行草案》)。

(3)土壤容重与比重、孔隙度。土壤容重指单位容积的原状土壤的干重,单位为 g/cm^3,采用环刀法测定;土壤比重固体土粒的密度与水的密度之比,无量纲,采用比重瓶法测定;土壤孔隙度是指单位土壤总容积中的孔隙容积,一般以百分数表示。在测定了容重和比重这两项指标后,可通过公式计算出孔隙度。

(4)土壤厚度。土壤厚度也称有效土层厚度,是指能够为植物根系发育生长提供和调节水分、养分的土壤厚度。通过开挖土壤剖面判别土壤发生层次后测得。根据土层厚度,土壤厚度可分为薄土、中土、厚土三类,见表 5-5。

表 5-5　土壤厚度划分

北方	薄土		中土		厚土	
土层厚度(cm)	<30		30~60		>60	
南方	1 级	2 级	3 级	4 级	5 级	6 级
土层厚度(cm)	<5	5~15	15~30	30~70	70~100	>100

(5)土壤含水量。土壤含水量是表示土壤干湿状况的指标。土壤含水量有质量含水量与体积含水量之分。质量含水量指土壤中水分的质量占土壤质量的百分比。体积含水量是土壤中水分的体积占土壤体积的百分比。测定方法有烘干法、中子仪法、FDR 法、TDR 法等。在条件有限的情况下,也可采用土钻取样,然后使用酒精燃烧法快速测定土壤水分含量。

(6)土壤入渗。土壤渗透速率是描述水分在土壤中运移速率的指标,是决定地表径流形成的关键因素,也是反映植被改良土壤效果的主要指标。土壤渗透速率测定采用双环法。双环法测定土壤的渗透性能时,测定点的微地形应该为水平状态。除双环法外,还可以用张力入渗仪测定。

稳渗速率计算公式如下:

$$i_s = \frac{0.42\Delta h}{\Delta t(0.7 + 0.03T)} \tag{5-2}$$

式中　i_s ——10 ℃标准水温下的土壤入渗速率,mm/min;

Δh ——某时段 Δt 供水桶供水的水位差,mm;

Δt ——入渗时段,min;

T ——该时段的平均水温,℃。

5. 植被

植被因素监测选取有代表性的地块作为标准地或样地,按照乔木林、灌木林、草地不同规格的投影面积标准大小,调查标准地或样地内的植物多样性、生物量、成活率、冠幅、地径、盖度与密度、生长率、树龄、持水量和其他群落状况。

(1)样地的选择。一般乔木林地中设置的标准地为 10 m×10 m 或者 30 m×30 m,灌木林地多为 2 m×2 m 或者 3 m×3 m,草地、作物植被为 1 m×1 m 或者 2 m×2 m。植被物种组成及数量用取样实测法。

(2)植被覆盖指标及测定。覆盖度是指低矮植被冠层覆盖地表的程度,简称盖度。草地盖度测定方法有针刺法和方格法。针刺法是在测定范围内选取 1 m^2 小样方内,借助钢尺均匀划出 100 个测点,用粗约 2 mm 的细针,在测点上方垂直插下,针与草相接触即算"有",如不接触则算"无",最后计算"有"的出现率即为盖度。方格法是利用预先制成面积为 1 m^2 的正方形木架,内用经纬绳线分为 100 个的小方格,将方格木放置在样方内的草地上,数出草的茎叶所占方格数,即可算出草地盖度。植被覆盖率是指植被(林、灌、草)冠层的枝叶覆盖遮蔽地面面积与区域(或流域)总土地面积的百分比。

$$覆盖率 = \frac{\sum C_i A_i}{A} \times 100\% \tag{5-3}$$

式中 C_i ——林地、草地郁闭度或盖度(%);

A_i ——相应郁闭度、盖度的面积,km^2;

A ——流域总面积,km^2。

植被郁闭度是指树木冠层、枝、叶的垂直投影占调查样方面积的百分数,它反映了植被生长的旺盛、浓密或稀疏程度。常用的方法为树冠投影法,即实测立木投影范围勾绘到图上,再量算面积,计算出郁闭度。对于灌木和草枝叶覆盖地面程度的监测方法还有照相法。照相法要求把相机固定在一定的高度,并使镜头在照相时保持水平状态。为此相机配备装置有:一根可伸缩的套杆安装在三脚支架顶部,套杆顶端垂吊下一个长方形铝盒,盒中放置照相机,相机镜头垂直朝下;在铝盒的底部开口,让相机镜头露出铝盒并垂直向下。测定植被冠层也可用多光谱相机。通过这款仪器,可方便得到高分辨率的灰度或红、绿的近红外波段的图像,进一步通过软件处理可得到其他参数。

(3)生物量。生物量调查测算方法较多,一般草地生物量用样地全部收割法称重;对灌木亦可采用收割法,或标准株法。标准株法是选取样地中的标准株(地径、高度、冠幅均为平均值),伐倒称重,或分干、枝、叶等称重计算出全株重,再算出样区生物量。

(4)植株持水量。挖取草本植物称重后,用剪刀剪取地上部分称重后浸入水中,6 h后称重;剪取灌木地上部分称重后,取一些样品称重后浸入水中,6 h后称重。

(二)社会经济因素

1. 社会

(1)人口劳力调查。人口调查着重调查人口总数、人口密度、城镇人口、农村人口、农村人口中从事农业和非农业生产的人口,各类人口的自然增长率,人口素质、文化水平等。调查方法主要是从乡、村行政部门收集有关资料,按小流域进行统计计算。劳力调查着重调查研究现有劳力总数,其中城镇劳力与农村劳力,农村劳力中男、女、全、半劳力,从事农业与非农业生产的劳力;各类劳力的自然增长率。

(2)农村各业生产调查。着重调查农、林、牧、副、渔各业在土地利用面积、使用劳力数量、年均产值和年均收入等方面各占农村总值的比重。

(3)农村群众生活调查。

2. 经济

经济因素有国民生产总值、农业产值、粮食总产量、粮食单产量、农民年均产值。

二、水土流失状况监测

(一)水蚀

1. 径流小区

降雨或融雪时形成的沿坡面向下流动的水流为坡面径流,这些流动的水流挟带的泥沙量为侵蚀量。坡面径流量、侵蚀量多采用径流小区法进行观测。径流小区法是对坡地和小流域水土流失规律进行定量研究的一种重要方法。标准小区的定义是选取垂直投影长20 m、宽5 m、坡度为5°或15°的坡面,经耕耙整理后,纵横向平整,至少撂荒1年,无植被覆盖的小区。径流小区一般由边墙、边墙围成的小区、集流槽、集蓄径流和泥沙物设施、保护带以及排水系统组成。

径流观测是坡面小区测验中基本的测验项目，目的是通过径流观测与计算，定量说明其产生径流的多少、径流深、系数和径流模数等。

用径流设备量测浑水径流总量，有了此值，就可以计算清水径流总量（ W ）及径流深（ h ）和径流系数（ ∂ ）、径流模数（ M_w ）：

$$W = W_{混} - V_{泥} \tag{5-4}$$

$$h = \frac{W}{A} \times 1\,000 \tag{5-5}$$

$$\partial = \frac{h}{P} \tag{5-6}$$

$$M_w = 10^6 \frac{W}{A} \tag{5-7}$$

式中 W——清水径流总量，m^3；

h——径流深，mm；

∂——径流系数（小数）；

M_w——径流模数，m^3/km；

$W_{混}$——含泥沙的浑水径流总量，m^3；

$V_{泥}$——浑水中的泥沙体积，m^3，由泥沙测验与计算得出；

A——小区面积，m^2；

P——该次降雨量，mm；

1 000，10^6——计算换算常数。

泥沙观测是坡面小区测验的又一基本项目，目的通过测验与计算，定量说明坡面侵蚀产生泥沙的数量特征，并依此计算侵蚀深、侵蚀模数等。量测浑水体积（ V_i ）及烘干称重的泥沙重（ G_i ），有了这两个值即可按下式计算出含沙量（ ρ_i ）：

$$\rho_i = \frac{G_i}{V_i} \tag{5-8}$$

将取得的两个重复样 ρ_1、ρ_2 相加，求得平均含沙量 $\overline{\rho}$。

再与相应的浑水体积相乘，得含沙总重，并将泥沙重换算成体积：

$$G_{浑} = V_{浑}\overline{\rho} \tag{5-9}$$

$$V_{泥} = \frac{G_{泥}}{\gamma} \tag{5-10}$$

式中 $G_{浑}$——水中泥沙重量，g 或 kg；

$V_{浑}$——浑水体积，L 或 m^3；

$\overline{\rho}$——浑水样中平均含沙量，g/L 或 kg/m^3；

$V_{泥}$——浑水中泥沙的体积，L 或 m^3；

γ——泥沙容重，g/cm^3。

将收集系统中同一次降雨测得的泥沙量相加，得到该次降雨侵蚀的泥沙总重量 $G_{泥总}$ 和总体积 $V_{总泥}$。据此可计算侵蚀模数（ M_s ）和侵蚀深（ H_s ）：

$$M_s = 10^3 \frac{G_{泥总}}{A} \tag{5-11}$$

$$H_s = \frac{V_{总泥}}{A} \times 100 \tag{5-12}$$

式中 M_s ——侵蚀模数,t/km^2;

$G_{泥总}$ ——测得的侵蚀泥沙总重,kg;

$V_{总泥}$ ——测得的侵蚀泥沙体积,m^3;

A ——小区面积,m^2;

H_s ——该小区本次降雨侵蚀深,cm。

泥沙观测通过测验与计算,定量说明坡面侵蚀产生泥沙的数量特征,并依此计算侵蚀深、侵蚀模数。

2. 简易观测场(测钎法)

简易土壤流失观测场是利用一组测钎观测坡面水土流失的设施,常采用 9 根测钎并按"田"字形设置。当坡面大而较完整时,可从坡顶到坡脚全面设置测钎,并增大测钎密度。测钎间距一般为 3 m×3 m 或 5 m×5 m。

它的基本原理是在选定的具有代表性的监测坡面上,按照一定的间距将直径为 5 mm 的不锈钢钎子布设在整个坡面上,钎子上刻有刻度,一般以 0 为中心上下标出 5 cm 的刻度,最小刻度为 1 mm。监测时将测钎垂直插入地表,保持 0 刻度与地面齐平,在监测期内监测测钎的读数,将本次读数与上次读数相减,差值为负则表明在监测期内发生了侵蚀,侵蚀强度可以用平均差值计算得到。当差值为正值时,说明监测坡面发生了泥沙沉积,沉积量的大小也可以通过平均差异计算得到。

此法误差大。但简单易行、操作方便。在侵蚀比较强烈的工程建设项目的快速监测中应用广泛。

观测流失前后测钎露出高度差,求算流失厚度。

土壤流失量计算公式为:

$$S_T = \frac{\gamma_s SL}{1\ 000\cos\theta} \tag{5-13}$$

式中 S_T ——土壤流失总量,kg;

γ_s ——侵蚀泥沙容重,kg/m^3;

S ——简易水土流失观测场水平投影面积,m^2;

L ——平均土壤流失厚度,mm;

θ ——简易土壤流失观测场坡度。

3. 坡面细沟侵蚀

野外监测细沟水土流失,一般选择有代表性的区段作为样地进行观测。细沟土壤流失量常采用断面量测法和填土置换法来观测。

(1)断面量测法,是用量测侵蚀细沟的断面(宽、深)及断面距来计算其侵蚀量的方法。在小区内从坡上到坡下,布设若干断面,量测每一断面细沟的深度和宽度(精确到毫米),并累加求出该断面总深度和总宽度,直至测完每一个断面。计算侵蚀量如下:

等距布设断面

$$V_{总} = \sum (\overline{\omega}_i\, h_i) L \tag{5-14}$$

不等距布设断面

$$V_{总} = \sum (\overline{\omega}_i h_i l_i) \tag{5-15}$$

式中　$V_{总}$——细沟侵蚀总体积，m^3；

$\overline{\omega}_i$、h_i——某断面细沟的总宽度和总深度，m；

L、l_i——等距布设断面细沟长度和不等距布设断面代表区的细沟长度，m。

（2）填土置换法，是用一定的备用细土（V_0）回填到细沟中，稍压密实，并刮去多余细土，与细沟两缘齐平，直至填完细沟，量出剩余备用细土体积（V_t），两者之差即为细沟侵蚀体积（$V = V_0 - V_t$）。

4. 泥沙收集

在坡面下方设置蓄水池、在坡脚周边设置沉沙池、在排水渠上建沉沙池等，这些收集径流和泥沙的设施就是泥沙收集器。

测出水流中悬移质与推移质质量比之后，利用量测沉沙池泥沙厚度（在沉沙池的四个角分别量测）和侵蚀泥沙的容重，可以计算沉沙池以上区域的土壤侵蚀量。

悬移质泥沙：一般在断面中心垂直测线上用三点法（$0.2H$、$0.6H$、$0.8H$）或二点法（$0.2H$、$0.8H$）取样（H为水深），取样2~3次，并与测速同时进行。

取得水样后倒入样筒，并立即测量体积，然后静置足够时间，吸去上部清水，放入烘箱烘干，取出称重得到水样中干泥沙量。将重复样相加（浑水体积与泥沙干重）求平均值，得该次该点泥沙样值，则单位含沙量ρ为：

$$\rho = \frac{W_s}{V} \tag{5-16}$$

式中　ρ——含沙量，kg/m^3；

W_s——水样泥沙干重，kg；

V——浑水体积，m^3。

推移质泥沙：采样器采集沙样后，经烘干得泥沙干重，就可用图解法或分析法计算推移输沙率。需先计算各垂线上单位预算宽度推移质基本输沙率，公式为：

$$q_b = \frac{W_b}{t\, b_k} \tag{5-17}$$

式中　q_b——垂线基本输沙率，g/(s·m)；

W_b——采样器取得的干沙重，g；

t——取样历时，s；

b_k——采样器进口宽度，m。

沉沙池以上区域的土壤侵蚀量，计算公式为：

$$S_T = \left(\frac{h_1 + h_2 + h_3 + h_4}{4}\right) S \gamma_s \left(1 + \frac{X}{T}\right) \tag{5-18}$$

式中　S_T——排水渠控制的汇水区域侵蚀总量，kg；

h_1、h_2、h_3、h_4——沉沙池四角的泥沙厚度，m；

S——沉沙池底面面积，m^2；

γ_s——侵蚀土壤容重，kg/m^2；

$\frac{X}{T}$——侵蚀径流泥沙中悬移质与推移质质量之比。

5. 控制站法

控制站法适用于边界明确、有集中出口的集水区内生产建设活动产生土壤流失量监测。每次降雨产流时应观测泥沙量、计算土壤流失量。控制站的选址与布设应依据《水土保持监测技术规程》(SL 277)和《水土保持试验规程》(SL 419)的规定执行。建设时，应根据沟道基流情况确定监测基准面。水尺应坚固耐用，便于观测和养护；所设最高、最低水尺应确保最高、最低水位的观测；应根据水尺断面测量结果，率定水位—流量关系。断面设计时，应注意测流槽尾端堆积；结构设计和建筑材料选择应保证测流断面坚固耐用。

若需与未扰动原地貌的流失状况对比时，可选择全国水土保持监测网络中邻近的小流域控制站作参照。

（二）风蚀

风蚀的主要监测内容，包括风蚀影响因素的监测、风蚀量的监测及风蚀危害与防治(降水和温度的变化、地表植被覆盖度和土壤水分的变化、土地利用变化和大气降尘)的监测。下面介绍几种常用的监测方法。

1. 简易风蚀观测场

简易风蚀观测场，应选择具有代表性、无较大干扰的地面作为监测点，一般为长方形或正方形，面积不应小于 10 m×10 m~20 m×20 m。每块样地设置标桩不少于 9 根，下垫面均匀一致，周围设围栏保护，避免强烈干扰。标桩设置采用方格形、梅花状、带状，尽量避免线状，标桩间距不应小于 2 m。如果标桩按照长方形设置，常常将长方形的长边顺着主风向，短边与主风向垂直；如果标桩按照“田”字形设置，则可以不考虑风向。一般来说，风蚀标桩的长度应该在 1~1.5 m 甚至更长，宜埋入地面下 0.6~0.8 m，宜露出地面 0.4~0.9 m。

若需与未扰动原地貌的风力侵蚀状况对比，可选择全国水土保持监测网络中邻近的风力侵蚀观测场作参照。

2. 风蚀强度监测设备

主要包括以下三种：

(1)测钎。测钎法是在风蚀区，选择有代表性的典型地段，沿主风方向，每隔一定距离(1 m 或 2 m)布设一根测钎，每次吹风前后，观测一次测钎出露高度，直到一个完整的风季结束。配合风速观测，可以算出每次风或一年的风蚀模数。风蚀模数是对风蚀过程结果的度量指标，它能明确指出某地某时段的风蚀强度。适用于测量土壤风蚀及沉积动态变化。插钎为不易变形、热胀冷缩系数小、不易风化腐蚀的 5 mm 粗、50 cm 长的钢钎。观测起沙风前和起沙风后测钎出露的高度，用高度差来表示风蚀强度。在测点上垂直于主风向等距离插钎，在钎子上标刻度。在观测试验开始前布置一列标有刻度的钎子。在观测期内，固定的时间读数。然后取平均值，用前一次余量减去后一次余量，如果结果为负数表示吹蚀，正数表示堆积，最后换算成单位面积的土壤风蚀量。

(2)风蚀桥。风蚀桥是用不易变形的金属制成的“Ⅱ”形框架，由两根桥腿和一根横梁组成。腿长 50 cm,梁长 110 cm,梁上每隔 10 cm 刻画出测量用标记,并按一定顺序进行编号。风蚀桥观测法是测钎测深的改进方法。风蚀桥观测是用风蚀桥插入风蚀区地面,观测起沙风前和起沙风后风蚀桥面至地表高度的变化,用两者的高度差来表示风蚀强度。桥面上刻有测量用控相距离(10 cm),在每个控相距离线上测定风蚀前后两次桥面到地面点的高度差,就能得出平均风蚀深,若再测出桥腿打入该地面物质的容重,就能算出当地风蚀模数。计算出的地面高程变化量就是风蚀厚度。风蚀桥下地面高程的变化量(风蚀量)ΔH_j 为:

$$\Delta H_j = \sum_{i=1}^{n} \frac{\Delta H_i}{n} \tag{5-19}$$

式中 n ——每个风蚀桥上观测的次数;

ΔH_i ——大风前后(一定时段后)每个测量标记到地面距离的变化量。

(3)集沙仪。风沙输移量是指在风的作用下单位时间段内从某一观测断面通过的沙量。风沙输移量是风蚀监测的重要指标之一,常用集沙仪进行监测。集沙仪分固定式和自动旋转式。除上述仪器外,生产中也常用风蚀自动观测采集系统。将集沙仪收集口正对着来风方向,一般要求下缘与地表紧密吻贴,收集地面以上某一高度处面积(一般为宽度 3.0 cm、高度 4 ~5 cm 的矩形)的风沙量,并记录起沙风起止时间。野外风带风向多变,集沙时间不宜太长,对于大于 9 m/s 的风,一般集沙 0.5 ~2 min;对于小于 9 m/s 的风,一般集沙 2 ~5 min。一场起沙风结束后,将集沙仪收集袋内的沙粒全部取出称重,即可得到风吹蚀物质的质量。将建设区垂直风向的长度乘以集沙仪收集高(如 50 cm),即为通过该区的风沙流断面面积,再乘以上述单位面积吹蚀物,或与单位面积单位时间风蚀物与起沙风的历时相乘,得该次起沙风的风蚀量。观测一年中(或监测期)的多次风蚀量,可得年(或监测期)总风蚀量。

单次起沙风的风蚀量:

$$G_i = 10G\frac{HL}{A} \tag{5-20}$$

单位面积风蚀量:

$$g_{it} = \frac{G}{A} \tag{5-21}$$

单位面积单位时间风蚀量:

$$g_i = \frac{G}{At} \tag{5-22}$$

监测期的风蚀量:

$$G_T = \sum_{i=1}^{n} G_i \tag{5-23}$$

式中 G_i ——单次起沙风的风蚀量,kg;

G ——集沙仪收集的全部沙粒的质量,g;

H ——集沙仪收集高,m;

L ——建设区垂直风向的长度,m;

A ——集沙仪收集断面面积,cm^2;

g_{it} ——单次起沙风单位面积风蚀量，g/cm^2；

g_i ——单次起沙风单位面积单位时间风蚀量，$g/(cm^2 \cdot min)$；

t ——单次起沙风的历时，min；

n ——监测期内的起沙风次数；

G_T ——监测期的风蚀量，kg。

（三）重力侵蚀

重力侵蚀是指坡面岩体、土体在重力作用下，失去平衡而发生位移的过程。我国重力侵蚀形式有滑坡、泻溜、崩塌以及以重力为主兼有水力侵蚀作用的崩岗、泥石流等。对重力侵蚀的监测主要包括侵蚀形式及数量。

1. 滑坡监测

滑坡监测的内容有变形监测、相关因素监测、变形破坏宏观前兆监测。

(1)变形监测。变形监测包括位移监测、倾斜监测、与滑坡变形有关的物理量监测。位移监测分为地表和地下的绝对位移与相对位移。其中，绝对位移指监测滑坡、崩塌的三维形成和变形相关因素监测，X、Y、Z 位移量，位移方向和位移速率。相对位移指监测滑坡、崩塌重点变形部位裂缝、崩滑面（带）等两侧点与点之间的相对位移量，包括张开、闭合、错动、抬升、下沉等。倾斜监测分为地面倾斜监测和地下倾斜监测，监测滑坡、崩塌的角变位与倾倒、倾摆变形及切层蠕滑。与滑坡变形有关的物理量监测有地应力、推力监测和地声、地温监测。

(2)相关因素监测。形成和变形相关因素监测包括地表水动态、地下水动态、气象变化、地震活动和人类活动。地表水动态包括与滑坡、崩塌形成和活动有关的地表水的水位、流量、含沙量等动态变化，以及地表水冲蚀情况和冲蚀作用对滑坡、崩塌的影响，分析地表水动态变化与滑坡、崩塌内地下水补给、径流、排泄的关系，进行地表水与滑坡、崩塌形成与稳定性的相关分析。地下水动态包括滑坡、崩塌范围内钻孔、井、洞、坑、盲沟等地下水的水位、水压、水量、水温、水质等动态变化，泉水的流量、水温、水质等动态变化，土体含水量等的动态变化。分析地下水补给、径流、排泄及其与地表水、大气降水的关系，进行地下水与滑坡、崩塌形成与稳定性的相关分析。气象变化包括降雨量、降雪量、融雪量、气温等，进行降水等与滑坡、崩塌形成与稳定性的相关分析。地震活动是指监测或收集附近及外围地震活动情况，分析地震对滑坡、崩塌形成与稳定性的影响。人类活动主要是与滑坡、崩塌的形成、活动有关的人类工程活动，包括洞掘、削坡、加载、爆破、振动，以及高山湖、水库或渠道渗漏、溃决等，并据以分析其对滑坡、崩塌形成与稳定性的影响。

(3)变形破坏宏观前兆监测。变形破坏宏观前兆监测包括宏观形变、宏观地声、动物异常观察、地表水和地下水宏观异常。宏观形变包括滑坡、崩塌变形破坏前常常出现的地表裂缝和前缘岩土体局部坍塌、鼓胀、剪出，以及建筑物或地面的破坏等。测量其产出部位、变形量及其变形速率。宏观地声是指监听在滑坡变形破坏前常常发出的宏观地声，及其发声地段。动物异常观察为观察滑坡变形破坏前其上动物（鸡、狗、牛、羊等）常常出现的异常活动现象。地表水和地下水宏观异常是监测滑坡、崩塌地段地表水、地下水水位突变（上升或下降）或水量突变（增大或减小），泉水突然消失、增大、变混或突然出现新泉等。

2. 泥石流监测

泥石流监测内容,分为形成条件(固体物质来源、气象水文条件)监测、运动特征(流动动态要素、动力要素和输移冲淤)监测、流体特征(物质组成及其物理化学性质)监测。

(1)形成条件监测。形成条件监测包括固体物质来源监测和气象水文条件监测。固体物质来源是泥石流形成的物质基础,应进行稳定状态监测。气象水文条件监测重点监测降雨量和降雨历时。

(2)运动特征监测。运动特征监测包括流动动态监测、动力要素监测、输移冲淤监测等。流动动态要素监测包括爆发时间、历时、过程、类型、流态和流速、泥位、流面宽度、爬高、阵流次数、沟床纵横坡度变化、输移冲淤变化和堆积情况等,并取样分析,测定输沙率、输沙量或泥石流流量、总径流量、固体总径流量等。动力要素监测包括流体动压力、龙头冲击力、石块冲击力和泥石流地声频谱、振幅等。

(3)流体特征监测。流体特征监测包括固体物质组成(岩性或矿物成分)、块度、颗粒组成和流体稠度、重度(重力密度)、可溶盐等物理化学特性。

泥石流观测的基本方法是断面法。断面法是在泥石流频繁活动的沟谷,选择适于建设的观测断面和辅助断面,建立各种测流设施,如缆索、支架、探索泥沙设施、浮标投放设施等,来观测泥石流过程变化、历时、泥位、流量特征的方法。泥石流发生时,泥石流通过两断面(主断面和辅断面),由投放浮标可测得流速;主断面悬杆或继电器测泥石流泥位,并计时;采集泥沙样品一个或多个。泥石流结束后,观测一次断面变化(主断面),并计算出过流面积。有了上述泥石流过流面积 W 、流速 v 、历时 t 、取样测到的含沙量 ρ ,不难算出以下泥石流特征值。

峰值流量:

$$Q_{max} = W_{max} v_{max} \tag{5-24}$$

浆体径流量:

$$W = \overline{Q}t \tag{5-25}$$

固体径流量:

$$W_s = W\overline{\rho} \tag{5-26}$$

式中 W_{max} ——泥石流最大时的过流断面面积,m^2;

v_{max} ——最大流速,m/s;

W ——泥石流浆体的流出总量,m^3;

$\overline{Q}$ ——泥石流全过程的平均流量,m^3/s;

t ——泥石流全过程的历时,s;

W_s ——泥石流挟带的固体物质干质量,kg;

$\overline{\rho}$ ——泥石流过程的平均砂石含量,kg/m^3。

3. 泻溜监测

泻溜也称撒落,是指斜坡上的土(岩)体经风化作用,产生碎块或岩屑,在自身重力作用下沿坡面向下坠落或滚动的现象。泻溜物顺坡下落进入收集槽,可于每月、每季或每年清理收集槽中泻溜物称重(风干重),然后加总得年侵蚀量,除以收集坡面面积得到单位面积侵蚀量,最后将坡面侵蚀量换算为平面侵蚀量即可。

$$M = M_b \cos\partial \tag{5-27}$$

式中　M——投影面上单位面积侵蚀量，t；

M_b——坡面上单位面积侵蚀量，t；

∂——坡度，(°)。

泻溜观测有两种基本方法：集泥槽法和测针法。集泥槽法是在要观测的典型坡面底部，紧贴坡面用青砖砌筑收集槽，收集泻溜物，算出泻溜剥蚀量的方法。测针法是将细针（通常用细钉代替）按等距布设在要观测的裸露坡面上，从上到下形成观测带（若岩性一致也可以从左到右），带宽 1 m；若要设置重复，可相邻布设两条观测带，通过定期观测测针坡面到两测针顶面连线距离的大小变化，计算出泻溜剥蚀的平均厚度。

$$B = \frac{L}{\cos\partial} \tag{5-28}$$

$$S = AB = \frac{AL}{\cos\partial} \tag{5-29}$$

式中　B——观测坡面的水平长度，m；

A——观测坡面的水平宽度，m；

L——观测坡面的倾斜长度，m；

S——观测坡面面积，m^2；

∂——观测坡面的坡度，(°)。

应用泥槽法直接称重（风干），除以 S 得每平方米剥蚀量；应用测针法，在算出平均剥蚀厚度后乘以 1 m^2得体积，再乘以（岩体）容重即得 1 m^2斜面剥蚀重量，除以 $\cos\partial$ 即得每平方米侵蚀量。

4. 崩岗监测

崩岗通常指的是发育于红土丘陵地区冲沟沟头因不断的崩塌和陷落作用而形成的一种转椅状侵蚀。崩岗的监测一般均采用排桩法，即在崩岗区设置基准桩和测桩。

（四）冻融侵蚀

冻融侵蚀主要监测指标包括冻土厚度、冻结期、热融位移量、热融侵蚀面积等。

1. 寒冻剥蚀观测

由于昼夜温差大，岩石节理中水分白天消融下渗，晚间冻结膨胀，反复作用破坏岩体。在高山上，长期处于低温状态，表层岩石的冻缩产生裂隙形成寒冻崩解，使岩体破坏。相当于水蚀中面状剥蚀。本项观测使用收集法或测钎法。收集法需要在观测的裸岩坡面坡脚设一收集容器，定期称重该容器内的剥蚀坠积物并量测坡面面积和坡度，即可获得剥蚀强度。当坡面岩石变化大，剥蚀差异明显，可采用测钎法。测钎布设时，尽量利用岩层裂缝或层间裂缝，使测钎呈排状，间距可控制在 1.5 ~ 2.0 m，量测钎顶连线到坡面的距离，并比较两期的测量值，即可知剥蚀厚度。

2. 热融侵蚀观测

热融侵蚀从形式上看是地表的变形与位移，可应用排桩法结合典型调查来进行。在要观测的坡面布设若干排桩及几个固定基准桩，由基准桩对测柱逐个做定位和高程测量并绘制平面图，然后定期观测。当热融侵蚀开始发生或发生后，通过再次观测，并量测侵蚀厚度,由图量算面积,即可算出侵蚀体积。

三、水土流失危害监测

水土流失危害调查的方法主要是向水利部等部门收集有关对当地和下游河道的危害资料,并进行局部现场调查验证,着重调查降低土壤肥力、破坏地面完整及由于其危害造成当地人民生活贫困、社会经济落后,对农业、工业、商业、交通、教育等各业带来的不利影响。

(一)对当地的危害

减少土地资源数量、土地质量下降(有效土层变薄、土壤肥力下降、土壤质量恶化和土壤污染)、可利用土地资源经济损失。

对侵蚀活跃的沟头,现场调查其近几十年来的前进速度(m/a)、年均吞噬土地的面积(hm^2/a)。用若干年前的航片、卫片,与近年的航片、卫片对照,调查由于沟壑发展使沟壑密度(km/km^2)和沟壑面积(km^2)增加,相应地使可利用的土地减少。

(二)对下游的危害

对下游的危害着重调查加剧洪涝灾害,泥沙淤塞水库、塘坝、农田及河道、湖泊和港口等。

(三)泥沙淤积危害

泥沙淤积危害包括危害主体工程、危害设施利用、洪涝灾害等。

(四)水资源污染

水资源污染包括水体富营养物质、非营养物质、病菌等。

第三节 水土保持措施监测

水土保持综合治理措施主要分为水土保持工程措施、水土保持林草措施、水土保持农业耕作措施等类型。根据兴修目的及其应用条件,水土保持工程措施可分为山坡防护工程、山沟治理工程、山洪排导工程、小型蓄水用水工程。

水土保持措施监测,主要采用定期实地勘测与不定期全面巡查相结合的方法,同时记录和分析措施的实施进度、数量与质量、规格,及时为水土流失防治提供信息。

不同水土保持措施的监测指标见表5-6。

一、工程措施

(一)梯田

梯田是对原坡耕地经人工或机械修筑,且具有一定水土保持功能的阶梯状农田。梯田有水平梯田、坡式梯田、隔坡梯田三类。

梯田面积一般由实地测量其平均宽度和长度相乘算出,也可由航片或土地利用勾绘,再用求积仪量测。

水平梯田面积计算,应扣除埂坎占地面积。

埂坎占地面积计算式为:

表 5-6　不同水土保持措施的监测指标

措施类型	措施名称	监测指标
工程措施	梯田	梯田面积、工程量
	沟头防护工程	工程数量、工程量
	谷坊	谷坊数量、工程量、拦蓄泥沙量、淤地面积
	淤地坝	淤地坝数量、工程量、坝控面积、库容、淤地面积
	小型排引水工程	截水沟数量、截水沟容积、排水沟数量、沉沙池数量、沉沙池容积、蓄水池数量、蓄水池容积、节水灌溉面积
植物措施	林草	乔木林面积、灌木林面积、林木密度、树高、胸径、树龄、生物量、草地面积
耕作措施	耕作措施	等高耕作种植面积、水平沟种植面积、间作套种面积、草田轮作面积、种植绿肥面积

$$S = LH\cot\partial \tag{5-30}$$

$$H = B_m\tan\theta \tag{5-31}$$

式中　L——埂坎长度,m;

H——埂坎高度,m;

B_m——梯田毛宽,即梯田宽与埂坎宽之和;

∂、θ——埂坎坡角与原坡面坡度,(°)。

坡式梯田需将图面水平宽度换成斜坡宽,并扣除地埂占地。

斜坡宽 B 的计算式为:

$$B = B'/\cos\theta \tag{5-32}$$

梯田工程量是指修筑单位面积水平梯田的平均动土量与面积的乘积、平均土方移动量与面积的乘积。

单位面积土方量:

$$v = \frac{1}{8}BHL \tag{5-33}$$

每公顷面积土方量:

$$V = 1\ 250H \tag{5-34}$$

单位面积土方运移量:

$$\overline{w} = \frac{1}{12}B^2HL \tag{5-35}$$

每公顷面积土方运移量:

$$W = 104.1BH \tag{5-36}$$

式中　v、V——土方量,m^3;

H——梯埂高度,m;

L——单位面积梯埂长,m;

$\overline{w}$、W——土方运移量,$m^3 \cdot m$。

应该说明,上述土方量及运移量均未包括拦蓄埂方量的工作量。

(二)沟头防护工程

沟头防护是为了防治坡面径流下泄,引发沟头溯源侵蚀的小型治沟工程。沟头防护数量指已修建,并发挥蓄水或护沟功能的数量,单位为座(处)或 m。

沟头防护工程量是指修建该工程动用的土石方量,单位为 m^3。

蓄水式沟头防护工程可在实地量测围埂长度、宽度(底宽和顶宽)和高度后计算出工程量;排水式沟头防护工程也可实地量测或由设计算出。

(三)谷坊

在沟底下切侵蚀剧烈的沟道中,为巩固和抬高沟床、稳定沟坡而修建的小型治沟工程,称为谷坊。

修建完成并已发挥功能的谷坊数量,即谷坊数量,单位为座。

修建谷坊所动用土石方的数量,即谷坊工程量,单位为 m^3。一般可通过实际量测谷坊的底宽、顶宽、谷坊高和长度几个基本要素计算出来。

谷坊拦沙量和淤地面积是指已拦蓄泥沙量和已淤出可利用的土地面积。

拦蓄泥沙量、淤地面积在未淤满全部容量前是一个变数,实地测量淤积宽度、长度,最大深度,谷坊上下游坡比、溢洪口高,以及沟谷断面变化、沟谷纵坡降等要素,计算出拦泥体积、淤地面积。

全部容积淤满,在无损情况下保持不变。若工程毁损,还应减去拦沙量、淤地面积或实际损失部分。

(四)淤地坝

淤地坝是我国北方黄土区在沟谷修建的规格较大,以拦泥淤地为主要目的的治沟工程。淤地坝数量是指已建成,并正在发挥拦泥作用或正常种植生产的坝数量,单位为座。

测量淤积面高程,就能从水位(高程)—库容关系曲线和水位(高程)—淤积面积关系曲线上查出淤积泥沙体积和淤积面积。

淤地坝工程量是指修建淤地坝动用的土方和石方的总体积,单位为 m^3。本指标采集多由设计图上计算得出。

(五)小型排、引水工程

用于减少坡长和截留坡面径流的沟槽,称为截水沟,单位为 m。

排水沟是在南方多雨区的坡面上,为防治坡面冲刷而设置的集流排泄沟槽,单位为 m。

沉沙池设在坡面径流汇集的浅沟,用以沉积泥沙,单位为座。

蓄水池设于坡面径流汇集的沟槽中,用于拦蓄和利用径流。

上述数量由现场调查统计得出。

截水沟容积由测量取得,沉沙池和蓄水池容积需由实地典型调查取得。

二、植物措施

(一)水土保持林面积

水土保持林是指干旱、风沙、水土流失等危害严重地区,以改善生态环境、涵养水源、保持水土等为目的而营造和经营的森林。

水土保持林面积的采集一般通过实地调查，现场勾绘图斑，然后量算得出；若有近期航片或卫片，也可以通过建立判别标志，用遥感资料提取。

（二）林木密度

林木密度是指单位面积上栽植和生长林木的株数，单位为株/hm^2。

林木密度指标采集由样地调查取得。每块样地大小分别是乔木林为 10 m×10 m 或 30 m×30 m，灌木林为 5 m×5 m，经济林一般为 5 m×5 m～30 m×30 m。样地多少由抽样比例决定，抽样比例见表 5-7。

表 5-7　林地调查抽样比例

造林面积（hm^2）	<10	10～50	>50
抽样比例（%）	3～5	2～3	1～2

林草面积核查，可以用 GPS 等测量工具现场量测林草地面积，并调绘在地形图上进行面积核查。

（三）生物生产量

测定生物量的基本方法是在选设有代表性样地内，采用如下方法。

1. 实测法

对乔木、灌木全部伐倒，分别测茎干、枝、叶、果等器官的重量；对草本则全部刈割，风干称重。

2. 平均木法

在样地内选取具有林分平均胸径和树高的样株伐倒，分别称重不同器官，再与总株数相乘而得到。

3. 相关曲线法

对已实测到的生物量与胸径、树高建立相关曲线，然后利用该曲线在测得的胸径、树高后代入，求出生物量。

4. 水土保持草地

水土保持草地面积是指天然草地及各种荒地上人工种植、更新、退耕还草、封禁育草、过牧退化草场补种等方式，形成具有水土保持作用，促进牧副业发展，增加经济收益的草地面积，单位为 hm^2。草地面积采集方法同水土保持林面积采集方法。

更新草地是指放牧或刈割，兼有水土保持作用，并依据多年生草类的生理特点，生长多年后需进行更新或换种的草地。本指标由调查或统计得出。

三、耕作措施

耕作措施是指通过农事耕作以改变微地形、增加地表覆盖、增加土壤入渗等提高土壤抗蚀性能、保水保土、防治土壤侵蚀的方式。

（一）改变微地形措施

等高耕作，是一种沿等高线耕作种植的方式，能够减轻水土流失，提高作物产量。种植面积多用现场量测的方法，也可用调绘填图法，然后在室内量图统计取得。

水平沟种植也称沟垄种植，在坡地上沿等高线用套二犁的方法耕作，形成沟垄相间的地面，蓄水减蚀作用较好，单位为 hm^2。采集方法同等高耕作。

（二）增加地面覆盖措施

间作与套种指在同一坡面上同期种植两种（或两种以上）作物，或先后（不同期）种植两种作物，以增加地面覆盖度和延长覆盖时间，减轻水土流失。采用该法种植的面积为间作套种面积，单位为 hm^2。采集方法同水平种植。

在一些地多人少的农区或半农半牧区，实行草田（粮）轮作种植以代替轮歇撂荒，改良土壤，保持水土，采用该法种植的面积，即为轮作面积，单位为 hm^2。采集方法同水平种植。

为了培肥地力而短期种植毛苕子、草木樨等豆科牧草，待要种植下茬作物前，将其刈割或直接翻压于土壤中，增加土壤有机质，称为种植绿肥，种植面积为 hm^2，一般通过现场调查或访问得出。

（三）增加土壤入渗措施

利用物理和化学的方法，改变土壤性状，增加入渗，削弱侵蚀力，提高抗蚀能力。采用该法的面积即增渗保土面积，单位为 hm^2。采集方法同水平种植。

留茬播种亦称免耕，残茬覆盖也称覆盖种植，单位为 hm^2。采集方法同水平种植。

第四节　水土保持生态、经济、社会效益监测

一、生态效益

生态效益包括水圈生态效益、土圈生态效益、气圈生态效益、生物圈生态效益。

（一）水圈生态效益

1. 减少洪峰流量

通常选择治理前与治理后在年降水量相近的条件下进行比较算出。

$$\Delta W_1 = W_{a1} - W_{b1} \tag{5-37}$$

式中　ΔW_1 ——减少的洪水径流量，m^3；

W_{a1} ——治理前洪水年径流量，m^3；

W_{b1} ——治理后洪水年径流量，m^3。

2. 增加枯水流量

通常选择治理前与治理后在年降水量相近的条件下进行比较算出。

$$\Delta W_2 = W_{a2} - W_{b2} \tag{5-38}$$

式中　ΔW_2 ——增加的常水年径流量，m^3；

W_{a2} ——治理后常水年径流量，m^3；

W_{b2} ——治理前常水年径流量，m^3。

（二）土圈生态效益

1. 改善土壤物理性质

通常用治理前和治理后的土样进行分析对比求出。一般分析计算项目包括土壤水

分、氮含量、磷含量、钾含量、有机质含量、团粒含量、孔隙率等。

2. 土壤渗透速度增加

一般对土壤耕作层进行测试，将治理后测试的前 30 min 速度与未治理前的前 30 min 速度相比而得。

（三）气圈生态效益

1. 改善小气候

观测近地地层小尺度范围的气象要素。观测项目有辐射、温度、湿度、风、降水、蒸散、热量等。对治理前、后两期各因子进行观测和比较取得改善小气候各指标。

2. 释放氧气

植被恢复，光合作用面积增加，除同化二氧化碳积累有机质外，还会释放大量的氧气。可由治理前、后两期大气中氧的含量观测值计算出来。

3. 净化大气

通过采集治理前后空气样品，分析一些相同指标，进行比较计算，可得出净化功能的变化。

（四）生物圈生态效益

1. 植物降水利用效率

植物降水利用效率是指通过治理和拦蓄减少径流后，植物对降水利用增加的百分数。可用治理前后植物年蒸腾水量之差与年降水量的比值来表达。

2. 环境质量提高率

环境质量提高率是反映流域治理前后环境质量的变化，以及经过治理环境质量提高的指标。由环境质量评价的多个因子比值与评价权数之积求出。

3. 保护生物多样性

可通过调查观察治理前后野生动植物种类、数量的变化，进行定量、定性描述。采用的指标有种数、多度、优势度和频度。

多度是某植物种在调查样地内出现的个体数量。

优势度是指某种植物的冠层覆盖、地上部分体积和重量，三项在群落中所占的份额，优势度大的种决定了群落的外貌。

频度是某种植物在群落内分布的均匀程度，由调查计算出来。

4. 光能利用率

把一定时段内单位面积上作物积累的化学潜能与同时段投射到该面积上的太阳辐射能之比，称为光能利用率。

5. 系统抗逆力

流域生态经济系统在灾害年份的产值与正常年份产值之比，能反映系统的稳定度或系统抵御自然灾害的能力。

二、经济效益

(一)直接经济效益

1. 增产

经过治理,土地生产力提高,用治理后单位面积生产量的平均值与治理前的平均值之差表示增产量。

2. 增收

经过综合治理,生态环境改善,资源利用率提高,带来年生产收入的增加。

3. 草地载畜量

一定的草地面积,于一定的利用时期内,在适度利用原则下,能够维护草地良性生态循环并保证家畜正常生长发育、繁殖,所能饲养家畜的最大数量,称为草地载畜量。

4. 水资源增值

由于实施小型水利水保工程后,为当地群众的生产生活提供较多水源;或改善水质后提供的有用水资源,从而获得水资源增值。

$$S = W(P - C) \tag{5-39}$$

式中 S——水资源增值,元/a;

W——蓄水量或引水量,m^3/a;

P——生活用水或灌溉用水水价,元/(m^3·a);

C——管理成本,元/(m^3·a)。

(二)静态经济效益

1. 净效益

净效益为治理某时段内农、林、牧业及其他的全部总效益与治理总投资和其他消耗费用之差。

$$P = B - (K + C) \tag{5-40}$$

式中 P——净效益,元;

B——经济计算期内全部治理措施产生的总效益,元;

K——治理总投资,元;

C——经济计算期内全部治理措施的总运行费,元。

2. 效益费用比

效益费用比为总收益与总投资的比,也称为产投比。

$$R = \frac{B}{K + C} \tag{5-41}$$

式中 R——效益费用比;

其余符号含义同前。

3. 投资回收年限

$$T = \frac{K}{\overline{B} - \overline{C}} \tag{5-42}$$

式中 T——投资回收年限,a;

K——治理总投资,元;

$\overline{B}$——经济计算期内全部治理措施产生的平均年效益,元/a;

$\overline{C}$——经济计算期内全部治理措施产生的平均年运行费,元/a。

4. 经济效益系数

将投资回收年限计算式中的分子与分母颠倒即得经济效益系数,它表达年净收益占总投资的份额,计算式为:

$$E = \frac{\overline{B} - \overline{C}}{K} \tag{5-43}$$

式中 E——经济效益系数;

其余符号含义同前。

(三)动态经济效益

1. 投资回收期

流域治理后,回收的年净效益现值总和正好等于历年投资现值总和的年限,单位为 a。

$$T_0 = \frac{K}{W} \tag{5-44}$$

式中 T_0——投资回收期;

K——历年投资现值总和;

W——年均净效益现值。

2. 动态净效益

将整个投资期间逐年的投资与经济计算期内逐年的效益,按相应的经济报酬率折算成现值进行比较,计算出折合现值后的净效益。

3. 动态效益费用比

本指标与静态分析一致,所不同的是考虑了利率,是指综合治理分析期内总效益现值与总费用现值之比。

(四)间接经济效益

1. 基本农田比坡耕地节约的土地和劳工

在获得同样总产量下,种植坡耕地所需要用工与种植基本农田所需要用工之差即为基本农田节约劳工数,单位为工日。

$$\Delta E = E_b - E_a = F_b e_b - F_a e_a \tag{5-45}$$

式中 ΔE——基本农田节约劳工数,工日;

E_b——种植坡耕地总需的劳工,工日;

E_a——种植基本农田总需的劳工,工日;

e_b——种植坡耕地的单位面积需劳工,工日/hm^2;

e_a——种植基本农田的单位面积需劳工,工日/hm^2;

F_b——需坡耕地的面积,hm^2;

F_a——需基本农田的面积,hm^2。

2. 人工种草养畜比天然牧场节约的土地

某区域获得等量饲草,需要天然稀草地比需用人工草地的面积之差,即为节约牧业用地面积：

$$\Delta F = F_b - F_a = V/P_b - V/P_a \tag{5-46}$$

式中 ΔF——节约的牧业用地面积，hm^2；

F_b——天然稀草地需用地总面积，hm^2；

F_a——人工草地需用地总面积，hm^2；

V——发展畜牧需饲草总量，kg；

P_b——天然草地单位面积产草量，kg/hm^2；

P_a——人工草地单位面积产草量，kg/hm^2。

三、社会效益

（一）减轻自然灾害

1. 防洪效益

$$\Delta X = X_{fq} - X_{fh} \tag{5-47}$$

式中 ΔX——减洪效益；

X_{fq}——治理前洪水淹没损失；

X_{fh}——治理后洪水淹没损失。

2. 减沙效益

$$K = VP \tag{5-48}$$

式中 K——减沙效益；

V——年减沙量；

P——清沙单价。

3. 减轻面源污染

$$P = K(W_a C_a - W_b C_b) \tag{5-49}$$

式中 P——减轻面源污染效益，元/a；

K——污染物处理单价，元/t；

W_a、W_b——治理前、后年污水总量，m^3/a；

C_a、C_b——治理前、后污染物含量，t/m^3。

4. 保护土地

$$\Delta f = f_b - f_a \tag{5-50}$$

式中 Δf——保护土地效益；

f_b——治理前年均损失的土地，hm^2；

f_a——治理后年均损失的土地，hm^2。

（二）促进社会进步

1. 土地利用率

已利用土地面积与土地总面积之比的百分数。

2. 农业劳动生产力

用消耗单位活动劳动所创造产品的产值来表示。

3. 劳动力利用率

实用工日数与全年拥有工时数之比的百分数。

4. 人均纯收入

流域内一定时段的纯收益与该时期流域内人口数的比值。

5. 人均粮食

流域内粮食总产量与农业人口的比值。

6. 土地生产力

单位面积土地所生产的产品量或价值量。

7. 恩格尔系数

人均食品消费支出占总消费支出的比值。

8. 农产品商品率

全年农产品转化为商品的产值与全年农产品产值之比的百分数。

9. 土地人口承载力

现多用 W. 福格特公式计算：

$$C = B/E \tag{5-51}$$

式中 C——土地人口承载力；

B——当地土地资源在充分利用智力、技术条件下可提供的食物产量；

E——环境阻力。

第六章 生产建设项目水土保持方案编写

第一节 水土保持报告书的编制内容

一、综合说明

综合说明在水土保持方案报告书中起到核心作用,它是方案报告书整体内容的浓缩,应简明扼要,主要包括下列内容:

(1)主体工程及立项的概况。

(2)项目所在地的水土流失重点防治区划分情况,防治标准执行等级。

(3)主体工程水土保持分析评价结论。

(4)水土流失防治责任范围及面积。

(5)水土流失预测结果,主要包括损坏水土保持设施数量、建设期水土流失总量及新增量、水土流失重点区段及时段。

(6)水土保持措施总体布局、主要工程量。

(7)水土保持投资估算及效益分析。

(8)主要结论与建议。

(9)水土保持方案特性表。

二、编制总则

方案编制总则应包括下列内容:

(1)方案编制的目的与意义。

(2)方案编制的依据,包括法律、法规、规章、规范性文件、技术规范与标准、相关资料等。

(3)水土流失防治的执行标准,即按《开发建设项目水土流失防治标准》的规定,执行中应结合当地的实际情况,说明本项目水土流失防治的执行标准。

(4)论述方案编制的指导思想。

(5)说明方案编制的原则。

(6)确定设计深度和设计水平年。

三、项目概况

项目概况应说明项目基本情况、项目组成及总体布置、施工组织、工程征占地、土石方量、工程投资、进度安排、拆迁与安置等情况。若有与其他项目的依托关系,应予说明。

四、项目区概况

项目区应说明项目所在区域自然条件、社会经济、土地利用情况，水土流失现状及防治情况，项目区所在的国家级、省级和县级水土流失重点防治区划分情况，区域内生态建设与开发建设项目水土保持可借鉴的经验。

五、主体工程水土保持分析与评价

主体工程是指基于地基基础之上，接受、承担和传递建设工程所有上部荷载，维持结构整体性、稳定性和安全性的承重结构体系。

主体工程的分析与评价应包括下列内容：

(1)工程选址(线)的制约性因素分析与评价。

(2)主体工程方案比选及评价。

(3)主体工程占地类型、面积和占地性质的分析与评价。

(4)主体工程土石方平衡、弃土(石、渣)场和取料场的布置、施工组织、施工方法与工艺等评价。

(5)主体工程设计的水土保持分析与评价。

(6)工程建设与生产对水土流失的影响因素分析。

(7)结论性意见、要求与建议。

六、防治责任范围及防治分区

水土流失防治责任范围和防治分区部分应包括下列内容：

(1)工程占地。按分行政区划(以县为单位，线形项目也可以地、市为单位)列表说明占地类型、面积和占地性质等。

(2)水土流失防治责任范围确定的依据和划分结果。用文、表、图说明项目建设区、直接影响区的范围、面积等情况。

(3)水土流失防治分区及结果，用表、图说明分区结果及治理措施。

七、水土流失预测

水土流失预测应该包括下列内容：

(1)预测范围和预测时段。

(2)说明预测方法及土壤侵蚀背景值、扰动后的模数值的取值依据。

(3)水土流失预测成果，应说明项目建设扰动地表面积、产生的弃土(石、渣、矸)量和可能产生的水土流失量、损坏水土保持设施面积与数量。

(4)可能产生的水土流失危害分析与评价。

(5)预测结论、综合分析及防治措施布设的指导性意见。

八、防治目标及防治措施布设

水土流失防治目标及防治措施布设应包括下列内容：

(1)防治目标,提出定性与定量的防治目标。
(2)水土流失防治措施布设原则。
(3)水土流失防治措施体系和总体布局,并附防治措施体系框图。
(4)不同类型防治工程的典型设计。
(5)防治措施及工程量,应按防治分区,分工程措施、植物措施、临时措施列表说明各项防治工程的工程量。
(6)水土保持工程施工组织设计。
(7)水土保持措施实施进度安排。

九、水土保持监测

水土保持监测应包括下列内容:
(1)监测时段。
(2)监测区域(段)、监测点位。
(3)监测内容、方法及监测频次。
(4)监测工作量,说明监测土建设施、消耗性材料、监测设备、监测所需人工等。
(5)水土保持监测成果要求。

十、投资估算及效益分析

水土保持投资估算及效益分析应包括下列内容:
(1)投资估算的编制原则、依据、方法。
(2)水土保持投资概述,并附投资估算汇总表、分年度投资表、工程单价汇总表、材料用量汇总表。
(3)防治效果预测,应对照制定的目标,验算6项目标的达到情况。
(4)水土保持损益分析,从水资源、土资源、生态与环境等方面进行损益分析与评价。

十一、实施保障措施

水土保持方案实施保障措施应包括下列内容:
(1)组织领导与管理。
(2)后续设计的安排。
(3)水土保持工程招标、投标的承诺及打算。
(4)水土保持工程建设监理的承诺及打算。
(5)水土保持监测的承诺及打算。
(6)施工管理的打算。
(7)企业内部的水土保持检查与验收计划等。
(8)资金来源及使用管理。

十二、结论及建议

水土保持方案的结论及建议应包括下列内容:

(1)水土保持方案总体结论。
(2)下阶段水土保持要求。

十三、附件、附图和附表

附件应包括下列内容:
(1)项目立项的有关申报文件、批件或相关规划。
(2)工程可行性研究的初步意见。
(3)水土保持方案编制委托书。
(4)方案(送审稿)技术评审意见。
(5)说明项目可行性且与水土保持有关的协议。
(6)说明防治责任转移的函件。
(7)水土保持投资估(概)算附件。
(8)其他与工程相关的资料。
附图应包括下列内容:
(1)项目所在的地理位置图。
(2)项目区地貌及水系图。
(3)项目总平面布置图及施工总布置图。
(4)项目区土壤侵蚀强度分布图、土地利用现状图、水土流失防治区划分布图。
(5)水土流失防治责任范围图。
(6)水土流失防治分区及水土保持措施总体布局图。
(7)水土保持措施典型设计图。
(8)水土保持监测点位布局图。
(9)其他图件。
附表主要包括水土保持投资估算附表、方案特性表等。

第二节　水土保持方案报告书的编写要点

一、综合说明的编写内容

综合说明部分是水土保持方案报告书的第一部分,是整个方案内容的浓缩,主要目的是通过对综合说明的阅读,了解方案编制的大致情况。其编写应简练,能突出重点。本部分内容应包含项目的总体情况、地理位置、工程建设概况、水土保持的主要措施以及方案结果、投资估算量和工程特性表。

(一)主体工程基本情况

简述主体工程所处的行政区划位置,工程所在地的地理位置、工程等级、主要建设内容及生产或施工条件等,说明项目建设的必要性及在相关行业规划中的地位,工程规模和工程等级,并说明项目组成的总占地面积、占地类型、移动的土石方量、取(弃)土场的数量与规模以及场外运输条件等内容;开竣工时间、总工期、总投资、土建工程投资等与水土保持有关的内容；方案设计深度（应与主体工程设计深度相一致）和方案设计水平年（主体工程完工后，方案确定的水土保持措施实施完毕并初步发挥效益的时间）。对项目土石方的挖、填、借、弃数量，工程占地和拆迁安置情况，工程的总投资及土建投资、资金来源和出资比例进行详细的说明。

（二）项目区概况介绍

主要对项目所在区域的自然概况进行描述，包括气温、降水量、降水特征、蒸发量、风速、最大冻土深度、项目区的土壤类型、当地植被在全国植被分区中的区属、林草的覆盖率等。简述项目所在地的地形地貌、气候类型和主要的气象要素、主要土壤、植被类型和林草覆盖率、水土流失类型和强度、土壤侵蚀模数、允许土壤流失量、在全国土壤侵蚀类型区划中所处的类型区以及在全国或省级水土流失重点防治区公告中所处的区域。

（三）主体工程水土保持分析评价意见

首先说明对主体工程选址（线）比选方案的水土保持分析评价结论，从社会效益、经济效益、生态效益等方面说明对主体方案推荐方案设计的水土保持分析评价结果，对于不符合水土保持限制性规定的情况，须提出改正意见或解决办法。

（四）水土流失防治责任范围与防治分区

（1）水土流失防治责任范围是根据行政区、占地性质、占地类型和占地数量的统计结果、永久占地和临时占地情况，说明项目区水土流失防治责任范围的面积。具体包括项目建设区的占地面积、直接影响区的占地面积、间接影响区的占地面积。如果项目建设区既有征地，也有与其他项目存在共用场地，应另外做出说明。

（2）项目建设水土流失防治分区的划分是指项目划分的水土流失各防治分区的依据及分区结果，包括各分区的用途、占地面积、防治措施。

（五）水土流失预测结果

主要从几个方面来说明：

（1）工程建设可能引起水体流失的工序及环节。

（2）对工程建设的扰动面积进行说明。说明在工程准备期、施工期和自然恢复期可能扰动、破坏原地貌的面积及占项目总占地面积的百分比。

（3）项目实施损坏水土保持设施情况。说明工程建设期（含施工准备期、施工期和自然恢复期）损坏水土保持设施面积，包括对林草面积的毁坏和原有水土保持工程设施的毁坏，其中损坏林草措施面积以及损坏林草措施面积占项目所在地林草总面积的比例，损坏水土保持工程的数量。

（4）说明产生水土流失的重点部位和重点时段。

（5）弃土弃渣量。说明弃土弃渣总量，包括建设期、运行期和施工临时堆土量。

（6）可能产生的水土流失总量。包括新增的土壤流失量（含施工准备期、自然恢复期和运行期）及可能造成的水的流失量。

（六）水土保持措施体系及主要工程量

按防治分区分为工程措施、植物措施和临时防护措施，以表格形式说明水土保持措施的总体布设情况以及各项措施的工程量。说明水土保持措施的施工组织情况，要注意工程项目和工程量的区别，工程项目是一个综合名称，包含一项或几项具体工程；工程量是指具体工程的数量，其单位应与定额单位一致（或相差数量级）。

（七）水土保持监测概要

可按水土保持监测时段、分区，说明采取的监测方法和手段，布设监测点位，明确监测内容和频次，也可采用列表说明。

（八）水土保持投资估（概）算及效益分析

1. 水土保持投资估（概）算成果

说明项目建设期水土保持工程总投资，包括水土保持工程措施、植物措施及临时防护措施的投资，水土保持监理费、水土保持监测费、基本预备费和水土保持设施补偿费等。

2. 效益分析结论

主要说明实施水土保持方案中的水土保持措施后，与该区的防治标准相比较是否达到了防治目标的要求，可以用表格对比的形式列出；介绍水土保持损益分析的主要结论。效益分析中应纳入社会效益和经济效益。

（九）结论与建议

结论包括两方面的内容。

1. 对主体工程水土保持分析评价结论

明确工程建设水土保持的可行性，从水土保持方面说明，主体工程选址（线）方案的比选结果和对主体工程推荐方案设计的分析评价意见，根据设计水平年水土保持6项防治目标值和水土流失的影响因素分析，说明方案实施后项目建设造成的水土流失是否能得到有效的防治，能否将危害降低到最低限度，生态环境得到恢复和改善的状况。

2. 对其他部门的建议

根据对主体工程水土保持分析评价中存在的问题和确保方案实施等方面，对工程的后续设计单位、施工单位和施工管理及水行政职能管理部门等分别提出实施该工程水土保持方案合理化建议和在下阶段需要进一步深入研究的问题。

二、水土保持方案编制总则的编写内容

（一）方案编制的目的和意义

1. 方案编写的目的

根据法律规定明确建设单位法定的责任和义务，分析并拟定水土流失防治对策和措施体系布局，为工程项目下一步设计中的水土流失防治布局提供技术参考与要求，介绍建设单位实施水土保持方案的保障措施，估算水土保持所需投资，并从水土保持角度给出工程项目是否可行的意见。

2. 编制水土保持方案的意义

为系统防治水土流失提供技术支撑，为工程项目的结构和布局及施工组织提供完善的意见，明确建设单位的责任期间、责任范围及防治目标，为水土保持监督管理部门提供技术支持。为有效地保护和合理利用水土资源，防治项目建设和生产造成的人为水土流失，最大限度地减少和降低生产建设对环境的影响，保证主体工程的顺利建设和安全运行提供依据。

（二）编制依据

可根据项目建设的类型列出现行的主要依据，具体可包括6大类内容。

1. 法律法规

法律法规包括《中华人民共和国水土保持法》《中华人民共和国环境保护法》《中华人民共和国环境影响评价法》《中华人民共和国土地管理法》《中华人民共和国水土保持法实施条例》《建设项目环境保护条例》和各省（自治区、直辖市）实施中华人民共和国水土保持法办法等。根据工程类型，还有《中华人民共和国水法》《中华人民共和国防洪法》《中华人民共和国河道管理条例》等；在风沙区建设的项目应增加《中华人民共和国防沙治沙法》。

2. 部门规章

部门规章是指国务院各部委及直属机构，省、自治区、直辖市以及省、自治区的人民政府所在地的市和经国务院批准的较大市的人民政府，可根据法律、行政法规和本省、自治区、直辖市的地方性法规，制定行政规章，如《开发建设项目水土保持方案编报审批管理规定》《开发建设项目水土保持设施验收管理办法》《建设项目环境保护分类管理目录》《水利工程建设监理规定》等。

3. 规范性文件

规范性文件是指编制水土保持方案须遵循的各部门制定的文件。如《全国生态环境保护纲要》《全国生态环境建设规划》《国务院关于加强水土保持工作的通知》《开发建设项目水土保持方案管理办法》《关于加强大中型开发建设项目水土保持监理工作的通知》《水利部关于划分国家级水土流失重点防治区的公告》等。

4. 技术性规范、标准

技术性规范、标准是指各部门为水土保持方案编制所制定的文件，如《开发建设项目水土保持技术规范》（GB 50433）、《开发建设项目水土流失防治标准》（GB 50434）、《水土保持综合治理技术规范》（GB/T 16453）、《土壤侵蚀分类分级标准》（SL 190）、《水土保持监测技术规范》（SL 277）、《开发建设项目水土保持设施验收技术规程》、《水利水电工程制图标准水土保持图》和《水土保持工程概算定额》等。此外，应用的项目所属行业的有关规范与标准也应列出。

5. 技术文件

技术文件包括主体工程项目建议书、可行性研究报告和初步设计的审查、审批文件以及方案编制委托书等。

6. 技术资料

技术资料主要包括主体工程可行性研究报告、初步设计，以及编制时应用的水土保持区划、规划、监测和土壤侵蚀调查资料等。

（三）指导思想

根据国家法律法规、有关政策和生态环境的要求，概括说明指导方案编制的基本理念、遵循的规律、采取的技术路线和达到的目的。例如，全面贯彻国家和地方的有关法律法规，落实科学发展观，树立人与自然和谐相处的基本理念，遵循自然、经济和社会发展规律，围绕建设生态文明和小康社会的目标，从保护生态环境、促进资源的合理开发利用为出发点，以生态建设保护开发利用，促进开发利用与生态保护的相互协调。认真落实《开发建设项目水土保持技术规范》，总结和运用同类工程的防治经验，充分利用现有科研成果和施工先进技术，达到防治分区科学、措施应用合理、防治体系完善和防治效果显著的目的。

（四）方案编制原则

根据项目特点和所处的设计阶段，按相应的水土流失防治标准确定防治目标和进度说明方案编制所遵循的主要原则，具体可概括为以下几个方面。

1. 责任明确的原则

在明确防治主体的基础上，合理划分水土流失防治的时间和空间范围。如根据工程特点，界定项目在建设期、试运行期和生产期的水土流失防治责任范围；对于续建、改建和扩建工程，应按“以新代老”的原则，将原工程遗留的水土流失问题一并纳入该工程水土保持方案进行治理。

2. 预防为主的原则

针对主体工程和新增水土流失的特点，按照“预防为主、保护优先、先拦后弃”的基本原则，合理限定施工扰动范围，做好土石方的合理调配、综合利用，减少土石方临时堆放及地表裸露的时间；合理配置水土保持措施，实现永久性措施和临时性措施相结合；应用先进的施工工艺和生产工艺，并通过优化施工组织形式和规范施工队伍的行为以防止新的水土流失的形成。

3. 生态与主体工程设计相接的原则

法律规定了水土保持方案报告制度，明确了生产建设项目与水土保持方案的关系。水土保持方案是依附于生产建设项目的，如果主体工程设计的内容不确定，则水土保持方案的内容也不确定；反之，水土保持方案未通过评审批准，生产建设项目则不能立项。因此，水土保持方案对主体工程有否决或修正的作用，水土保持方案要以控制和治理水土流失、保护和改善生态环境为主要目标，在服务主体工程的同时，对项目区周边的生态一并进行治理、改善，以达到景观一致性。

4. 因地制宜、综合治理的原则

项目建设区水土流失的类型和内容多样，结合工程实际情况及各项目分区的具体情况，坚持因地制宜、因害设防的原则，合理布局水土流失防治措施。建立选型正确、措施配套、结构合理和效益显著的水土流失防治工程、植物和临时防治措施，综合防护体系，实现标本兼治。并使水土保持措施的设计深度与主体工程一致，使水土保持方案具有较强的针对性和可操作性，达到控制和治理新增水土流失的目的，同时将项目区原有的水土流失进行治理。

5. 永久临时相结合、经济合理的原则

水土保持临时措施在水土流失防治过程中起到了重要的作用，往往临时防护措施紧扣施工作业面，部分措施的工程量较大，如与永久防护措施结合布置，可节约大量的资金。另外，水土保持措施的选择，不是标准越高、造价越贵就越好，应选择取料方便、易于建造的工程措施及当地的植物品种，在保障水土保持功能的同时减少建设期的投入和运营期间的养护工作。

6."三同时"的原则

"三同时"是指工程建设中的水土保持设施必须与主体工程同时设计、同时施工、同时投产使用,建设工程竣工验收时,应当同时验收水土保持设施。为此,在方案编制中应合理安排水土保持设施的实施进度,注重及早发挥水土保持设施的生态功能作用和增加主体工程的安全运行系数,把控制水土流失、改善生态环境、恢复植被和土地生产力放在重要位置,并从方案实施的组织领导、不同设计深度的要求、资金的落实与使用以及内部监督管理等方面提出保证措施。如在西部地区,水资源紧缺,若过多地选用外来的植物种类,依赖灌溉设施和不足的水源条件,必然会增加工程造价和加剧当地的水资源供应压力。因此,选用当地适生的植物品种,既可达到绿化和防治水土流失的目的,又节约了工程建设的总投资。

7.景观协调、绿化美化的原则

方案编制应依据"统筹协调,人与自然和谐"的理念,分析评价主体工程的选址、取(弃)土场的布设及水土保持措施的配置与周边的环境的相互协调。如高速公路的取土场、弃渣场应尽量避开车辆正常行驶的可视范围,防止随意开挖裸露面或弃渣场;在路基、路堑边坡的防护上,在应用工程措施确保边坡安全的状况下,注重植物措施的配置和乔灌花草的合理搭配,使水土保持措施的实施与环境的绿化和美化相统一,与周边的景观相协调。

8.以新带老、公众参与的原则

改建扩建项目应治理原有工程的水土流失,如果原有工程的水土流失及灾害没有得到根本治理,说明建设单位无力或无诚意进行水土流失防治,不能或不能完全履行法律规定的义务与社会责任。如果继续放行新的项目,还会造成更严重的水土流失。再者,生产建设项目的取土场的选址、取土深度、弃渣场的选址、堆弃方量、恢复用途等应听取当地群众的意见,结合周边其他项目综合考虑;对生态可能有较大影响、对安全可靠有影响的大型渣场、超高及超陡边坡、可能影响当地民俗的选址选线,必要时可组织召开听证会。

(五)设计深度和设计水平年

1.方案编制的设计深度

方案编制深度应与主体工程的设计深度相一致。主体工程处于可行性研究阶段,方案编制也为可行性研究深度;主体工程处于初步设计阶段,则方案编制也应达到初步设计深度。

2.设计水平年

设计水平年为主体工程完工后,方案确定的水土保持设施实施完毕的年份。届时方案确定的各项设施均已布设到位,能稳定发挥或初步发挥水土保持的功能,达到方案确定的防治目标,满足水土保持专项验收的要求。一般情况为,建设类项目设计水平年,指主体工程完工的当年或后一年;建设生产类项目为主体工程完工后投入生产之年或后一年。

三、项目概况的编写内容

(一)项目基本情况

项目概况部分的编写内容主要包括项目名称、项目法人单位、项目所在地的地理位置

(应附地理位置图)、建设目的与性质、工程任务、等级与规模,说明项目在规划中的地位和项目的立项进展情况。若与其他项目有依托关系,应做出说明。对矿山类项目,除了介绍项目区的面积、资源与可采储量、开采年限、开采方式及接替计划等,还要介绍首采区的情况。也可用表格的形式反映工程特性和经济技术指标,编写时不同类型项目的工程特性表可根据工程具体情况增减内容。

(二)项目组成及布置

以主体工程推荐方案为基础,介绍各单项工程的平面布置、工程占地、建设标准等主要技术指标,附平面布置图。介绍与水土保持相关的施工工艺、生产工艺和生产流程图,简要叙述项目特点及原材料和产品的运送方式。采矿类项目应有综合地质柱状图,公路、铁路项目应有工程平纵(断面)缩图。扩建项目还应说明与已建工程的关系。

根据主体设计情况,说明项目附属工程的建设内容,并对项目建设所需的供电系统、给排水系统、通信系统、对外交通等予以说明。

(三)项目工程占地

工程占地情况包括永久征(占)地和临时用地,应按项目组成及县级行政区划(大型的线形建设项目可用地市级行政区域代替)分别说明占地性质、占地类型、占地面积等情况。

(四)土石方平衡

分项(或分段)说明工程土石方挖方、填方、借方、弃方量,还应对弃方的综合利用情况做出说明。土石方平衡应根据项目设计资料、地形地貌、运距、土石料质量、回填利用率、剥采比等合理确定取土(石)量、弃土(石)量、开采和堆弃地点、形态等,并附土石方平衡表、土石方流向框图。对线形建设项目,应根据施工条件按自然节点(河流、隧道等)分段进行土石方平衡,土石方平衡须以主体工程为参照对象,汇总土石方开挖、填筑情况(包括表土剥离与回填工程量),并说明与其他分区或分段之间的调入、调出情况,以及所需的取料和弃渣数量(见表6-1)。不应将专设的取料场、弃渣场参与土石方平衡计算。

表6-1　土石方平面表样式　(单位:m^3或万m^3)

分段或防治分区	挖方	填方	调入方		调出方		外借方		弃方	
			数量	来源	数量	去向	数量	来源	数量	去向

注:1. 各种土石方均应折算为自然方进行平衡。

2. 表土剥离和回填、建筑垃圾、钻渣泥等均应计入土石方平衡。

3. 各行均可按"挖方+调入方+外借方=填方+调出方+弃方"进行校核。

(五)工程投资与施工组织

工程投资应说明主体工程静态总投资、总投资、土建投资、资本金构成及来源等。工程投资按工程实施年度分年度描述。

施工组织首先介绍主体工程施工布置、施工工艺与时序要求等,说明主要工序。分段施工的工程应列表说明,重点介绍施工营地、材料堆放场地、施工道路、取土(石、料)场、储灰场、尾矿库、排土场、弃渣场等布置情况,其次介绍施工用水、电、通信等情况,再次说明土、石、砂、沙砾料等建筑材料的数量、来源及其相应的水土流失防治责任。

（六）拆迁安置

拆迁安置主要包括拆迁（移民）安置、专项设施复建等内容，包括拆迁（移民）规模、搬迁规划、拆迁范围、安置原则、安置方式、专项设施复建方案，生产、拆迁和安置责任。

（七）进度安排

应说明主体工程总工期，包括施工准备期开始时间、主体工程开工时间、主体土建工程完工时间、项目投产时间、建设进度安排等。对于分期建设的项目，还应说明前期和后续项目的情况，并附施工进度表及主体工程进度横道图。

四、项目区概况的编写内容

项目区概况介绍应满足水土流失预测与水土保持措施设计的需要，主要包含自然环境、社会经济概况、水土流失及水土保持现状的描述。

（一）自然环境

自然环境主要从地质、地形地貌、气象、水文、土壤、植被等方面来介绍。

(1)地质主要是简述区域地质和工程地质概况，重点说明项目区的岩性、地震烈度、地下水埋深、不良地质等工程地质情况。

(2)地形地貌主要包括项目建设区的地形、地面坡度、沟壑密度、海拔、地貌类型、地表物质组成等。

(3)气象主要介绍与工程、植物措施配置相关的气候因素，主要指项目区所处的气候带、气候类型，年平均气温、最高和最低气温，不小于 10 ℃的活动积温，无霜期，最大冻土层深度，年平均降水量、年蒸发量、降水量年内分配，年平均风速、主导风向、年大风日数及沙尘天数等，给出资料的来源和系列长度。此外，还应介绍典型设计中用到的设计频率降水特征值。

(4)水文主要包括项目建设区及周边区域水系情况，地表水状况，河流平均含沙量径流模数，洪水（水位、水量）与建设场地的关系等情况，并附水系图。

(5)土壤主要包括项目区的土壤类型、土层厚度、土壤质地、土壤的抗蚀性等。必要时，还应给出土壤的机械组成和土壤肥力情况。

(6)植被描述项目区在全国植被分区中的区属，当地林草植被类型，乡土树（草）种，主要群落类型，林草植被覆盖率、生长状况等基本情况。

（二）社会经济概况

社会经济概况主要说明社会经济情况和土地利用情况，还应说明当地的支柱产业和产业结构调整方向。点形工程按项目所在乡（县）、线形工程以县（地市）为单位进行调查统计。

土地利用概况主要指项目区（乡或县）的土地类型、利用现状、分布及面积，基本农田、林地等情况，还应说明人均耕地、人均基本农田等情况，说明不同用途的用地所占比例。

（三）水土流失及水土保持现状

主要介绍项目区在全国土壤侵蚀类型区所处的区域；项目区及周边区域水土流失类

型、强度、面积、土壤侵蚀模数和允许土壤流失量等，并说明允许土壤流失量和项目区水土流失背景值取值的依据，可通过列表、附图的形式进行说明。另外，可根据项目周边区域的水土流失状况说明对工程项目的影响。

水土保持概况主要包括以下几个方面。

1. 项目区水土流失现状

项目区水土流失现状应定量介绍项目区内水土流失的类型和强度，定量介绍有困难时可用项目所在地的县级行政区域的有关数据代替。还应说明项目所在地的水土流失类型区划情况，给出容许土壤流失量和项目占地范围内水土流失背景值及取值依据。

2. 水土流失防治情况

水土流失防治情况说明项目所在地的国家级和省级、县级水土流失重点防治区划分情况，并说明是否属于国家或省级水土流失治理的重点项目区。属于水源保护地的项目，应做出专业说明。

3. 项目区内的水土保持现状

项目区内的水土保持现状主要介绍项目区内现有的水土保持设施现状、水土流失治理的成果等情况。

4. 水土流失防治经验

水土流失防治经验包括当地成功的水土流失防治工程的类型和设计标准、植物品种和管护经验等。同时介绍同类开发建设项目工程措施的布设及标准、当地适宜的林草品种、临时防护措施布设等经验，扩建工程还应详细介绍上一期工程的水土保持工作开展情况和存在的问题。

五、主体工程水土保持分析与评价的编写内容

应对照《开发建设项目水土保持技术规范》的限制性规定，对主体工程的选址（线）和总体布局、取料场的选址、弃渣场的选址、施工组织设计、主体工程施工规定、工程管理和土石方平衡等进行分析评价，对不符合水土保持规定和要求的，提出变更或补救方案，使项目建设既符合水土保持要求，又达到项目建设的目的。

（一）主体工程选址（线）的水土保持分析评价

在可行性研究阶段，除改建、扩建工程外，主体工程的选址（线）一般都有比选方案，评价时首先审查主体工程推荐方案是否符合水土保持限制性规定，如果推荐方案不符合规范中的限制性规定，还应从水土保持角度对其他比选方案进行论证，提出水土保持改进意见；如果推荐方案和比选方案都不符合限制性规定，应对水土保持影响最小的方案提出补救意见。

（二）主体工程推荐方案设计的水土保持分析评价

对主体工程推荐方案设计的分析评价是在选址（线）评价的基础上，从水土保持角度对主体工程施工组织、主体工程施工、工程管理、工程布局和土石方挖填平衡等五个方面进行分析评价。通过评价，对不符合开发建设项目水土保持技术规范的部分提出合理化建议或解决办法，达到最大限度地减少水土流失、保护生态、保护自然景观的目的。从水土保持的角度论证主体工程设计的合理性，并对主体设计提出有利于水土保持的建议，以

达到最大限度地保护生态、控制扰动范围、减少水土流失的目的。

（三）水土保持工程界定与主体工程设计分析评价

1. 水土保持工程的界定

根据水利部水土保持监测中心水保监〔2006〕8 号文规定，对水土保持工程的界定如下：

（1）以防治水土流失为主要目标的防护工程，应界定为水土保持工程。以主体工程设计功能为主，兼有水土保持功能的工程，不纳入水土流失防治措施体系，仅对其进行水土保持分析与评价；当不能满足水土保持要求时，可要求主体设计修改完善，也可提出补充措施（纳入水土流失防治措施体系）。

（2）对建设过程中的临时征地、临时占地，因施工结束后会归还当地群众或政府，水土流失防治责任将发生转移，须通过水土保持验收予以确认，各项防护措施均应界定为水土保持工程，纳入水土流失防治措施体系。

（3）对永久占地区内主体设计功能和水土保持功能难以直观区分的防护措施，可按破坏性试验的原则进行排除。假定没有这项防护措施，主体设计功能仍旧可以发挥作用，但会产生较大的水土流失。该项防护措施应界定为水土保持工程，纳入水土流失防治措施体系。

2. 水土保持防治措施的界定原则

（1）主导功能原则。以防治水土流失为主要目标的工程，应界定为水土保持工程。以主体工程设计功能为主，兼有水土保持功能的工程，不能纳入水土流失防治措施体系，仅对其进行水土保持分析与评价，当不能满足水土保持要求时，可提出水土保持意见，要求主体设计修改完善；也可提出补充措施，纳入水土流失防治措施体系。

（2）责任区分原则。对建设过程中的临时征地、临时占地，因施工结束后将归还当地群众或政府，基于水土保持工作具有公益性质的特点，需要将此范围的各项防护措施界定为水土保持工程，纳入水土流失防治措施体系。

（3）试验排除原则。对主体设计功能和水土保持功能结合较紧密的、难以区分功能主次的工程，可按破坏性试验的原则进行排除。假定没有这些工程，在没有受到土壤侵蚀外营力的同时，主体设计功能仍旧可以发挥作用的，此类防护措施可以看作以防治土壤侵蚀为主要目标，应界定为水土保持工程，并纳入水土流失防治措施体系。

3. 水土保持工程界定参考

（1）植物措施。植物措施既可防止水力和风力对土壤的侵蚀，又可增加雨水下渗，减少径流损失，各类建设项目中设计的植物措施一般都是为了美化环境和防止冲刷，故植物措施均应界定为水土保持工程。

（2）拦挡工程。拦挡工程应根据其功能、作用来做具体的界定。贮灰场的灰坝具有一定的水土保持功能，但其是主体工程正常运转不可或缺的工程，其水土保持功能是次要的，所以主要从防洪标准、防洪安全、坝坡防冲、灰坝布置对下游和周围的影响、贮灰场容量等方面进行评价；坝坡的综合防护均作为水土保持工程；尾矿库的尾矿坝、冶炼渣库（赤泥库）挡渣坝具有一定的水土保持功能，但不界定为水土保持工程，只进行评价；但冶金、有色金属冶炼等工程排土场（废石场）的拦渣坝、挡渣墙则看作以水土保持功能为主，应界定为水土保持工程，由水土保持方案进行设计；井采煤矿排矸场的挡矸墙、拦矸坝应当界定为水土保持工程，须做出设计；露采煤矿排土场挡土墙、挡土坝，水利水电工程弃渣场的挡渣墙、拦渣坝应当界定为水土保持工程；公路和铁路工程路堑、路堤挡土墙具有一定的水土保持功能，但不应界定为水土保持工程，只做评价。

(3)排水工程。工程项目区域内的排水工程和区域外的截、排水工程，均应界定为水土保持工程；公路和铁路路基截、排水工程均应界定为水土保持工程；在干旱缺水地区采取的降水蓄渗措施，界定为水土保持工程；地面硬化工程各类工程的场地和道路硬化都具有水土保持功能，但主要功能是主体设计的车辆通行和停放、公共活动等功能，不界定为水土保持工程，而根据水土保持需要确需补充硬化措施的，可将此部分界定为水土保持工程。

(4)斜坡防护工程。凡是植物措施护坡、工程和植物综合斜坡防护工程，如三维植物网护坡、混凝土网格植草护坡、混凝土六方块护坡、浆砌石拱形网格植草护坡等，均应界定为水土保持工程。工程措施中的浆砌石护坡、混凝土预制块护坡，一般不界定为水土保持工程，特殊需要的可经方案论证后界定为水土保持工程；混凝土喷锚护坡等，一般是处理不良地质情况采取的护坡，尽管具有水土保持功能，但不界定为水土保持工程。

(5)土地整治工程。土地整治工程是在施工结束后，清除建筑垃圾，将坑洼不平的土地整理成相对平整的土地(需要覆土的进行覆土)，用于复耕、恢复植被或其他用地的措施，应界定为水土保持工程。

(6)表土剥离及其临时防护和回填利用。表土资源是应重点保护的土资源，既要防止表土的流失，也要防止表土的压埋。所以，水土保持方案应结合工程区立地条件分析设计表土剥离及其临时防护和回填利用措施。如果主体设计中有，应界定为水土保持工程，纳入水土流失防治措施体系；如果主体设计中没有，则应在水土保持方案中进行补充。

(7)临时拦挡和覆盖措施。临时拦挡和覆盖措施都应界定为水土保持工程。

(8)其他情况。料场、渣场、施工生产生活区(含材料堆放地)等临时占地范围内修建的各类防护措施，均应界定为水土保持工程。如厂(场)区布设的蓄水池、下渗地砖等工程，应界定为水土保持工程；江河湖海的防洪堤、防浪堤、抛石护脚等措施和厂区围墙等不界定为水土保持工程。

4. 结论性意见、建议

(1)说明主体工程选址(线)、取料场和弃渣场位置选择的水土保持分析评价结论。明确建设项目是否可行，明确推荐方案的水土保持可行性。

(2)对主体工程推荐方案设计提出合理化建议。通过对主体工程推荐方案设计的分析、评价，提出合理化建议，供初步设计时参考。对符合水土保持限制性规定的，提出解决办法。当推荐方案在规范规定的严格限制类的制约因素，或有可能存在较为严重的水土流失，应当提高水土流失防治标准等级，并在方案中论证工程措施的设防标准。

(3)主体工程已列的水土保持措施、植物措施和临时防护措施与方案新增的各项水土保持等措施合理配置，形成水土保持综合防治措施体系。

(4)对可能诱发次生崩塌、滑坡、泥石流灾害的灰场、弃土(石、渣)场、排土场、排矸场、高陡边坡等提出在初步设计阶段进一步复核安全稳定的要求。

六、防治责任范围及防治分区的编写内容

（一）分区的目的

工程建设项目水土保持方案在确定水土流失防治责任范围的基础上进行水土流失防治分区，目的是科学合理地布设防治措施，同一分区内造成水土流失的影响因素应基本相同，水土流失防治措施也基本相同，可以通过典型设计来代表分区内具体各地点的设计，进而用典型设计的工程量推算整个分区的工程量。另外，还可为水土流失预测和水土保持监测奠定基础。

（二）分区的依据

依据主体工程布局、施工扰动特点、建设时序及时间、地形地貌特征、自然属性、水土流失影响等进行分区。

1. 根据主体工程布局

依据主体工程施工总体布局不同进行分区，各区之间相互关联，并在层次上有系统性。

2. 根据施工扰动特点

如水利水电工程的进场道路，多在山区修建，工程量浩大，扰动剧烈，与扰动轻微的厂内道路就有明显区别，不能划作一个分区。

3. 根据建设时序及时间

同一分区内的建设和生产过程即施工时序及建设时间应基本相同，便于水土流失预测时段的选择，也便于防治措施的进度安排。

4. 根据地形地貌特征

不同地貌特征的区段，尽管建设内容与施工特点相同，但造成水土流失的形态和影响各不相同，防治措施的要求也不相同。

5. 根据在建地形状况

建设前地形可能不相同，水土流失强度也不相同，但施工将它们改变为相近地形时可能发生的水土流失危害和治理难度就基本接近，也可以划入同一分区，如公路路堑及取土场。

6. 根据土地利用或恢复方向

不同的土地利用形式、不同的恢复方向，例如用作绿化的弃渣场和用作公路服务区的弃渣场虽然都需修建挡渣墙，但不能将其划为同一个分区，防治要求不尽相同。

（三）分区的原则

（1）区内具有明显相似性，区间具有显著差异性的原则。

（2）同一区内造成水土流失的主导因素相同或相近原则。

（3）分区综合性与层次性原则，即区内有关联性和系统性。

（4）用途取向原则。各分区内防治措施体系应基本相同，具有较为一致的改造利用途径和措施。

（5）地域完整性原则。应遵循集中连片、便于水土保持措施体系布置和施工的原则，尊重标段划分的惯例。

（四）水土流失防治标准等级的确定

按工程建设项目所处水土流失防治区和区域水土保持生态功能的重要性确定。

1. 一级标准

（1）地处依法划定的国家级水土流失重点预防保护区、重点监督区和重点治理区或省级水土流失重点预防保护区。

（2）建设项目的生产建设活动对国家和省（自治区、直辖市）级人民政府确定的重要江河、湖泊的防洪河段、水源保护区、水库周边、生态保护区、景观保护区、经济开发区等直接产生重大水土流失影响，并经水土保持方案论证确认作为一级标准防治的区域。

2. 二级标准

（1）地处依法划定的省级水土流失重点监督区和重点治理区。

（2）建设项目生产建设活动对国家和省（自治区、直辖市）、市级人民政府确定的重要江河、湖泊的防洪河段、水源保护区、水库周边、生态保护区、景观保护区、经济开发区等直接产生较大水土流失影响，并经水土保持方案论证确认作为二级标准防治的区域。

3. 三级标准

地处一、二级标准未涉及区域的生产建设项目。

当上述两项规定确定的防治标准出现交叉时，按下列规定执行：①同一项目所处区域出现两个标准时，采用高一级标准；②线形工程项目根据上述确定原则，分段确定标准等级。

（五）水土流失防治分区划分

水土流失防治分区的划分应根据野外调查勘察结果，按照项目区所处土壤侵蚀类型、地貌、主体工程布局、施工扰动特点、建设时序、自然属性、土壤侵蚀强度等因素在确定的防治责任范围内划分一级或多级防治区。

1. 项目建设区

项目建设区主要指在开挖、回填、剥离、堆放渣料，对施工场地、施工生活区等直接扰动地表、增加水土流失的区域。在工程可行性研究阶段，在现场对照工程设计图纸进行实地复核后，根据工程布局结合图纸量测得出。实地复核中，应以项目区的占地小班为单元复核，现场复核后，在图纸上对工程建设扰动的范围进行量算。主要包括以下内容：永久建筑物占地；施工临时生产、生活设施占地；施工道路（公路、便道等）占地；料场（土、石、沙砾骨料等）占地；弃渣（土、石、灰、渣等）场占地；水库正常蓄水位以下的淹没面积（应注明，上述各项占用的库区淹没面积，在合计时扣除，不能重复）；改建、扩建工程项目（如大坝加高加固、公路扩宽等）中所涉及的原有工程的占地和土地管辖范围，但应扣除各项重复计算的占用面积；移民安置区和专项设施迁建区，如果这两区域的水土流失防治责任没有转移成功或被认可，应由建设单位设置相应的防治措施并纳入项目建设区。

2. 直接影响区

直接影响区是在施工生产活动中可能发生扰动，在施工过程中无法排除对该范围扰动的区域。

确定直接影响区时，根据工程施工生产可能对周边环境造成的影响，按最不利的情况进行估计，主要包括以下几个方面：

(1)一般占地。由于施工工艺、施工组织设计的变化,在征地范围较小时,施工机械或人员难免进入周边区域造成新的水土流失,因此需根据同行业最低水平或平均水平确定直接影响区的边界,供监督执法和水土保持验收时检查。对山丘区修建公路、铁路而进行的开挖(含隧道),由于施工单位的水土保持意识薄弱,可能出现直接向下边坡、河道倾倒的情况,甚至出现整面坡被压盖的情况,因此需对其土石方的流向进行监督,并将下边坡一定范围设置为直接影响区。

(2)人工边坡。工程建设将产生大量的人工边坡(建筑边坡,取土、弃渣形成的边坡),有开挖边坡和堆弃边坡,有石方边坡和土方边坡,边坡形式不同,其直接影响区也不相同。安全等级要求较高或高度大、稳定性差的边坡(土质软弱、滑坡区、外倾软弱结构面发育的边坡)发生事故的概率较高,破坏后果较严重,其直接影响区应以破坏后可能影响的范围,即按边坡塌滑区外扩一定范围作为直接影响区。

塌滑区计算公式为:

$$L = \frac{h}{\tan\theta} \tag{6-1}$$

式中 L——边坡坡顶塌滑区边缘至坡底边缘的水平投影距离, m;

h——边坡高度, m;

θ——边坡的破裂角,可取 $45° - \varphi/2$,φ 为岩土的内摩擦角,对于外倾硬性结构面时,破裂角可取该外倾结构面的倾角和 $45° - \varphi/2$ 中的较小值。

按水土保持基本要求,土质边坡高度不宜超过 15 m,岩质边坡高度不宜超过 30 m。

(3)施工便道。当施工便道不够宽或坡度较大、有汇水面积时,可能出现车辆出界便道被冲蚀的情况,应根据可能出现的不利影响设置直接影响区。

(4)穿跨越工程,架设电线、桥梁,开挖或穿越河道(公路、铁路)、建设码头等工程,对在河道内布置围堰或大开挖的断面,根据河道水量的大小,其上游 10 ~ 50 m 和下游 50 ~ 200 m 的河道范围均应列入直接影响区;空中架设(电线)、地下定向工程或隧道穿越工程,根据被穿越工程的等级,取左、右两侧 10 ~ 200 m 的范围,作为直接影响区。

工程建设中,经常将河道、沟道裁弯取直或改道,由于水流的自然作用,将对新形成的河道两侧产生一定的冲刷并产生相应的冲淤变化,因此需在两侧和上下游确定直接影响区。

(5)不良地质。项目建设区内如遇不良地质,要根据其稳定性、承载能力和荷载、排水能力等进行分析验算,按可能出现的泥石流、滑坡错落等地质灾害或水土流失危害确定直接影响区。

以风力侵蚀为主的地区,由于施工扰动极易发生风力侵蚀,破坏周边的地貌,需采取压、覆盖、洒水等临时防护措施,项目建设区周边需设置一定范围的直接影响区,一般包括主风向下游的 50 ~ 200 m 范围和其他方向的 10 ~ 50 m 范围。

(6)截、排水工程。工程修建必然导致项目区汇水面积、汇流的流路等水文条件的变化,应布设适当截、排水设施,并需将汇集的水流导入稳定的排水系统或河流。主要指截、排水沟的顺接区和导流区(此部分应纳入项目建设区)周边 10 ~ 20 m 的范围。

(7)地下采空范围。地下工程、隧道及地下矿的采空区因不纳入征占地范围,不作为项目建设区。一般地,将整个地下采空区并外扩一定范围作为直接影响区,以明确建设单位的责任。外扩范围可根据采空区的深度和面积结合岩土性质来确定。一般取外扩10~500 m的范围。

七、水土流失预测的编写内容

水土流失预测是指按照开发建设项目正常设计进行、未采取水土保持措施的条件下,预测其建设和生产过程中可能产生的水土流失及危害。通过科学预测和客观地分析评价工程项目建设造成的因人为破坏而增加的水土流失,为水土流失防治措施的设计、防治措施体系布设、施工进度和水土保持监测提供重要依据。

(一)不同工程阶段水土流失预测的内容

工程项目所处阶段不同,其水土流失预测的内容与重点不同。

1. 可行性研究阶段

主体工程可行性研究阶段水土保持工作主要是对主体工程可行性研究提出的各种方案可能产生的水土流失影响因素、流失环节及危害等进行分析、比较与评价。水土流失预测的主要内容则是综合分析与评价主体工程布局、选线、选址和子项目等对生态环境的影响及可能产生的水土流失情况,并对相应时段的水土流失量进行预测,从水土保持角度为主体工程项目可行性论证提供依据。本阶段水土流失测的主要内容与重点如下:

(1)针对工程建设项目不同选址(线)方案,结合项目区的自然条件和施工时序、工艺,就工程施工建设和生产运行可能造成的水土流失及主要生产建设过程中的环节进行分析。

(2)对工程建设项目可能造成土地资源的占压、扰动以及对地貌、植被、景观的破坏等情况进行预测。尤其涉及国家或省级重点风景名胜区、森林公园、自然保护区以及文物保护区、水源保护地的地段,预测时必须具有翔实的基础资料,为主体工程可行性研究和初步设计提供修改或否决的依据。

(3)对工程建设项目不同方案可能造成对水土保持设施的破坏情况进行预测。对方案涉及的重大水土保持工程设施如大型淤地坝、河道整治工程、大片水土保持林或水源涵养林等应做较为详细的调查,分析利弊,提出避免破坏应采取的措施,并对破坏严重又无法补救的方案向建设单位和主体设计单位提出避让意见。经协商确实无法避让时,应按异地重建的现行标准进行赔偿。

(4)对工程建设项目不同方案的弃土弃渣量,以及由此而可能产生的新增水土流失量做出初步的估算。

(5)对开发建设项目的推荐方案可能造成的水土流失量及其影响、危害进行预测与分析评价,包括对周边或下游工农业和民用设施、水工程、水土保持设施以及对项目本身的危害进行预测。

(6)大、中城市及周边地区,南方石漠化地区和西北干旱地区的开发建设项目,以及产生大量疏干水和排水的项目,还应就项目建设可能对项目范围内地表水或地下水的流失量进行预测,并分析对城市及周边地区排水、防洪和水环境可能造成的影响。

(7)根据水土流失量预测成果和危害分析结论,就水土流失的重点防治区段、措施类型及临时措施实施时间,以及水土保持监测的主要点位等提出指导性意见。

2. 初步设计阶段

初步设计阶段是在可行性研究和进一步调查、勘测的基础上,对拟建工程项目的选址、总体布局、主要建筑物形式和基本尺寸及主要设备选型做出技术决定,提出总工程量、施工方法、总进度安排和工程概算的设计阶段。该阶段还应开展相应深度的勘测与调查,分区(段)复核土石方平衡及弃土(石、渣)场、取料场的布置,一般不再进行详细的水土流失预测,只需根据调整情况进行复核,无须再确定预测参数。该阶段水土流失预测主要包括以下内容:

(1)核实工程建设项目的征占地及扰动地表面积。

(2)复核工程建设占压或可能损坏水土保持设施的面积和数量。

(3)复核弃土(渣)量及其堆放场地、堆放高度及可能造成的水土流失量与其危害。

(4)复核水土流失总量和新增水土流失量。

(5)对于城市建设项目和北方缺水地区的工程,还应进一步核实对项目区及周边地表水(矿业工程为地下水)的流失量及其影响。

(6)进一步对可能造成重大危害的水土流失区域,特别是泥石流、大型滑坡,进行详细调查和勘测。

(7)进一步预测水土流失对建设项目区和周围区域可能造成的危害与程度,分析对生态、社会和经济可能造成的影响。如果属于工程可行性研究之后补报的水土保持方案,方案深度要求达到初步设计阶段深度,此时,水土流失预测应按可行性研究阶段和初步设计阶段的要求同时进行预测。

(二)工程建设项目水土流失预测方法

工程建设项目水土流失预测包括开挖扰动地表面积的预测、损坏水土保持设施数量和面积的预测、弃土弃渣量的预测、水土流失量的预测、水土流失危害的预测五方面的内容。应注意的是,水土流失量的预测不仅包含对土壤流失量的预测,对于干旱、半干旱区,还应进行水土流失量的预测。表6-2为水土流失预测的主要内容、具体内容和预测方法

表6-2 水土流失预测的主要内容、具体内容和预测方法

预测内容	具体内容	预测方法
开挖扰动地表面积的预测	工程永久和临时占地开挖扰动、占压土地查阅技术资料,主体设计图纸,农地面积与类型,工程专项设施建设(包括农业林业土地区划资料,并结合实地勘测)扰动、占压土地的面积与类型	查阅技术资料、主体设计图纸、农业林业土地区划资料,并结合实地勘测分析
损坏水土保持设施数量和面积的预测	估算具有水土保持功能的面积,植物措施及工程设施(主要有水土保持林草地、坡改地、排水沟、水渠等)的损坏情况及数量	依据项目所属省(自治区、直辖市)有关规定,结合现场调查测量和地形图分析、统计

续表 6-2

预测内容	具体内容	预测方法
弃土弃渣量的预测	工程永久弃土、弃渣；施工过程中堆置时间超过半年的临时堆土、堆渣	查阅设计资料，现场实测，弃土、弃渣分别统计分析
水土流失量的预测	预测工程施工活动可能造成的水土流失总量（包括弃渣流失量）、新增土壤流失量，干旱、半干旱区还应预测因地面渗透性能降低产生的水的损失量	利用经验公式法，通过类比工程调查分析确定参数
水土流失危害的预测	水土流失对工程本身、土地资源、下游河道的影响，对周边生态环境、地表（地下）水的影响等	定性分析

1. 弃土、弃石、弃渣量及其占地面积的预测与方法

工程渣堆是松散堆积体，弃渣堆置过程中应采取适当的防护措施，多采用围挡及苫盖等措施防护。

1）弃土弃渣量的预测

工程渣堆是松散堆积体，弃渣堆置过程中应采取适当的防护措施，多采用围挡及苫盖等措施防护。

（1）弃土弃渣量的预测。主要包括主体工程、临建工程、附属设施（如交通运输、供水、供电、通信和生活设施等）、取土（石料、砂）料场等生产建设过程中的弃土（石、渣）、表土剥离、工业、生活垃圾等的堆置位置、占地面积、数量、堆高等多方面的预测。该项预测应通过查阅项目技术资料及现场勘察、实测或类比调查方法结合进行，具体方法如下：

①以主体工程的土石方平衡为基础，查阅设计文件及技术资料，充分考虑地形地貌、土地占压、运距、回填利用率（与土石料质量有关）、剥采比（指采石场）等，分段、分建筑物类型抽取典型地段进行分析，在了解其开挖量、回填量、单位工程产生的弃渣量基础上，推算出各时段、各区段的弃土、弃石、弃渣总量。

②现场实测时，尤其需注意项目的挖填平衡、松散系数、剥采比或单位工程弃渣量与弃土弃渣的关系，以及弃土（渣）数量与堆积高度、占地面积；不同位置的堆放要求等，进而确定所堆放的场地、高度、坡比，分析稳定性。

③弃土、弃石、弃渣的预测，还应注意实方与自然方的换算，换算系数根据工程实际，可参考表 6-3 初步拟定。

表 6-3　土石方自然方与实方换算系数

项目	土方	石方	砂方	混合料	块石
自然方	1	1	1	1	1
实方	0.85	1.31	0.94	0.88	1.43

（2）土石方平衡和弃土（渣）计算表中应标明弃渣的来源与去向，并应画土石方流向框图。

2)弃土弃渣流失量预测

将堆渣(土)体分成坡面和平面(顶面),并按相应的面积(投影面积)、土壤侵蚀模数和堆放时间的乘积来估算流失量。计算公式为:

$$Z = \sum_{i=1}^{n} (S_{1i} M_{1i} + S_{2i} M_{2i}) T_i \quad (6\text{-}2)$$

式中 Z——弃渣流失量,t;

i——预测单元,$i = 1,2,3,\cdots,n-1$;

S_{1i}——第 i 个预测单元堆渣体坡面的投影面积, km^2;

S_{2i}——第 i 个预测单元堆渣体顶面的投影面积, km^2;

M_{1i}——第 i 个预测单元堆渣体坡面的土壤侵蚀模数,$t/(km^2 \cdot a)$;

M_{2i}——第 i 个预测单元堆渣体顶面的土壤侵蚀模数,$t/(km^2 \cdot a)$;

T_i——第 i 个预测单元的预测时段长度,a。

随着弃土(渣)量的增加,相应弃土(渣)外表面积逐年发生变化时,应分年度进行计算和预测,此时单元预测时段长度为1年;预测参数选取时,宜采用相似地区科研资料分析确定,没有资料的地区需类比实测。缺乏资料地区,也可采用专家估判与实测相结合的方法获取。

2. 损坏水土保持设施预测及方法

水土保持设施是一个广义的概念,指具有水土保持功能的一切事物的总称,也就是具有水土保持功能的人工和天然设施对于损坏水土保持设施面积与数量的预测,必须在进行实地调查和必要量测的基础上,以水利部《关于对水土保持设施解释问题的批复》(水保〔1996〕393号)为依据,并对照项目所在省(自治区、直辖市)有关水土保持设施界定的文件,认真负责地确定损坏水土保持设施的面积和数量,并分行政区(县、市)列表给出;对于跨省项目,还应分省(自治区、直辖市)进行列表。

3. 可能造成的土壤流失量预测及方法

可能造成土壤流失量的方法主要有数学模型法(包括经验公式法)、类比调查预测法和试验观测法等。在实践中应结合具体工程,采用其中一种方法,或采用多种方法综合运用。

1)数学模型

数学模型法就是利用当地水土保持研究部门、试验站等的观测资料和科研成果,建立相应的数学模型(主要包括降水、地形、植被、地面物质组成、管理措施等因子与土壤流失的定量关系),进行土壤流失量的预测。

2)类比调查预测法

工程建设项目毗邻地区有类似的观测和研究成果,可通过分析就近地区已有实测资料进行预测。

(1)类比调查。采用类比调查法进行土壤流失预测应符合下列规定:①当具有类似工程土壤流失实测资料时,应列表分析预测工程与实测工程;②当预测工程与实测工程具有较好的可比性时,采用类比法进行土壤流失量预测,并根据土壤流失影响因子的比较,确定有关参数的修正方法和取值,并应给出类比工程有关参数的实测成果表和预测工程参数选取的计算表。

(2)土壤流失量预测公式，是根据以往经验并结合施工进度安排，分区(以下称为预测单元)、分时段进行土壤流失量和新增土壤流失量的预测计算，之后列表汇总。在计算时把原地貌土壤流失量(土壤侵蚀背景值)的计算期间作为一个时段。于是，不同时段土壤流失量的计算公式为：

$$W = \sum_{k=1}^{3} F_{ik} \cdot T_i \tag{6-3}$$

$$\Delta W = \sum_{k=1}^{3} F_{ik} \cdot \Delta m_{ik} \cdot T_{ik} \tag{6-4}$$

$$\Delta M = \frac{(M_{ik} - M_{i0}) + | M_{ik} - M_{i0} |}{2} \tag{6-5}$$

式中 F_{i1}、F_{i2}、F_{i3} ——第 i 个预测单元在施工准备期、施工期和自然恢复期的预测面积，km^2，在施工准备期和施工期应相同，自然恢复期可扣除建筑物压盖和地表硬化的面积；

M_{i1}、M_{i2}、M_{i3} ——第 i 个预测单元在施工准备期、施工期和自然恢复期的土壤侵蚀模数，$t/(km^2 \cdot a)$；

T_{i1}、T_{i2}、T_{i3} ——第 i 个预测单元在施工准备期、施工期和自然恢复期的预测时段新增土壤流失模数；

M_{i0} ——第 i 个预测单元的土壤流失模数背景值或容许土壤流失量，在整个计算过程中应保持不变。

式(6-5)表明，当扰动后的土壤侵蚀模数比背景值或容许土壤流失量大时为正值，反之为0。

每个预测单元之和即为整个项目的水土流失总量和新增水土流失总量的计算，分更细的预测时段，则可依次类推。

(3)水土流失量预测成果列表。根据土壤流失量和新增土壤流失量的计算公式，针对不同预测单元，代入相应预测单元的面积、预测时段长度，以及原地貌土壤侵蚀模数和扰动后的土壤侵蚀模数，即可得到不同预测单元的水土流失量、项目区的土壤流失总量及新增土壤流失量。

(4)土壤流失量预测计算的注意事项：①预测单元划定后，其单元面积和分时段长度在预测计算过程中不再发生变化，土壤流失量的多少主要取决于相应单元的土壤侵蚀模数大小；②采用类比调查法计算土壤流失量和新增土壤流失量已经被广泛采用，但计算公式的表述形式差别很大，在计算时需根据所要预测计算的内容，规范计算公式和计算表格；③当各预测单元土壤侵蚀强度恢复到扰动前土壤侵蚀模数值或容许土壤流失量及以下时，不再进行新增土壤流失量的计算；④施工期结束之时即为自然恢复期的开始，不必统一自然恢复期的起始时间，恢复期的长短也因恢复的难易程度而异。

3)试验观测法

试验观测法是在项目区设立监测小区(或径流小区)和土壤流失观测场，采用天然或人工模拟降雨试验，取得不同预测单元的土壤侵蚀模数，通过对上述指标的论证分析与调整后，采用类比法公式进行计算。

4. 可能造成的水流失量预测及方法

因工程建设项目的施工活动扰动了原地貌或改变了原地貌的下垫面性质（特别是大面积的主体工程占压、道路和场地的硬化等），将不可避免地使项目区原有土壤入渗或蒸发特征发生变化，进而引起地表径流的数量和特性发生变化。因此，在大、中城市及周边地区，南方石漠化地区和西北干旱地区建设的工程建设项目，以及产生大量疏干水和排水的项目，应进行水流失量的预测。

1）水流失量预测的计算公式

项目区水流失量预测是一项新开展的工作，预测方法尚不完善，现阶段可采用径流系数法进行计算。

年水流失量的计算公式为：

$$W_{\omega} = \sum_{i=1}^{n} [F_i \cdot H_i \cdot (\alpha_i - \alpha_{0i})] \tag{6-6}$$

式中 W_{ω} ——项目建成后年水流失量，m^3；

i——预测单元，$i=1,2,3,\cdots,n-1,n$；

F_i ——第 i 个预测单元的面积，hm^2；

H_i ——项目区年降水量（若各预测单元一致，即项目区年降水量），mm；

α_i ——第 i 个预测单元建成后自然恢复期的地表径流系数；

α_{0i} ——第 i 个预测单元原状地表的径流系数。

在干旱、半干旱地区修建了蓄水设施，可扣除该部分的水流失量。

2）水流失量预测计算与分析

根据上述公式，可将水流失量的预测计算列表表示。

3）大量疏干水和排水项目的水流失量预测

对于产生大量疏干水和排水的工程项目，水流失量预测可根据主体设计中给出的疏干水和排水技术指标来确定。预测内容有：①进一步对主体设计中的输、排水指标进行复核，并进行合理性分析；②测算每年向项目区外排放的水量；③调查排水下游的基本情况，并就排水可能对下游造成的影响进行分析评价；④在调查、了解当地地下水资源状况的基础上，分析由于大量向项目区外抽、排水，给地下水和当地水循环带来的影响；⑤分析由于项目区水量流失而对生态环境和当地群众生产、生活可能造成的影响。

八、防治目标及防治措施布设的编写内容

根据项目所在区域、项目类型，确定防治目标和建立综合防治措施体系，为水土保持监测、投资估（概）算和效益分析提供依据。综合防治措施体系的建立，应吸收当地类似工程建设的经验，并充分考虑当地树种的优选原则。

（一）水土流失防治的定性目标

（1）使项目建设区内原有水土流失得到有效治理。

（2）使项目建设区内新增水土流失得到基本控制，如果造成了直接影响区的水土流失，应该一同进行治理。在方案编制时，应注意分析，提前进行预防。

(3)防治责任范围内的生态得到最大限度的保护,环境得到明显改善。因为国家对水土保持和生态环境日益提高的要求,建设项目不得对项目周边的环境造成不利影响。

(4)水土保持设施安全有效。建设的水土保持设施要有相应的设防标准,保证其长期稳定地安全运行,并发挥水土保持功能。

工程建设项目水土流失防治,不仅要将新增的水土流失进行防治,还需结合水土流失重点防治区的划分和治理规划的要求,对项目区原有的水土流失进行治理。对水土流失的防治,首先要将水土流失控制在水土流失背景值范围内,再将其恢复到土壤流失容许值范围内,促进水土资源的可持续利用和生态系统的良性发展。

(二)水土流失防治的量化目标

1. 扰动土地整治率

扰动土地整治率指项目建设区内扰动土地的整治面积的百分比。扰动土地是指工程建设项目在生产建设活动中形成的各类开挖、占压、堆弃用地,均以垂直投影面积计,扰动土地整治面积,指对扰动土地采取措施的面积,包括永久建筑物面积。

2. 水土流失总治理度

水土流失总治理度指项目建设区内水土流失治理达标面积占水土流失总面积(含未扰动的水土流失面积)的百分比。水土流失面积包括因开发建设项目生产建设活动导致或诱发的水土流失面积以及在征占地范围内,尚未达到容许流失量的原地貌水土流失的面积。水土流失防治面积是指对水土流失区域采取水土保持措施,并使土壤流失量达到容许流失量以下的面积,以及建立良好排水体系,并不对周边产生冲刷的地面硬化面积和永久建筑物占用地面积。

3. 土壤流失控制比

土壤流失控制比指项目建设区内容许土壤流失量与治理后的土壤流失强度之比。工程建设项目的土壤流失量是指项目验收或某一监测时段,防治责任范围内的平均土壤流失量,水力侵蚀的容许土壤流失量的指标按《土壤侵蚀分类分级标准》(SL 190)执行;风力侵蚀的容许土壤流失量可参考以下值:沿河、环湖、滨海风沙区为500 t/(km^2·a),风蚀水蚀交错区为1 000 t/(km^2·a),北方风沙区为1 000 ~2 500 t/(km^2·a),具体数值可根据原地貌风蚀强度确定;其他侵蚀类型暂不做定量规定。

4. 拦渣率

拦渣率指项目建设区内采取措施实际拦挡的弃土(石、渣)量与工程弃土(石、渣)总量的百分比。弃土弃渣量是指项目生产建设过程中产生的弃土、弃石、弃渣量,也包括临时弃土弃渣量,拦挡指的是有效集中拦挡。

5. 林草植被恢复率

林草植被恢复率指项目建设区内林草植被面积占可恢复林草类植被(在目前经济、技术条件下适宜于恢复植被)面积的百分比。一般项目区林草植被恢复率不得低于80%。

6. 林草覆盖率

林草覆盖率是指以行政区域为单位,乔木林、灌木林与草地等林草植被面积之和占区域土地面积的百分比。林草面积是指开发建设项目防治责任范围内所有人工和天然森林、灌木林和草地的面积。其中森林的郁闭度应达到0.2以上(不含0.2),灌木林和草地的覆盖度应达到0.4以上(不含0.4)。零星植树可根据不同树种的造林密度折合为面积。

(三)防治措施体系布设

防治措施体系布设,是在对主体工程设计分析评价的基础上,将主体已列防治措施和方案新增的工程措施、植物措施和临时防治措施按照防治分区科学配置、优化布局,既注重防治分区内部的可行性、合理性和科学性,又重视各分区之间的联系性和系统性,形成有效控制水土流失、促进改善生态的综合防治措施体系。

工程建设项目水土流失综合防治措施体系的布设应特别注意以下几点:①掌握开发建设项目水土流失防治措施的类型、形式和应用范围;②了解全国土壤侵蚀各类型区水土流失特点和防治的特殊要求;③考虑不同类型建设项目的防治要求;④注重平原和城市建设项目的特殊要求:⑤处于不同地貌类型区的同一工程,其防治措施的类型和布局应有差异性,如公路的平原和山区地段防治措施应有不同特点。

(四)分区防治措施典型设计

按照防治措施体系,分区、分类、逐项对防治措施进行设计。如同类措施在两个以上的,应选择有代表性的进行设计;若同类措施仅1~2个,应进行单独设计。

1. 各类项目设计深度

不同类型工程建设项目工程的可行性研究阶段的设计深度有差异,但方案编制应达到统一的深度。

2. 各类措施典型设计要求

按照水利部水土保持监测中心转发的《开发建设项目水土保持方案技术审查要点》(水保监〔2008〕8号)中对典型设计的要求执行。

(五)防治措施工程量和实施进度安排

水土保持措施工程量根据典型设计的单位工程量推算。

(1)工程措施和临时防护措施的工程量按措施类型、规模和定额计算项目的工程量分别列出。

(2)水土保持植物措施的工程量按乔木、灌木株数,草皮、植草面积,园林绿化面积统计,并说明防护面积和抚育管护工作量等。

(3)按照工程措施、植物措施和临时防护措施分区列表汇总。

(4)按防治分区列出水土保持措施工程量汇总表以及分年度实施工程量表。

九、水土保持监测的编写内容

根据《水土保持监测技术规范》(SL 277)的相关规定,工程建设项目水土保持监测要以扰动地面监测为中心,以水土流失严重时段、严重部位和潜在危险区域为重点,全面反映6项防治目标的内容,应用不同的监测方法布设有代表性的监测点位。为此,水土保持方案监测内容的编写应介绍清楚水土保持监测的内容、方法、时段、监测点位和频次,估算所需的人工、设施和物耗,以落实监测的具体内容。

(一)监测范围、分区和时段

监测范围为项目水土流失防治责任范围,监测分区应与水土流失防治分区相一致。

监测时段:①建设类项目为施工前、施工准备期至设计水平年;②生产建设类项目为施工前、施工准备期至设计水平年和运行期三个时段,其中运行期提出检测技术要求。

(二)监测内容、监测方法和频次

1. 监测内容

监测内容主要包括以下几方面:①影响水土流失的因子监测,包括地形地貌、土壤性质、植被覆盖率和降水、风等因子;②水土保持生态环境监测,如水系的变化情况、项目占地和扰动地表面积,挖填方数量及面积,弃土(石、渣)量及堆放形态和面积,临时堆土的数量、堆放时间、形态和占地面积,项目区林草覆盖度等;③水土流失动态监测,包括水土流失类型、面积、强度和流失量的变化,以及对下游和周边地区造成的危害与趋势等;④水土保持措施防治效果监测,包括各类防治措施的数量和质量,如林草措施的成活率、保存率、生长情况及覆盖率,工程措施的稳定性、完好程度和运行情况,各类防治措施的拦蓄保土效果等;⑤项目建设区水土流失背景值的监测和防治目标的监测,水土流失背景值主要在施工前进行监测,防治目标的监测主要反映项目扰动土地整治率、水土流失总治理度、土壤流失控制比、拦渣率、林草植被恢复系数和林草覆盖率等6项指标的内容。

2. 监测方法

采取调查监测与定位观测相结合的方法。线形工程以调查为主,辅以必要的典型定位观测;点形工程采用样地调查和地面定位观测相结合的方法。有条件的大型工程项目,可采用遥感手段进行监测。

3. 监测频次

可按照水利部水保〔2009〕187 号文规定执行。如正在使用的取土(石)场、弃土(渣)场的取土(石)、弃土(渣)量以及正在实施的水土保持措施建设情况等,至少每 10 天监测记录 1 次;扰动地表的面积、水土保持工程措施拦蓄效果等,至少每 1 个月监测记录 1 次;水蚀的定位监测频次为雨季前、后各 1 次;雨季每月监测 1 次,遇到日降水量大于 50 mm 时加测。

(三)监测点位布设

首先,监测点位布设应具有代表性。其次,监测点尽量布设在交通方便、便于管理以及尽量避开人为活动干扰的地段。不同水土流失类型分区均应布设监测点,以对比观测原地貌与扰动后地貌水土流失量的变化;不同分区相同部位应当至少布设选择一个监测点。最后,应分时段因项目布设点位,如施工期布设临时观测点,运行期布设永久、临时结合的观测点。对于工程规模大、影响范围广、建设周期长的大型建设项目,应布设长期观测点。监测点位的布置应结合工程所在地域、工程类型、规模大小和工期长短等来确定,同时应附监测点位布置图。

水利水电建设工程布设的监测点位主要为:施工中弃土(渣)场、取土(石)场、大型开挖面、排水泄洪区的施工期临时堆土(渣)场和不稳定岸坡等部位;建筑工程主要为施工中的地面开挖、弃土、弃渣和土石料临时堆放场地。

十、投资估算及效益分析的编写内容

(一)投资估算编制依据与原则

(1)水土保持措施投资包括已列投资和方案新增投资两部分。

(2)投资估算的编制应按有关规定执行。估(概)算编制的项目划分、费用构成、编制方法和估(概)算表格等应依据水利部《开发建设项目水土保持工程概(估)算编制规定》(水总〔2003〕167号)及主体工程所属行业的概(估)算、规定、规范和定额等相关内容执行。水土保持方案投资估(概)算的编制依据、价格水平年、工程主要材料价格、施工机械台时费、主要工程单价及单价中的有关费率应与主体工程相一致。

(3)估(概)算所采用的工程量应与典型设计、图纸和措施设计的结果相一致。

(4)采用与主体工程相一致的基础单价、取费标准、工程措施和植物措施单价,并说明编制的依据和方法。

(5)方案中的水土保持总投资不包括运行期(方案服务期内)水土保持投资。运行中的水土保持投资另列计划。

(二)水土保持投资估(概)算的组成

水土保持投资估(概)算的编制方法采用概算定额法编制。基础单价和工程单价的编制方法同主体工程(参考相关规定)。

水土保持投资估(概)算由工程措施费、植物措施费、施工临时工程费、独立费用、基本预备费和水土保持设施补偿费等6部分组成。

(1)工程措施费按设计工程量乘以工程单价编制,另外,设备及安装工程费按设备数安装费分别计算,计入第一部分工程措施中。

(2)植物措施费由材料(苗木、草和种子等)费、种植费和抚育管护费组成。

(3)施工临时工程费由两部分构成,即施工期水土保持方案中设计的临时防护措施按工程量乘以单价进行编制;其他临时工程费,按水土保持投资中工程措施和植物措施投资之和的1.0%~2.0%进行编制。

(4)独立费用包括建设管理费、工程建设监理费、工程质量监督费、水土保持监测费、科研勘察设计费、技术文件咨询服务费和水土保持设施技术评估及验收费组成。

(5)基本预备费按上述4部分投资之和的6%或主体工程所属行业的规定计算。

(6)水土保持设施补偿费依据项目所在地的省(自治区、直辖市)的标准执行。

(三)估(概)算结果

对项目建设期水土保持总投资及治理费(构成、植物和临时工程费)、独立费用、基本预备费和水土保持设施补偿费的金额进行说明,并按相关规定列出各种估(概)算计算表、估(概)算附表和估(概)算附件[单独成册,随估(概)算报审]。

(四)防治效益预测与分析

对水土流失防治措施进行生态效益、社会效益、经济效益和损益分析。

水土流失防治效益分析是根据方案设计的水土保持工程措施、植物措施和临时防护措施的布局与数量,通过定向说明和定量计算6项防治指标,将该指标值与方案所确定的水土流失防治目标值进行对比,防治后效果若达到方案确定的目标值,则方案可行;否则,将重新布设防治措施，提高防治效益。

社会效益主要从减轻水土流失危害、保证工程安全运行和促进社会进步三方面结合工程实际定向分析。主要从项目建成后项目区及周边地区的水土资源可持续利用，恢复土地生产力、改善生态环境状况、水土保持功能、成本及水土流失危害和促进地区经济协调发展等方面进行较为全面的分析，以损益分析的关键因子评价项目对水土流失的影响。

十一、方案实施保证措施的编写内容

方案实施保障措施是实施水土保持方案拟采取的措施，是审批部门考察可实施性的依据。编写时应重点考虑以下几个方面的内容。

（一）组织领导与管理

工程项目建设单位要设立专门的水土保持管理机构，明确水土保持管理机构的职责，制定水土保持管理的规章制度和建立水土保持工程档案。

（二）确保后续设计工作落实

主体工程初步设计中必须有水土保持专章，水土保持方案确定的各项水土保持防治措施，均应在工程初步设计、施工图设计阶段予以落实。项目初步设计审查时，应有审批水土保持方案的水行政主管部门参加。

（三）加强施工管理

施工期应严格控制和管理车辆、机械的运行范围，防止扩大对地表的扰动；设立保护地表和植被的警示牌；严禁乱堆、乱放弃土（石、渣）；注意施工和生活用火安全，防止火灾烧毁地表植被；对泄洪、防洪设施进行经常性检查维修，保证防洪安全；对建成的水土保持设施应有明确的管理维护要求。

（四）有关制度的落实

如工程监理、水土保持监测和监测验收等制度的落实。

（五）资金来源和使用管理

说明各项水土保持设施资金纳入项目建设资金统一管理，所需费用全部纳入工程总体安排和年度计划中，并且建立水土保持资金档案。

（六）检查与验收

接受各级水行政主管部门的监督和检查，在主体工程竣工验收前要进行水土保持专项验收。

十二、结论与建议的编写内容

（一）结论

1. 主体工程水土保持分析评价结论

主体工程水土保持分析评价结论包括主体工程选址（线）方案水土保持比选结果及分析评价意见和主体工程推荐方案设计的水土保持分析评价意见。

2. 水土保持方案可行性分析结论

水土保持方案可行性分析结论包括水土保持效益分析结果、损益分析结果，明确有无限制工程建设的制约因素，明确工程项目可行性。

（二）建议

根据对主体工程水土保持分析评价，针对存在问题和确保水土保持方案实施等方面，对水土保持后续设计与施工管理单位、水土保持专项监理和监测等方面的要求及建议等，提出下一阶段需深入研究的问题。

第七章 案 例

案例一 A县水土保持规划

一、基本情况

（一）自然条件

A县位于浙江省西南部钱塘江上游、浙闽赣三省交界处，介于东经118°22′37″～118°48′48″、北纬28°15′26″～28°53′27″，南北长70.75 km，东西宽41.75 km，总面积2 019.98 km²。A县地貌类型多样，以山地、丘陵为主，素有“七山一水二分田”之称。地势东南高、西北低，中部为河谷地带。

A县地处中亚热带北部湿润季风气候区，受地形影响，兼有盆地气候的某些特点，冬夏季风交替明显，四季冷暖干湿分明，光照充足，降雨充沛，雨热同期。多年平均气温为17.0 ℃，无霜期为249.7 d左右，因地形影响，市域内雨热水平差异较大，立体气候明显，中北部海拔250 m以下河谷丘陵和平原年平均气温在17.0 ℃以上。降水量自北向南逐渐增加，南部山区为多雨区，年降水量在2 000 mm以上，中北部降水量较少，最多不过1 700 mm。

（二）社会经济

A县下辖2街道12镇5乡。2013年末，全县户籍总人口为60.69万人，人口自然增长率6.60‰。全县城镇居民人均可支配收入28 074元，比上年增长10.1%；农村居民人均纯收入13 538元，比上年增长11.6%。城镇居民人均消费支出15 716元，比上年增长7.1%；农村居民人均生活消费支出10 055元，比上年增长9.0%。城镇居民人均住房建筑面积33.19 m²，农村居民人均住房面积达71 m²。

2013年全县实现生产总值235.25亿元，按可比价格计算（下同），比上年增长9.5%。其中第一产业增加值20.79亿元，增长1.1%；第二产业增加值131.98亿元，增长10.9%；第三产业增加值82.47亿元，增长9.3%。三次产业增加值结构由上年的9.2∶56.5∶34.3调整为8.8∶56.1∶35.1。全县人均生产总值（按户籍人口计算）38 888元，合6 280美元，比上年增长9.0%。

A县土地总面积2 019.98 km²。其中，农用地面积1 823.66 km²，占土地总面积的90.28%；建设用地面积143.56 km²，占总面积的7.11%；未利用地52.76 km²，占总面积的2.61%。

农用地中，耕地面积346.35 km²，园地面积120.36 km²，林地面积1 281.71 km²，其他农用地面积75.24 km²；建设用地中，城乡建设用地101 km²，交通水利设施用地39.13

km^2，其他建设用地3.43 km^2；未利用地中，水域27.85 km^2，滩涂沼泽2.18 km^2，自然保留地22.73 km^2。

(三)水土流失现状

1. 水土流失类型

按全国水土流失类型区的划分，A县属于水力侵蚀为主的类型区——南方红壤丘陵区，水土流失的类型主要是水力侵蚀，部分山丘区存在着滑坡、崩塌、泥石流等重力侵蚀。水力侵蚀的表现形式主要是坡面面蚀，丘陵地区亦有浅沟侵蚀及小切沟侵蚀。

2. 水土流失面积及分布

根据2014年水土流失现状复核调查成果，A县共有水土流失面积249.24 km^2，占国土总面积的12.34%，其中，轻度流失面积100.73 km^2，占水土流失面积的40.41%；中度流失面积126.40 km^2，占水土流失面积的50.72%；强烈流失面积14.93 km^2，占水土流失面积的5.99%；极强烈流失面积6.04 km^2，占水土流失面积的2.42%；剧烈流失面积1.14 km^2，占水土流失面积的0.46%。全县各级水土流失强度分布及比例见图7-1。

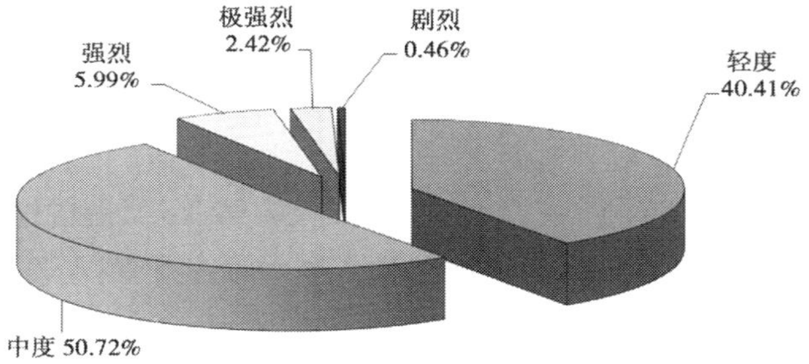

图7-1 A县水土流失强度分布情况

3. 水土流失成因

水土流失的形成是自然因素和人为活动共同作用的结果。

(1)自然因素。

影响A县水土流失状况的自然因素有降水、地形、土壤、植被等。

降水：A县降水量大且集中，暴雨频繁，地表径流大，为土壤侵蚀提供了原动力。

地形：全市土地面积90%是岗地和山丘区，山高坡陡，从而加剧了径流对地表土壤的冲刷侵蚀作用。

土壤：从土壤类型来看，A县属丘陵红壤区，土壤黏重，土质板结，渗透力差，通气性不好，土壤抗蚀能力弱，容易遭受侵蚀。

植被：A县原始植被遗存很少，现有植被主要是常绿针阔叶次生林、松灌残次林、竹林、经济林及草灌丛；森林结构中针叶林多、阔叶林少，林种结构单一，纯林多、混交林少，且竹林、猕猴桃等经济林分布面积广；低丘岗地的林地中疏林地比例较高，郁闭度不够，植被的水土保持功能较差。

(2)人为活动。

人为活动加剧水土流失，A县主要的人为因素包括土地开发、开矿、经果林经营、坡耕地耕种等。

二、现状评价及需求分析

(一)现状评价及存在的问题

1. 土地利用特点

A 县土地总面积为 2 019.98 km^2,从全县土地利用结构来看,主要有以下几个特点:①土地利用率高。A 县耕地面积占土地总面积的 17.15%,接近于全省的平均垦殖指数(19.44%)的水平。全县未利用土地面积只有 52.76 km^2,占土地总面积的 2.61%,土地利用率高于浙江省(91.58%)的平均水平。②用地需求旺盛。A 县工业进程和城市化进程的快速发展,各类建设用地的需求旺盛,保护耕地与保障经济发展用地的矛盾相当突出。③林地比重大,生态屏障作用明显。A 县林地资源丰富,林地面积为 1 281.71 km^2,占土地总面积的 63.45%,林地的生态屏障作用明显,对 A 县整体的生态环境起到了明显的改善和保护作用。④山多地少。A 县素有"七山一水二分田"之称,山地多,土地垦殖与生产生活空间受到限制,人均耕地占有量较低。

2. 土地利用现状评价

土地利用方式造成的水土流失对农业综合生产能力影响主要是顺坡耕种、陡坡开垦等不合理利用,以及大面积单一林种的林业开发等不合理经营。土地利用方式不合理会加剧区域水土流失,恶化农业生产条件,导致土地生产力下降。

根据 A 县土地部门二调数据,A 县共有坡耕地 57.47 km^2,占耕地总面积的 16.59%。根据现场调查并结合浙江省第五次应用遥感技术水土流失普查,A 县山多地少,人均占有耕地量少,耕作频繁,垦殖率高,坡耕地水土流失强度大,水土流失危害比较严重。

此外,A 县林地流失面积广、强度大,大部分林地存在林下水土流失问题。根据本次规划现场复核,园地中,果园和茶园的水土流失占园地总面积的 66.43%,果园和茶园多数位于山坡上,土体中下层砾石含量较多,土层普遍较薄,植被覆盖度低,区域内存在明显的降雨冲刷形成的小型侵蚀沟,土壤肥力和土地生产力受到明显影响。

3. 水资源丰缺程度评价

A 县气候温润、河流纵横,境内有碗窑水库、峡口水库等饮用水源保护区,以及江山港、长台溪、哒河溪、广渡溪、三桥溪等众多水系。全县多年平均水资源总量达 23.1 亿 m^3,人均拥有水资源量 3 865 m^3,远高于全国和全省水平。境内水体水质普遍较好,现状供需基本平衡,各用水户用水需求都能得到满足。

4. 饮用水水源地面源污染评价

A 县饮用水源主要包括哒河溪碗窑水库江山饮用水源区和峡口水库江山饮用、农业用水区。水环境监测结果显示,目前碗窑水库和峡口水库的水质较好,各项指标均能满足Ⅱ类水质标准,符合功能区要求。

目前,各供水水库上游基本无污染企业分布,主要的污染源是农村生活污水污染、农业面源污染及水土流失污染,这些污染是水库高锰酸盐指数和总氮的主要来源。

各供水水库上游均为山区,坡耕地上茶园、竹林等经果林面积较广,部分坡度较陡,且没有坡面水系工程等水土保持措施,耕作过程中容易造成水土流失。因此,强化生态清洁型小流域建设和小流域水土流失综合治理,是控制饮用水水源地面源污染的重要途径之一。

（二）需求分析

1. 保护耕地资源对水土保持的需求

A 县耕地资源相对匮乏，人均占有耕地面积不到全国平均水平，土地供需矛盾十分突出。随着城市化进程的加快，良田面积进一步被挤占，加上退耕还林等政策的实施，耕地面积减少在一定程度上成为必然的趋势。

保护耕地资源需要在水土保持工作中通过合理改造现有的坡耕地、大力开展坡耕地整治工程建设、搞好坡面径流调控等来实现。通过一系列水土保持措施，可涵养水源和培育地力，增加土壤蓄水能力、提高有限水资源的利用效率，保障农业生产安全，维持农村经济健康发展，保障农村收入。

2. 水源地保护对水土保持的需求

A 县碗窑水库、峡口水库等多个水库承担着城乡居民生活用水的供水功能，这些供水水库的集水区域往往山高坡陡，土层浅薄，土壤抗侵蚀能力差，生态环境比较脆弱。多年来，由于不合理生产利用水土资源，导致严重的水土流失，不仅使这一地区土地退化，涵养水源能力下降，导致严重的水库淤积，而且农田和果园大量施用的化肥、农药，以及生活垃圾随地表径流流入水库，造成面源污染，使许多供水水库水质受到污染，直接影响到供水区域经济社会的可持续发展和人民群众的饮用水安全。

保障人民群众的饮水安全，要求在水土保持生态建设过程中，在搞好水源涵养、蓄水保土工作的同时搞好面源污染防治工作，防治水源地水体污染。一是对人烟稀少、植被良好区实行全面封禁，提高水源涵养和生态系统自净能力；二是在人口相对密集的浅山丘陵区，减少化肥、农药施用量，并结合小型水利水保工程建设，配套小型污水、垃圾处理设施，建设生态农业；三是在沟道上游通过生物谷坊群，并结合沟底防冲林建设，依托植物生长所需，吸收水体中的营养物；四是在河道两侧和水库周边，通过生物护岸和建设林草生物缓冲带，净化水质。

3. 防洪安全对水土保持的需求

水土流失是加剧洪涝灾害的原因之一。一方面，因稀疏植被和浅薄土壤涵蓄水源能力差，造成径流快速汇集，洪峰流量及洪量增大，加剧洪水灾害；另一方面，水土流失造成大量泥沙下泄，淤积江、河、湖、库，降低了水利设施调蓄功能和天然河道泄洪能力，加剧了下游的洪涝灾害。

要搞好水土保持，确保防洪安全，一是要加大河流上游水源涵养林建设，尤其是现状植被覆盖度低的水库上游。通过林草植被的林冠截留，枯枝落叶层和水土保持工程措施的拦蓄，增加土壤入渗，减少地表径流，削减洪峰流量，延长汇流时间。二是通过坡面和沟道拦蓄工程，有效拦截径流和泥沙，减少径流冲刷力，延长汇流时间和减少泥沙下泄量。

4. 生态环境改善对水土保持的需求

生态安全是国家安全的重要组成部分，是保障土地对经济社会发展承载能力的前提。随着人口增多和人民生活水平的提高，经济社会发展与资源环境的矛盾还将更加突出。如果不能有效地保护生态环境，不仅无法实现经济社会的可持续发展，乃至喝洁净水、呼吸清新空气、吃放心食物都将成为广大人民群众的梦想，由此必然引发严重的社会问题。

水土保持能够有效地保护和改善生态环境,促进生态环境的可持续维护。实践证明,水土保持在大力建设基本农田、小型水利水保工程的同时,因地制宜地大力开展林草植被建设,有效增加植被覆盖,改善生态环境,并为江河下游的治理和生产,为我国宏观经济的健康发展发挥了极为重要的作用。生态安全要求水土保持工作,一是要加大生态良好区预防监督力度,保护好土地和植被,避免造成生态不可逆恶化;二是人少、水土流失轻微的生态脆弱区,采取生态修复措施,依靠自然修复能力,促进生态向良好方向转变;三是在人口相对密集、经济发展需求大、水土流失严重的生态退化区,采取工程与植物措施相结合,以工程保生物,营造乔、灌、草结合,针阔混交的水土保持林,重建植被生态系统,维系生态环境的安全,改善人居环境。

5. 农村经济发展对水土保持的需求

A 县经济落后的地区往往是一些山区、丘陵区等偏远地区,同时也是各江河水库的源头。这些地区由于海拔较高、位置偏远、交通不便,大大限制了经济发展的方向和速度。当地多数农民实现脱贫最现实的途径仍然是向土地要效益,经济利益的驱动性和发展的盲目性在很大程度上会令农村经济的发展忽视环境问题。大量实践证明,只有把水土资源保护好、利用好,把生态环境维护好,把适合当地的优势主导产业建立起来,才能实现当地村民的真正脱贫,才能使农村经济的发展步入良性循环轨道。

改善居住环境,提高人民群众的生活质量,要求在广大农村的山丘区,通过多种水土保持措施配套搞好坡面径流调控,防止泥沙下泄,阻止山洪灾害;搞好保水蓄水工程建设,保障生产、生活和生态用水;搞好坡面生物措施的景观设计,做好村庄周围的绿化和美化工作,建设秀美家园。

三、规划的任务、目标和规模

(一)规划原则

1. 坚持以人为本、改善民生的原则

从提高群众生产条件、生活水平和生活质量的实际需要出发,以水土资源的合理配置、高效利用所产生的经济效益来调动群众保护水土资源、治理水土流失的积极性。搞好坡面水系、谷坊、拦沙坝等小型水利水保工程建设,保育水土资源,改善农业生产条件,提高农业综合生产能力。着力解决好与人民群众切身利益相关的水土流失问题,努力满足人民群众对生态环境的保护和改善、供水安全、粮食安全的需求。

2. 坚持预防为主、保护优先的原则

贯彻落实预防为主的方针,从预防新的水土流失发生入手,正确处理经济发展与水土流失防治的关系,强化对生产建设活动的监督管理,有效地保护水土保持设施,将人为活动造成的水土流失遏制减少到最低程度。对存在水土流失潜在危险的生态环境脆弱区域和重要供水水库上游等重要生态功能区域内的生产建设活动,逐步推行或采取必要的限制措施。

3. 坚持人与自然和谐相处的原则

将人与自然和谐相处作为水土保持的核心理念,正确处理人与自然的关系。根据水土资源和生态环境的承载能力,合理选择水土流失治理措施,要充分发挥大自然的自我修复能力，依靠自然的力量实现水土流失的治理，恢复良好的生态环境，保持生态系统的自然性和良性循环。同时，在水土保持生态建设中，也要避免和减少人类活动对水土资源和自然环境的损害。

4. 坚持突出重点与统筹兼顾的原则

从实际出发，统筹规划，优先抓好对全县有较大影响的区域和重点工程，全面推进，循序渐进地进行水土流失治理。针对不同的水土流失类型、形式及其特点，因地制宜，因害设防，实行工程措施、植物措施的科学配置，以生态修复和综合治理为主要内容，实现保护水土资源、控制面源污染、改善农业生产条件、增加农民收入、改善生态和人居环境的目标，使水土流失治理在保护地区生态安全、饮水安全、粮食安全、防洪安全方面发挥更大的作用。

5. 坚持政府引导与公众参与相结合的原则

广泛开展水土保持宣传教育，鼓励和支持社会公众参与水土保持的各项活动。激发群众投入的积极性，特别是在水土流失严重地区，要提高农民的参与程度，保证综合治理的科学性、合理性。水土保持属于社会公益性事业，要实行政府引导，加大投入，建立有利于可持续发展的相对稳定的资金投入筹措机制。

（二）规划依据

(1)《中华人民共和国水土保持法》(2011 年 3 月 1 日施行)。

(2)《浙江省水土保持条例》(2014 年)。

(3)《水土保持规划编制规范》(SL 335—2014)。

(4)《水土保持监测技术规程》(SL 277—2002)。

(5)《水土保持综合治理技术规范》(GB/T 16453.1～16453.6—2008)。

(6)《水土保持综合治理效益计算方法》(GB/T 15774—2008)。

(7)《浙江省水土保持规划》(2015 年)。

(8)《浙江省主体功能区规划》(2013 年)。

(9)《浙江省水功能区水环境功能区划分方案》(2014 年)。

(10)《A 县环境保护“十二五”规划》(2011 年)。

(11)《A 县域总体规划(2006～2020)》(2011 年)。

(12)《A 县土地利用总体规划(2006～2020)》(2010 年)。

(13)《A 县矿产资源规划(2011～2015)》(2010 年)。

(14)《A 县水利志》(1998 年)。

(15)《A 县统计年鉴(2013 年)》。

(16)《江郎山国家重点风景名胜区总体规划》。

(17)《关于开展全省水土保持工作的通知》(浙水保〔2012〕77 号)。

(18)浙江省历次应用遥感技术普查水土流失成果。

(19)其他有关资料。

（三）规划水平年

本规划的基准年为 2013 年，规划期限为 2015～2030 年。近期水平年为 2020 年，远期水平年为 2030 年。

规划时段：近期为 2015～2020 年，远期为 2021～2030 年。

（四）规划目标

水土保持最根本的目标就是实现水土资源的可持续利用和生态环境的可持续维护。据此，提出 A 县水土流失防治的近期和远期目标。

1. 近期目标（2015～2020 年）

到 2020 年，基本建成与 A 县经济社会发展相适应的水土流失综合防治体系，生态环境得以持续改善，水土保持生态文明建设取得显著成效。重要饮用水水源地水质得到有效维护，城镇人居环境得到有效改善；水土保持监督执法能力稳步提升，人为水土流失得以有效控制，基本实现 A 县生态文明。具体目标如下：

（1）全县水土流失面积占总土地面积的比例下降到 10% 以下。

（2）进一步健全水土保持监督管理体系，充分发挥 A 县水土保持委员会的工作协调机制，强化统一领导和部门协作配合。

（3）全县水土保持监督管理能力进一步得到提升，实现对生产建设项目水土保持方案申报审批、监督检查、竣工验收、规费征收等环节的全过程管理，完善水土保持设施与主体工程“三同时”制度，开发建设活动造成的新的水土流失得到有效遏制。

（4）大力实施供水水库水源地、江河源头区的预防保护，水土流失及面源污染得到有效治理，水源地水质得到持续维护。

（5）加强城镇水土流失治理，严格监管区域内生产建设活动，防止人为水土流失，建设良好的人居环境和产业发展环境。

2. 远期目标（2021～2030 年）

到 2030 年，在巩固近期水土流失治理成果的基础上，进一步总结经验，强化与水土流失综合治理项目的协调配合，全面建成与 A 县经济社会发展相适应的水土流失综合防治体系，全县水土流失面积占总土地面积的比例下降到 8% 以下。水土流失严重区域得到有效治理，水库水源地水质维护得到全面保障，水土保持监督管理体系得到健全，生产建设项目“三同时”制度得到全面落实，生产建设活动导致的人为水土流失得到全面控制，水土流失状况得到根本改观，生态环境步入良性循环轨道。

（五）任务与规模

A 县水土流失治理任务是：水土流失重点预防区采取封育保护、生态修复等措施扩大林草覆盖，实施有效保护；水土流失严重区域以小流域为单元，采取工程、植物、耕作等措施，实施综合治理，使水土流失强度大幅度下降；全民水土保持生态意识和法制意识显著增强，人为水土流失得到根本控制，生产建设项目水土保持“三同时”制度全面落实。

根据规划的目标和任务，确定水土流失治理规模为：至 2030 年对水土流失重点预防区全面实施预防保护，综合治理水土流失面积 120 km^2，其中到 2020 年完成治理水土流失面积 76 km^2，2021～2030 年治理水土流失面积 44 km^2。

四、总体布局

（一）水土保持区划

1. 区划方法

县级水土保持类型区只划分为一级，相当于省级水土保持区划体系等级中的第四级。

在全国水土保持二级区划中,A 县属于江南山地丘陵区;在浙江省水土保持三级区划中,A 县属于浙赣低山丘陵人居环境维护保土区。

以省级水土保持三级区划为基础,综合考虑自然条件、土地利用结构、水土流失情况、水土流失防治措施等,结合区域其他专项规划,通过对重点地区的实地勘察,进行水土保持区划。各分区之间不存在从属关系,而是彼此相互独立、空间分布连续的地理单元。

2. 水土保持区划命名

区划命名的目的是反映不同类型区的特点和应采取的主要防治措施,使之在规划与实施中能更好地指导工作,命名的组成有单因素、两因素、三因素和四因素共四类,本次水土保持区划命名采取多段式命名法,即地理位置 + 地貌类型 + 水土保持主导功能的命名方式。

3. 分区结果

A 县共划分成 2 个区,分别为东南部山地丘陵生态维护水源涵养区和西北部丘陵盆地人居环境维护保土区。

(二)区划布局

区划布局是根据水土保持区划和分区水土流失现状及存在的主要问题,统筹考虑相关行业的水土保持工作,拟定分区水土流失防治方向、战略和基本工作要求。

1. 东南部山地丘陵生态维护水源涵养区

1)水土保持主导功能

本区自然生态环境优良,森林覆盖率较高,是中部盆地的天然生态屏障,生物资源丰富,拥有 A 县主要的森林公园和风景名胜区;同时又是 A 县城乡居民供水水库的上游地区,因此生态维护和水源涵养是本区水土保持主导功能。

2)水土流失防治方向和措施格局

(1)加强封育治理,对轻、中度水土流失的林地,采取措施封山育林。加强山丘区坡面水系工程建设,控制林下水土流失,进行小流域综合治理。河库沿岸及周边植被带和清洁型小流域是建设的重点。

(2)加强农业面源污染治理,水源地集水区内农作物种植推广使用有机肥,减少化肥、农药施用量。加强农村污水处理,污水收集纳管,采取地埋式无动力处理系统、生态治污等措施处理农村污水。

(3)严禁陡坡垦殖,大于 25°以上坡耕地全部退耕还林还草。合理调整林种结构,发展经济林,种植水保林相结合,以提高植被覆盖率。

(4)大力促进生态旅游和生态农业发展,积极发展茶叶、蚕桑、竹笋、花卉苗木、高山蔬菜等优势农产品,发展特色农业,同时推广农业节水技术,用喷灌、滴灌等取代传统灌溉方式。

2. 西北部丘陵盆地人居环境维护保土区

1)水土保持主导功能

本区交通便利,经济发达,在 A 县社会经济发展中起着重要的作用,既是城镇人居、商贸和工业布局集中区,也是农业最发达的地区和重要的粮食基地。因此,本区水土保持主导功能为人居环境维护和土壤保持。

2)水土流失防治方向和措施格局

(1)加强对生产建设项目的预防监督，严格执行生产建设项目水土保持方案申报审批制度和建设项目的主体工程与水土保持设施“三同时”原则。

(2)改善农业生产条件，优化耕作模式，发展微喷灌项目，提高土地产出率。加强农林开发管理，农林开发要合理确定规模，选择劈行带、挖穴等种植模式，尽量减少全垦造林，避免炼山整地。

(3)做好废弃采石场、砖瓦厂和交通干线两侧的复绿工作；搞好坡耕地治理、基本农田建设和城镇建设造成的人为水土流失的防治，禁止顺坡耕作。

(4)结合新农村建设，在居住人口相对密集的农村周边实施绿化，在主要交通道路和河道两侧开展绿化带建设，改善农村人居环境。

(三)重点布局

重点布局是根据已划定的水土流失重点预防区和水土流失重点治理区，分析确定水土流失防治重点格局和范围，结合水土保持主导基础功能，提出水土流失防治途径和技术方法。

水土流失重点防治区是水土流失重点预防区和水土流失重点治理区的统称，其命名由级别 + 地域名称 + 区类构成，其代码标示方法：用 S 标示省级，X 标示县级，Y 标示预防区，Z 标示治理区，A 县区划代码(后四位 0881)和阿拉伯数字顺序标示。

1. 水土流失重点预防区

水土流失重点预防区是指水土流失较轻、潜在危险及危害程度较高、生态功能重要、急需采取预防保护措施的区域。

1)预防区划分原则

(1)国家和省级禁止开发的区域。

浙江省主体功能区规划划定的国家和省级禁止开发区域中的世界遗产、地质公园，以及国家和省级自然保护区、风景名胜区、森林公园、重要湿地和湿地公园等区域。

(2)重要的水功能区和水环境功能区。

①大中型水库管理及保护范围。

②浙江省水功能区、水环境功能区划分方案中水功能区为保护区及水环境功能区为自然保护区的区域。

水功能区中主要包括自然保护区、重要源头水保护区、重要的集中饮用和大型水库水源地。

水环境功能区中的自然保护区包括源头水保护区以及县级以上人民政府依法划定的区域。

(3)水土流失轻微或潜在危险较大的区域。

坡度在 25°以上，连片面积 20 km^2 以上，且林草覆盖率在 70% 以上、水土流失微度区域比例 80% 以上的区域。

(4)梯田等水土保持设施及水土流失重要治理成果区。

①梯田集中分布区。梯田集中连片分布面积 20 hm^2 以上，且坡度 8°以上的区域。

②全国水土保持监测网络中的水土保持监测站点、重要实验区等区域。

2)预防区划分成果

(略)

2. 水土流失重点治理区

水土流失重点治理区是指水土流失严重，对当地和下游危害大，迫切需要开展集中连片规模治理的区域。

1)治理区划分原则

(1)水土流失面积占总土地面积的百分比达到20%以上，且中度以上水土流失面积占水土流失总面积的百分比达20%以上的小流域。

(2)水土流失面积占总土地面积的百分比小于20%的小流域中，坡度在5°以上的水土保持措施不配套的园地和经济林地集中分布面积合计50 hm^2以上，或坡耕地集中分布面积在20 hm^2以上的连片区域。

(3)水土流失危害程度严重或非常严重的，或水土流失治理的紧迫性属紧迫或非常紧迫的，或民生要求的迫切性属迫切或非常迫切的。

水土流失危害程度主要考虑水土流失破坏土地资源，降低土地生产力，淤积江河湖库，加剧水旱灾害，威胁人类生产生活安全等。

民生要求的迫切性主要考虑粮食和饮用水源问题，特别是革命老区、贫困人口集中区、少数民族聚居区的需求。

2)治理区划分成果

(1)水土流失严重小流域。

水土流失面积占总土地面积的百分比达到20%以上，且中度以上水土流失面积占水土流失总面积的百分比达20%以上的小流域，A县有35条。

(2)集中连片经济林地及坡耕地。

水土流失面积占总土地面积的百分比小于20%的小流域中，坡度在5°以上的水土保持措施不配套的园地和经济林地集中分布面积合计50 hm^2以上的连片区域，A县涉及18处；坡耕地集中分布面积在20 hm^2以上的连片区域，A县涉及2处。

(3)水土流失危害严重，需迫切治理区域。

根据A县2014年水土流失复核调查成果，全县水土流失较为严重的区域主要位于四都镇、上余镇、大陈乡、双塔街道、碗窑乡、清湖镇、长台镇、塘源口乡、石门镇、凤林镇、峡口镇、保安乡、廿八都镇等13个乡(镇)。

(4)治理区划分成果。

根据划分标准，A县本次水土流失重点治理区主要为县级，面积共计130.85 hm^2，主要位于A县中部盆地区域。

3. 水土流失重点防治区措施布局

(1)预防区多数位于山丘区，林草覆盖率较高，水土流失程度较轻，但由于其山高坡陡、土层较薄，潜在危险及危害程度较高。鉴于此，本区主要实施封育治理等生态修复工程。

①对于海拔>500 m的深山区，实施天然林保护；海拔≤500 m的中低山，结合A县生态移民规划，进行生态自我修复综合治理。

②针对疏林地（郁闭度≤0.5）、陡坡地（坡度≥25°）以及低质量林分（包括林分单一、乔少灌草多林区），采取有效的补植补育措施，达到乔、灌、草有机结合的立体生态防护系统。

③在林草措施实施区和封禁区域设立告示牌，做好工作的宣传，写明管理单位（人员）、管护措施及管理要求。

④面向重要饮用水水源保护区的小流域设立封禁区，着力建设生态清洁型小流域，严格控制耕作等地面扰动活动，控制库区上游水土流失、库区面源污染的发生发展。

（2）治理区内开发建设活动较频繁，水土流失相对严重并集中连片、面积较大，对当地和下游造成严重水土流失危害、对国民经济与河流生态环境及水资源利用有较大影响。鉴于此，本区主要的水土保持措施是通过调查了解水土流失分布流域，以小流域为单元，采取水土保持综合治理措施进行全面治理。

①对坡耕地采取坡面水系整治、小型水土保持拦蓄工程、沟道治理等综合防治措施进行治理。

②在水土流失严重的乡镇，实施以小流域为单元，结合退耕还林、保土耕作、坡地改造、“四荒地”治理、疏林地封育、补植封育为主要内容的水土流失综合治理措施。

③对常年受到水流冲刷，有坍塌现象的河岸，综合清洁小流域治理理念，进行生态型护岸处理，防治水土流失。

④对废弃矿山、弃渣场和裸露地进行土地整理，采取“宜林则林、宜耕则耕”的原则进行治理。

⑤对不同生产建设项目可能造成的水土流失特点，有针对性地采取水土保持措施进行防护，主要包括边坡防护、弃渣场挡墙和排水防护、覆绿等一系列防护工程。

五、预防规划

（一）预防范围与对象

A 县水土流失预防范围主要是水土流失较轻、潜在危险及危害程度较高、生态功能重要、需采取预防保护措施的区域，包括国家和省级风景名胜区、森林公园、水库水源保护区、坡度 25°以上植被较好区、生态公益林、主干河流及湿地、水源涵养区及其他需要进行预防保护的区域。

重点预防对象为《浙江省主体功能区规划》划定的 A 县境内涉及的国家和省级禁止开发区，《浙江省水环境水功能区划分方案》中重要的饮用水水源地以及坡度 25°以上集中连片面积 20 km^2 以上的区域。

（二）重点预防项目布局

A 县位于钱塘江上游，在水功能区和水环境功能区划上属于源头水保护区，因此 A 县的重点预防项目以源头水保护和水库水源地保护为主，实施清洁小流域建设，结合河岸两侧、周边植被缓冲带、人工湿地建设等，保护生态敏感区的生态环境，加强水源涵养，防治水土流失。

在江河源头和水库上游水源地实施清洁小流域建设，结合河岸两侧、水库周边植被缓冲带、人工湿地建设等，加强水源涵养，防治水土流失。

(三)措施体系与配置

1. 措施体系

落实"预防为主,保护优先"的水土保持工作方针,满足"水质维护、生态维护"的水土保持功能要求,江河源头区与水库水源地主要是加强生态清洁小流域建设,即以水源保护为中心,因地制宜,采取生态修复、局部水土流失综合治理以及农业面源污染防治、水土保持湿地建设等措施,在治理水土流失的同时,改善流域水体水质。

2. 措施配置

1)生态修复

生态修复是加快水土流失防治步伐、促进人与自然和谐、构建和谐社会、建设生态文明的重要途径之一。在人口相对较少、水土流失相对轻微、生态系统脆弱地区大力开展生态修复,对促进区域水源涵养保护具有重要意义。主要措施是封育治理和生态移民。

(1)封育治理。

封育治理是水土流失预防保护的主要措施。利用树木的天然下种和萌芽萌蘖能力,对具备封育条件的疏林地、灌丛地、采伐迹地及荒山荒地等,采取限时封禁和相应的育林或育草技术措施,控制人们对大自然的过度干扰、索取和破坏,依靠生态系统的自我修复能力,恢复植被生长,提高植被覆盖度,恢复和改善生态系统功能,减轻水土流失,改善生态环境。具体措施如下:

①在封禁区域的出入口、路旁等人为活动比较频繁的区域设置封禁标牌,标牌上明确封禁范围、封禁管理规定或管护公约等,并能有效地防止人畜任意进入(如设置铅丝网围栏、生物围栏,设界桩、做标志等)。

②成立管护队伍,管护人员要有一定的水土保持政策法规及其他相关法律知识,熟悉水土保持生态修复区的情况,具有较强的责任心,管护人员要相对稳定。规范的管护队伍是水土保持生态修复各项措施实施的保障。

③制定管护规章,管护规章要具体明确,具有较强的操作性,如在规章中明确水土保持生态修复区的范围内,禁止垦殖、伐木、采矿、挖砂、取土、烧炭等人为活动,封育区边界设标志,并明确管护责任,落实到人。

(2)生态移民。

交通不便、人口较少、居民分散、生态环境脆弱的地区,耕地面积少,农民长期以开垦荒山荒坡作为解决粮食问题的手段,全垦皆伐、顺坡耕作,水土流失极为严重。实施生态移民措施,结合新农村建设、城镇建设、农村扶贫开发等迁移至条件较好的地方集中安置,减少山区生态压力和人为破坏,使自然环境得到休养生息和修复。

2)农业面源污染防治

(1)农村生活污水处理。

农村生活污水是造成农村水环境污染的主要原因,必须妥善处理农村生活污水,改善农业和农村生态环境。目前,农村生活污水处理的方式很多,一般采用膜生物反应器(MBR工艺)、厌氧沼气池处理技术、传统的无动力污水处理、人工湿地处理技术、土壤滤渗技术和户用生态污水处理池等方式对污水进行处理。由于村庄分布广,污水分散,难于收集,因此对农村生活污水处理根据人口分布密度、自然环境和经济条件,采取人口密集区集中处理和农村分散处理的方式，尽可能做到投入省、效果好。

(2)农村生活垃圾处理。

结合美丽乡村建设，探索适宜的农村生活垃圾处理模式。在区内各村建设垃圾房，安排专门的保洁员，实行“村收集、镇清运、市处理”的农村生活垃圾处理体系，使生活垃圾堆放有固定地点，且具有拦蓄措施、卫生措施和防渗措施，对农村垃圾实行有序堆放和集中清运，改善农村人居环境，促进新农村建设。

(3)生态农业建设。

为减少农业生产施用的化肥、农药随着多余的灌溉水流失到农田之外，产生农业面源污染，在水源地上游推广测土配方施肥技术，合理控制化肥、农药施用量；改进农业生产技术，推广喷灌、微灌等先进的农业节水技术，降低农业用水量；同时在区域内推广“节水减污”抗旱杂交水稻，以节约水资源，减少农业面源污染，改善耕地生态，改良土壤结构，保持良好的生态环境。

(4)控制农田径流污染。

为减少污染物随灌溉、降雨径流排入地下或地表水体，可通过在农田与沟渠间建立缓冲带来截留和净化土壤径流中的氮、磷等物质，达到降低水体污染物的目的。如水稻田排水经过茭白、莲藕等经济作物人工湿地后外排入沟渠中，既可减少农田等污染物排放，又能产生一定的经济效益。山坡梯田下部保留一定区域种植树木，梯田灌溉回归水通过林带排泄，以消耗农田水中的营养物；对位于干支流两侧地势较低的沟谷水田，可在附近利用洼地修建池塘，蓄存农田径流，一方面用于回灌，另一方面避免农田水直接排入河流，以减少污染物的排放量。

3)农村人居环境整治

结合新农村建设，将传统的公厕改为水冲式。对于村落密集的地区，粪便集中处理后，制成有机肥直接返田；对于分散的村落，采用集污池，将粪便集中后可直接返田。大力推广化粪池，新建农村住宅必须配套建设三格式化粪池，并对老房子逐步进行改造。

加强农村“四旁”绿化建设，即村旁、宅旁、路旁、水旁绿化，要各显其能，形式多样，布局上做到“点、线、面”综合考虑，并与周边环境相协调。

六、治理规划

(一)治理范围与对象

水土流失治理范围是指水土流失严重，对当地和下游危害大，迫切需要开展集中连片规模治理的区域。包括流域内坡耕地、经济林地、荒山荒坡、废弃采矿迹地、冲刷或坍塌严重的沟道、河道两岸等区域的治理。

A县水土流失重点治理以小流域为单元，根据各流域内存在的水土流失问题，以发展农村经济和水土资源可持续利用为出发点，重点对水土流失面积比例较大和水土保持配套措施不完善的坡耕地、园地及经济林地等小流域进行治理。

(二)重点治理项目

根据A县产业发展方向及各区域水土流失特点，水土流失重点治理项目主要为小流域综合治理。

小流域水土流失综合治理的主要任务以片区或小流域为单元，山水田林路综合规划，以坡耕地治理、经济林地下水土流失治理、水土保持林营造为主，重视溪沟整治、沟坡兼治，生态与经济并重，着力于水土资源优化配置，提高土地生产力，发展特色农业，促进农业产业结构调整，以治理促退耕，以治理促封育，持续改善生态，保障区域社会经济可持续发展。

根据综合治理条件和治理的迫切性以及先易后难和投资的保障程度，确定大桥溪、大陈溪和廿八都溪作为水土流失重点治理区域。

（三）措施体系与配置

1. 措施体系

重点区域水土流失治理主要是以小流域为单元，开展小流域水土流失综合治理工程，水土保持治理包括坡耕地治理、经济林地治理、疏林地治理、废弃矿山等裸露面治理、溪沟治理等方面，工程措施主要包括坡改梯、坡面水系工程、拦沙坝、护岸工程等，林草措施主要包括植树种草、营造水土保持林、建设经果林等。

2. 措施配置

1）坡耕地治理

A 县属于山地丘陵地区，人多地少，耕地资源相对匮乏，多年来当地老百姓通过开垦丘陵山地缓解用地紧张局面。坡耕地开垦过程中，在降雨和径流的作用下，土壤水分与营养物质大量流失，致使土壤肥力和土地生产力下降，不利于作物生长。坡耕地治理的主要措施有坡改梯田（地）、小型坡面蓄排工程、退耕还林等。

（1）坡改梯田（地）。

坡改梯措施是现有坡耕地水土流失治理的重要措施之一，将原来的坡地改造成平地，通过地形的改变，结合田埂的拦挡以及小型坡面蓄排工程的配套，大幅度降低土壤的可蚀能力。经调查，原来易产生中度甚至极强烈水土流失的坡耕地经过坡改梯，水土流失强度可控制在微度水平。

由于土壤等条件的限制，一般以修建石坎水平梯田和土坎水平梯田为主。措施布置时，应注意实施区的现状情况选择，一般来讲，坡改梯主要适用于25°以下、土壤肥沃、质地较好、周边灌溉便利、距离村庄较近的缓坡耕地修筑。修建梯田按照先易后难、先近后远、先缓坡后陡坡的原则进行。

（2）小型坡面蓄排工程。

为保证农业正常生产，提高农作物产量，在坡耕地内根据地形合理配置坡面截水沟、蓄水池（沟）、排水系统等小型蓄排工程，控制降水形成的地表径流，减少汛期下泄水量，增强防洪抗旱以及土壤保水保土能力，提高土地产出率。即在坡面上每隔一定距离沿等高线修建横沟及与若干横沟相通的纵沟，纵沟内修建若干跌水等消能设施，以及时排出坡面水流，截短坡长，减少地表径流对坡面的冲刷。有条件的还可以在排水沟适当部位修建蓄水池或沉沙池等，在蓄水的同时减少泥沙入河、塘、库，拦截径流中挟带的有机物质，进一步减少面源污染物的输出。

（3）退耕还林。

25°以上坡耕地土层薄，土壤侵蚀强度一般都在强烈以上，有条件的必须退耕还林，部分有条件的地方坡耕地全部退耕还林。根据当地条件，尽可能发展水保林，适度种植经济林，以增加农民的经济收入，提高退耕还林的积极性。

2) 经济林地治理

由于不合理的耕作与建设模式，常造成经济林林下地面裸露、地表土壤疏松，每遇暴雨，林下冲沟密布，致使地表土壤大量流失，土壤肥力下降。经济林水土流失治理措施主要有以下几种：

(1) 坡面水系工程。

通过布设水平截(排)水沟和纵向主排水沟以及蓄水池、沉沙池等配套工程，将坡面径流分层拦截在水平截(排)水沟内，经纵向主排水沟导出坡面，进入下游沟(河)道。做到小雨不下坡、大雨顺沟流，达到层层拦截，有序排泄，削减产生坡面水土流失的外营力，防止水土流失的目的。

(2) 植物篱。

在经济林植株之间种植一排阴性、半阴性低灌(丛)密植经济植物或牧草带，形成植物绿篱屏障，使流失土壤逐渐堆积，起到拦蓄坡面流失土壤、减缓坡面径流汇流时间、消能减蚀的作用。例如，在竹林坡面每隔 10 m 种植耐阴、有经济价值又不影响竹农生产作业的乔、灌木，构建植被缓冲带，增加地面覆盖度，增加生物多样性来减少水土流失。

(3) 生产管理。

生产管理上，主要是改变原来的全垦、翻耕方式，局部翻耕松土，林下每隔一定距离一般 3 ~5 m 宽范围内不除草，作为植被缓冲带，拦截径流泥沙，增加地表覆盖，增加水流入渗。此外，生产管理过程中禁止使用草甘膦，推荐采用茎死根不死的新型除草剂，并推广地面覆盖防护模式，雨水季节应将砍灌(丛)除草清除的枝条、草叶等平铺于树下裸露地面，防止雨水对地面击溅和径流的直接冲刷，同时起到减少地面水分蒸发的作用。

3) 疏林地治理

森林是陆地生态系统的主体，在涵养水源、调节地表径流、保持水土、调节气候、维持生态平衡等方面发挥着巨大的综合作用。林木的树冠可阻滞雨滴下落，避免雨滴直接击溅土壤，减小降雨的侵蚀力。对轻、中度水土流失疏林地，以封山育林为主，可采取全封、轮封等形式，在封禁治理的同时要加强抚育管理。

强烈以上水土流失的疏林地，视具体情况采取相应的水土保持植物措施和工程措施，如进行育苗补植、修枝疏伐、择优选育。因疏林地植被以针叶疏林为主，补植主要采用阔叶树种，如枫香、木荷等。

土层较厚、坡度较缓的地块，可采取补植造林和林分改造，加强抚育管护，以促进林木生长，加快植被恢复。土层浅薄或坡度较陡的，可结合水土保持整地工程(如修建水平阶、水平沟，开挖大型果树坑等)，依据"适地适树"的原则，营造水土保持林、水源涵养林，发展经济林果，做到既防治水土流失，又开发利用土地资源发展经济的目的。

4) 裸露面治理

裸露面治理主要包括废弃矿山整治、荒坡地治理及开挖裸露面治理。

(1) 废弃矿山整治。

A 县开采的矿种较多，目前可供开发利用的矿种以萤石和建筑用石为主，为 A 县的城市建设、人居条件改善、交通网络建设等方面做出了重大贡献。但是,随着城市化程度的提高、生态市建设的推进、交通及人居环境条件的不断改善、旅游资源的进一步开发,劈山采石的山体“白化”和建设山海秀美的生态环境之间的矛盾逐渐加深。应坚持“谁建设,谁保护;谁破坏,谁恢复;谁使用,谁补偿”的原则,最大限度地减轻采矿对土地和生态环境的破坏。

在矿山复垦和生态重建中,要坚持因地制宜的原则,根据矿山地理位置、景观特征及开发功能决定重建哪一类生态系统,“宜耕则耕,宜林则林”,或建设为林地、耕地,或为建设用地、公共绿地,或为旅游娱乐用地。积极探索矿山复垦绿化的新方法、新工艺,提高矿山生态治理效应。

(2)荒坡地治理。

对轻、中度水土流失的荒坡地,以植树、种草为主。若地形比较完整、土层较厚的坡面,可采取修建水平带、水平沟、水平阶等带状整地方式,带状整地基本上顺等高线在坡面上连续布设,在此基础上发展经济林果,以提高经济效益。

对强烈以上水土流失的荒坡地,有一定土层地带可采取穴状整地、挖鱼鳞坑等水土保持坡面工程,营造水土保持林;土层浅薄地带可采取种草护坡固土,适当种植耐贫瘠的乔木和灌木树种。

(3)开挖裸露面治理。

裸露面治理要与人工造景结合起来,尽最大努力做好与周围自然环境的协调统一。需进一步做好引导,加强技术服务,因势利导地进行必要的示范工程的建设,争取经过几年的努力,使各主要城镇周边、风景名胜区、历史文化保护区和铁路、高速公路、国道、省道等交通干线可视范围内的开挖裸露面都能够得到有效的恢复整治。

5)溪沟治理

(1)拦沙坝工程。

拦沙坝是以蓄水拦沙、削减洪峰、防止沟床下切和沟岸扩张坍塌等为主要目的修筑的坝。拦沙坝坝址选择时,尽量使坝轴线短、库容大,同时尽量避开较大的弯道、跌水、断层、洞穴等不利因素。根据地形情况,对沟道下切作用或两侧重力侵蚀已经终止的沟壑,设置简易拦沙坝,用来拦截下泄泥沙。同时在村庄附近河道修建拦沙坝,可形成水面,方便村民用水,起到改善村庄景观的作用。

拦沙坝的坝型主要根据洪水、泥沙量和当地的建筑材料状况及地形地质条件确定,可采用干砌石坝、浆砌石坝、混凝土坝等。

(2)护岸工程。

护岸工程是保证河岸稳定,防止水流冲刷的重要工程措施。从尽量保护河道湿地生态系统的角度,除正常蓄水位以下考虑满足防洪、防冲要求采用砌石外,正常蓄水位以上考虑采取工程和植物措施相结合,在保护河岸的同时,兼顾景观、生态、水土保持等多种功能,种植草皮或耐水湿、净化水质的植物品种。通过护岸工程防治河岸坍塌,河岸乔灌草合理搭配种植,既能满足防洪度汛要求,又能保护生态环境和美化河岸环境。

6)城镇水土流失治理

城市水土保持生态环境建设要与小城镇建设、防洪建设、水资源开发利用、水环境改善等紧密结合，以防治人为水土流失为核心，以优化生态环境为重点，以城镇功能分区为单元，依靠科技进步，加强管理与保护。

其主要治理措施如下：

(1)科学规划、完善制度。

以水土保持法律法规为依据，将水土保持的有关规定和要求贯穿于城市的规划管理与各项生产建设之中。城镇水土保持规划既要结合城镇总体规划确定的城镇功能和空间布局，又要反映水土流失和水土保持的特点，根据区域特性，把握治理重点，加强监督检查，完善预防和保护措施。城镇水土保持生态环境建设工作必须依法管理，因此必须建立一整套完善的水土保持法律法规和规章制度。

(2)规范生产建设项目行为。

规范城市生产建设行为是城镇水土保持生态环境建设的重要工作，只有全面执行生产建设项目水土保持方案，落实水土保持"三同时"制度，才能从根本上控制城镇水土流失。

(3)雨水集蓄利用。

利用降雨资源建立城区雨水收集及存储系统，加大雨水的储留量；推广应用透水性铺装材料，加大雨水就地入渗量。实现雨水的资源化利用，增加城镇供水，使水文循环向着有利于城镇生活及环境改善的方向发展。

(4)土石方防护措施。

根据城市水土保持规划，生产建设过程中产生的废渣需堆置在指定的集中弃渣场内，各种建材需在指定的取料场采集。城镇建设基础开挖和土方填筑，需要临时堆土和运输土方。临时堆土要明确设计临时堆土场，堆土场周围设置挡护措施，先挡后堆，四周开挖临时排水沟和沉沙池，然后排水接入城区排水系统，以减少建设过程中的水土流失。在运输土方时，运土车一定要有足够高的挡板和盖板挡护，严防土砂料沿途漏散和遇风吹扬，影响城镇环境。

(5)植树种草，增加城镇绿地面积。

对城市弃渣堆积区、贫瘠废弃地，以保持水土、改良土壤为主要目的，栽植适应能力较强、根系发达、易成活的树种或草种，防止水土流失，改善城镇生态环境。对于旅游风景区，需要在旅游淡季抓紧对被破坏的植被进行生态修复和裸地补绿，在保护原有植被的基础上，扩大和恢复植被的覆盖度，提高景区的森林覆盖率，减少园地和坡地的水土流失。新城、老城改造地区及城郊乡镇区，可参照城镇绿化建设及园林建设要求进行生态修复设计，做到房建、道路、花园、绿地、水塘布设合理，林草花卉优化配置，既可保土保水取得较显著的生态效益，又优化了人为景观，取得了一定的社会效益。

(6)水土保持工程措施。

城镇的水土流失治理除采用生物措施外，也应采取适当的工程措施，尤其是在一般生物措施难以奏效的区域，应根据具体情况采取拦渣、护坡、土地整治、防洪排水、防风固沙、泥石流防治等工程措施来控制水土流失，这也是对生物措施的必要补充和完善，更有利于发挥这两项措施的综合效益。

(7)建立示范小区和示范工程。

先开展示范工作，以点带面，建设一批具有推广价值的水土保持生态环境建设示范小区和示范工程项目，推广成功经验，促进城镇水土保持生态环境建设的规范发展。

七、监测规划

（一）监测任务

水土流失监测以水土流失普查、水土流失重点防治区的监测和生产建设项目水土流失监测为重点，通常水土流失普查采取遥感普查的方法。根据浙江省水土保持监测的统筹安排，A 县水土流失监测主要负责 A 县县域范围内水土流失重点防治区与生产建设项目的水土流失监测工作。

（二）重点防治区水土流失监测

重点防治区包括重点预防区和重点治理区，开展重点防治区水土流失监测工作，及时、全面、准确地了解和掌握其水土流失动态变化状况，跟踪了解水土保持生态建设的进展和效益情况，是社会经济发展的需要，是开展水土保持和生态建设的基本依据。

1. 监测范围

A 县水土流失重点防治区涉及省级水土流失重点预防区、县级水土流失重点预防区和县级水土流失重点治理区，因此其监测范围为区域内的省级、县级水土流失重点预防区和县级水土流失重点治理区。

2. 监测内容

监测内容包括区域土地利用情况、水土流失情况、生态环境概况、各类措施及其效益情况等。

3. 监测方法

水土流失监测主要采取遥感调查与野外调查复核相结合的方法，主要包括预防保护措施和效果监测。

预防保护措施监测采取统计、调查的方法，监测预防区的措施数量、质量、分布等；效果监测主要采取遥感调查的方法，监测预防区的土地利用、植被盖度及林缘线，水土流失面积及强度等的变化情况。

4. 监测频次

重点预防区面积大，监测内容多，采用分批监测的方法开展工作。

（三）生产建设项目水土流失监测

为反映生产建设项目对区域生态环境的危害及破坏程度，选择扰动地表和破坏植被面积较大、水土流失危害和后果严重、生产建设项目集中的区域开展水土保持监测，监测生产建设项目集中区扰动土地状况、土地利用情况、水土流失状况、水土保持措施及其效果等，综合评价生产建设项目对区域生态环境的影响。

1. 监测内容

（1）项目区水土保持生态环境变化情况，包括地形、地貌和水系的变化情况，建设项目占地和扰动地表面积，挖填方数量及面积，弃土、弃石、弃渣量及堆放面积，项目区林草覆盖率等。

（2）项目区水土流失动态监测，包括水土流失面积、强度和总量的变化及其对下游及周边地区造成的危害。

(3)水土保持措施防治效果监测,包括各类防治措施的数量和质量,林草措施的成活率、保存率、生长情况及覆盖率,工程措施的稳定性、完好程度和运行情况,以及各类防护措施的拦渣保土效果。

2. 监测方法

生产建设项目常用监测方法以调查、巡查监测为主,并辅以地面观测方法。地面观测包括径流小区法、测钎法、沉沙池法、坡面侵蚀沟量测法等,用于各种类型的挖填边坡、临时堆放场、弃渣场坡面以及施工临时场地等水土流失量的监测。

3. 其他要求

生产建设项目由工程建设单位自行或者委托具备水土保持监测资质的机构承担,按照《水土保持监测技术规程》(SL 227—2002)和水土保持方案的要求由监测单位编制监测实施方案并实施,水行政主管部门对监测工作进行监督、指导。

生产建设项目水土保持监测依据批准的水土保持方案,编制开发建设项目水土保持监测实施方案,并按计划对建设和生产过程中的水土流失进行监测,水行政主管部门对监测工作进行监督、指导。

生产建设项目水土保持监测实行报告制度。生产建设项目的监测数据和成果,向水行政主管部门报告,纳入全省水土保持监测网络系统管理。

八、综合监管规划

(一)监督管理

1. 监督管理内容

(1)水土流失预防情况的监管。

对 A 县人民政府划定并公告的水土流失重点防治区实施监管,同时对 A 县水土保持规划的实施情况进行监管。

(2)生产建设活动和项目的监管。

生产建设项目选址是否符合水土流失重点防治区的控制条件;水土保持方案是否经过批准或者备案;水土保持监测是否按要求开展,监测资质和监测成果是否符合国家有关文件及技术规范要求;水土保持设施是否与主体工程同时设计、同时施工、同时投产使用,施工质量是否符合要求,是否满足验收要求;查处违法违规生产建设项目和生产建设活动。

(3)水土流失治理情况的监管。

对区域内水土保持重点工程建设、运行管理情况的监管;对损坏水土保持设施、地貌植被,不能恢复原有水土保持功能的生产建设项目或生产建设活动缴纳水土保持补偿费情况的监管;对地方政府鼓励单位和个人参与水土流失治理,并在资金、技术、税收等方面予以扶持情况的监管。

(4)水土保持监测监督情况的监管。

水行政主管部门开展水土流失监测并定期进行公告情况的监管;对可能造成严重水土流失的大中型生产建设项目自行开展水土流失监测,并将监测结果定期上报当地水行政主管部门情况的监管;对水行政监督检查人员依法履行监督检查职责,对违法违规生产建设项目和生产建设活动进行查处情况的监管。

2. 监督管理措施

(1)健全组织管理,强化统一领导和部门协作配合,充分发挥A县水土保持委员会的作用,建立年度水土保持工作报告制度。

(2)将水土保持工作纳入国民经济和社会发展规划,实施水土保持目标责任制和考核奖惩制度,提出主要考核内容与量化指标体系。

(3)对有关基础设施建设、矿产资源开发、城镇建设、公共服务设施建设等方面的规划,在规划报请审批前,从水土流失预防与治理角度提出相关意见。

(4)对低丘缓坡开发过程进行水土保持管理,开发为建设用地的,要处理好开发与保护的关系,严格执行水土保持"三同时"制度;开发为农用地的,要有防治水土流失、确保一定耕作层以及地力培育等方面的措施和要求,进行表土剥离保护,并配套完善的坡面水系工程。

(5)开展水土保持执法情况督查,建立健全水土保持监督管理制度,实现对生产建设项目水土保持方案申报审批、监督检查、竣工验收、规费征收等环节的全过程管理,加强对水土保持监测定期报告制度落实情况和监测成果的核查。

(6)对未编制水土保持方案或者编制的水土保持方案未经批准而开工建设的违法行为等,要求限期采取补救措施;对已经造成水土流失危害的违法行为,直接给予罚款;对要求限期采取补救措施的违法行为,逾期仍没有采取补救措施的,依法给予处罚。

(7)建立监测成果定期报告制度,加强对水土保持监测定期报告制度落实情况和监测成果的核查。

(8)加强与上级业务部门和同级政府有关部门的协作配合,加大联合监督执法力度,严肃查处建设项目中的一些典型水土保持违法行为。

(9)加强土地整治项目的监督管理工作。县国土局在编制土地整治规划阶段,编制部门应当征求水行政主管部门意见,规划内容须与水土保持规划相衔接,土地整治规划项目应当避让水土流失重点预防区和重点治理区,无法避让的,应当提高水土流失防治标准;土地整治项目,应当符合土地整治规划和年度计划以及水土保持、生态环境保护等有关规定,根据规划设计需要剥离表土的,应当先进行表土剥离,剥离的表土用于该土地整治项目,距离土地整治项目20 km以内,有耕地耕作层土壤储备的,应当根据规划设计需要将储备的耕地耕作层土壤用于该土地整治项目;土地整治项目实施前,须编制水土保持方案并上报水行政主管部门,经批复后方可动工,项目实施过程中,由建设单位开展水土流失的监测工作,在项目土建工程完成后、工程投入运行前,要求建设单位开展水土保持设施验收工作。

(二)管理能力建设

开展水土保持监督执法人员定期培训与考核,水土保持监督管理、方案技术评审、设施验收人员全面参加培训,提高和确保执法人员的法律素质与执法能力。

积极选配业务骨干参加上级业务部门组织的各类学习培训活动,使水土保持监督执法人员熟悉水土保持法律法规,明确自己的工作职责,掌握监督执法工作程序,具备独立开展工作的能力,逐步成为一支整体素质过硬的水土保持监督执法队伍。

同时加强宣传装备建设，加大水土保持法的宣传力度，提高全社会执法、守法的自觉性。

（三）信息化建设

配合国家及省水利厅生产建设项目水土保持监督管理信息运行维护系统，做好录入生产建设项目的项目审批、监督检查、设施验收等信息，实现水土保持机构和技术服务单位信息沟通与资源共享。

建立并完善生产建设项目水土保持管理数据库，对A县范围内生产建设项目进行了归类、登记、建档，包括水土保持方案编制及审批情况，水土保持工程监理、监测工作开展情况，水土保持方案落实情况，水土保持工程进展和投资完成情况，水土保持设施验收情况，水土保持补偿费收缴情况，水土保持监督检查情况等。

县水利局应当会同国土资源、农业等有关部门，建立生产建设项目地表土信息发布平台，为地表土分层剥离、保存和利用提供信息服务。

（四）科技示范推广

定期开展生产建设项目水土保持示范工程的评选活动，通过对开发建设项目水土保持示范工程的评比和宣传，为其他开发建设项目做好水土保持工作提供示范，进一步增强做好开发建设项目水土保持工作的信心。

九、实施效果分析

（一）基础效益

水土保持工程的基础效益即各项水流失治理工程产生的蓄水保土效益。

蓄水效益即改变微地形、增加地面植被覆盖、改良土壤性质，增加土壤入渗，形成“土壤水库”；修建坡面小型蓄水工程、“四旁”小型蓄水工程、沟底谷坊、坝库工程，拦蓄地表径流。保土效益即增加地面覆盖减少溅蚀；变坡地为平地、改良土壤理化性质，减轻面蚀；采取制止沟头延伸、沟底下切、沟岸扩张措施，防止沟蚀；建设坡面水系和谷坊、坝、库，拦蓄坡沟泥沙，做到水流而土不失。同时各项措施保水保土效益的发挥，有利于减少河道下游淤积，保障项目区的工农业生产及人民生命财产的安全。

根据《水土保持综合治理效益计算》（GB/T 15774—2008）规定，水土保持的蓄水保土效益单位指标主要指减蚀模数及蓄水指标。减蚀模数与治理前水土流失强度有关，根据治理前流失强度及治理后流失强度对比可以确定其减蚀模数，蓄水指标按经验取值。水土保持措施蓄水保土效益单位指标见表7-1。

表7-1 水土保持措施蓄水保土效益单位指标

措施指标	单位	封禁	水土保持林	经济林地治理（主要是坡面水系）	谷坊和拦沙坝
保土指标	$t/(hm^2 \cdot a)$	35	35	30	5
蓄水指标	$m^3/(hm^2 \cdot a)$	750	750	500	300

注：表中各指标为各项措施使用年限内年均值。

经测算，通过采取一定的水土保持措施，每年可以减少土壤流失量39万t，产生蓄水效益795万m^3。

（二）生态效果

规划实施后，可新增治理水土流失面积 79.56 km^2，占总水土流失面积的 31.9%，人为活动造成的水土流失得到初步控制，为实现生态环境的可持续发展奠定良好的基础。主要体现在以下几个方面：

（1）区域内的荒山荒坡基本得到治理，林草植被覆盖率和绿化质量大大提高，减少水土流失的同时有利于野生动植物的生长繁衍和生态平衡，增加区域生物多样性，促进当地生态环境的良性、健康发展。

（2）提高土壤的保水保肥能力，增加土壤的涵蓄量，改善小气候和土壤的物理化学性质，促进作物生长，提高产量。

（3）优化区域景观环境，减少自然灾害，促进城乡环境状况的改善。

（4）有效抑制因水土流失造成的面源污染，改善流域内水质，减少入河、入库泥沙量，使得流域内水资源得到有效保护。

（三）社会效果

通过各项水土流失治理措施，减轻了水土流失对土地的破坏，改善河流、水库的水质，对改善下游饮用水状况起到了积极的作用，保护耕地资源完整；区域内林草植被覆盖率增加，通过植被的蓄水保土作用，有效地减轻区域滑坡、泥石流等危害，有利于保障人民的生命财产安全；农村生活污水、生活垃圾等处理后，提高农民的居住质量，有效改善城乡人居环境质量，提高当地的环境容量和承载能力，促进人与自然的和谐，从而推动各项社会事业的发展和精神文明建设，为打造生态县城奠定良好的基础。

（四）经济效果

水土保持措施的经济效益包括直接经济效益和间接经济效益两类。本项目计算的直接经济效益为植树造林以及封禁治理增产的枝条和木材蓄积量。根据实际情况，确定增产增收定额如下：

按多年平均提供木材蓄积量 0.1 m^3/（亩·a），单价 360 元/m^3；枝条生长量 300 kg/（亩·a），单价 0.05 元/kg，年亩净增效益 51 元。规划种植水土保持林 11.95 km^2、封禁治理生态修复面积 63.66 km^2，合计 11.34 万亩。间接经济效益指在直接经济效益基础上，经过加工转化，进一步产生的经济效益，间接经济效益按直接经济效益的 5% 计算。依据实际，规划期内则可产生经济效益约 607 万元。

十、实施保障措施

规划实施的保障措施主要包括政策保障、组织管理保障、投入保障、科技保障等。

（一）政策保障措施

1. 完善水土保持政策体系

依据《中华人民共和国水土保持法》《浙江省水土保持条例》的要求及 A 县建设新形势需要，总结多年来水土保持法律法规实施的经验和教训，修订和完善包括方案审批、监督检查、竣工验收等在内的适合当地实际的水土保持监督管理规定。

2. 制定和完善优惠政策

实行“谁治理，补助谁”的政策，鼓励和支持广大农民及社会各界人士积极参与水土保持生态建设，吸引信贷、民间资本、外资等投入水土流失治理。各种治理开发主体凡是列入重点治理计划开展水土流失治理的，都一视同仁地给予经费补助，从而更广泛、更有效地吸引各类社会资金进入水土保持领域。

3. 建立激励政策

鼓励、支持水土流失治理模式的延展和创新。研究以奖代补的机制，水土保持工作在项目开展前提前介入，包括土地整理、矿山开采、经济林开发等从规划、审批层面都有源头控制的措施，对采取主动预防和治理的，采取以奖代补的政策；对在水土流失预防、治理方面做出突出贡献的单位与人员予以表彰和奖励。采取措施时，考虑能带来效益的水土保持产业，做到治理水土流失和百姓致富的双赢。

（二）组织管理保障措施

水土保持是一项涉及面很广的系统工程，A 县人民政府应从全县经济社会可持续发展的战略高度和执行基本国策的要求出发，充分认识水土保持的重要性和紧迫性，把水土保持工作列入政府工作的重要议事日程，充分发挥水土保持委员会的统筹协调作用，强化统一领导和部门协作配合，进一步形成水土保持工作的强大合力，推动全县水土保持工作顺利开展。

1. 政府主导、部门协调

根据相关法律法规的有关规定，结合 A 县实际，各部门水土保持职责具体如下。

1）各级人民政府

A 县人民政府应当加强对水土保持工作的统一领导，将水土保持工作纳入本级国民经济和社会发展规划，对水土保持规划确定的任务，安排专项资金，并组织实施；实行水土保持目标责任制和考核奖惩制度，加强对乡（镇）人民政府、街道办事处及各部门水土保持工作的监督和考核；应当加强水土保持监测工作，将建设工程渣土专用处置场地的建设纳入城市市容环境卫生事业发展规划，统筹安排、合理布局。

乡（镇）人民政府、街道办事处应当把水土保持工作纳入国民经济和社会发展规划，积极采取措施，做好本区域的水土保持工作；应当加强对取土、挖砂、采石的管理，统筹规划取土、挖砂、采石地点，规范取土、挖砂、采石行为，预防和减轻水土流失。

2）县发改局

县发改局在组织编制全县国民经济和社会发展规划、中长期规划和年度计划、区域规划、重点专项规划以及空间布局规划时，应将水土保持工作纳入；规划重大项目的布局时，应与水土保持规划相衔接。

3）县国土局

县国土局在编制土地整治规划、矿产资源规划时，应当征求水行政主管部门意见，规划内容须与水土保持规划相衔接，在规划中提出水土流失预防和治理的对策和措施；国土局会同有关主管部门提出崩塌、滑坡危险区和泥石流易发区范围，经 A 县人民政府批准后依法公告，并设立标志。

充分发挥业务指导和监督管理作用，会同水行政主管部门严格审核把关土地整治项目设计成果，确保满足水土流失防治要求，督促建设单位落实水土保持方案申报审批制度、“三同时”制度、水土保持设施验收制度等，加强土地整治施工过程监督，保证垦造耕地符合水土保持技术标准。

加强矿山开采企业的监督管理,鼓励创建“绿色矿山”,落实矿山生态环境保护、治理责任。对在建矿山和生产矿山,要进一步完善矿山生态环境治理备用金制度,完善矿山生态(地质)环境保护与治理恢复方案,推动矿山的生态(地质)环境保护与治理工作。对规划中调整、关闭处于开采区外的废弃矿山治理工作,须加快废弃矿山治理进度。

4)县环保局

需要编制水土保持方案的生产建设项目,县环保局在审批环评报告前,应将水土保持方案批复文件作为前置条件。

5)县住建局

县住建局在编制园林绿化、市容、环卫等市政公用基础设施的规划时,在实施过程中涉及土石方开挖、填筑或者堆放、排弃等行为的,应当在规划中提出水土流失预防和治理的对策和措施,在规划报请审批前征求同级水行政主管部门的意见。将建设工程渣土专用处置场地的建设纳入城市市容环境卫生事业发展规划,统筹安排、合理布局。

负责城市公共绿地、建筑垃圾清运、公共绿地建设以及相关的行政执法工作。

6)县规划局

县规划局在组织编制城市总体规划、城市的控制性详细规划、专项规划、近期建设规划时,应与水土保持规划相衔接。在审批管理各类建设项目的规划选址和建设用地及建设工程时,应与水土保持规划划定的水土流失重点预防区、重点治理区相衔接,对于明确禁止准入的项目,应不予批准。

7)县交通运输局

县交通运输局在组织制定全县公路发展规划时,道路选址选线应尽可能避让水土保持规划划定的水土流失重点预防区、重点治理区,规划中应有水土保持专章,提出水土流失预防和治理的对策与措施,在规划报请审批前征求同级水行政主管部门的意见。

充分发挥业务指导和监督管理作用,严格审核把关道路建设项目设计成果,确保满足水土流失防治要求,督促建设单位落实水土保持方案申报审批制度、“三同时”制度、水土保持设施验收制度等,加强道路建设施工过程监督,对于未满足水保要求的,不予进行主体验收。

8)县林业局

县林业局研究制订全县林业发展和生态环境建设的规划、中长期计划,并组织实施;组织指导植树造林、封山育林工作;组织指导以植树种草等生物措施防治水土流失工作,示范研究推广林地水土流失防治工作;依法对公益林、国有林场、森林公园、湿地公园等林地资源实行管理,办理林地征、占用审核手续,查处破坏森林资源的行为及案件。

9)县农业局

县农业局负责引导农业产业结构的合理调整,组织推广喷灌、微灌等先进灌溉技术,加速绿色无公害农产品基地、绿色食品基地和有机食品基地建设,推广测土配方施肥技术,鼓励和引导增施有机肥,逐步降低农药和化肥施用强度,加强农业废弃物综合利用等。

10)县人大

发挥县人大的监督职能,建立按年度向人大常委会报告水土保持工作的制度,做好水土保持工作报告的审议工作,积极提出具体的意见与建议。

2. 发挥水土保持委员会作用

充分发挥A县水土保持委员会在规划实施中的筹划、宣传与引导作用，进一步形成水土保持工作的强大合力；结合政府的中心任务，站在政府的立场上，积极主动地筹划各项水土保持相关工作，以与政府中心工作取得共鸣，与政府以及各级相关部门达成共识，形成“抓政府、政府抓”的局面，从而将水土保持工作上升至政府行为的高度。

3. 健全水土保持监督管理体系

建立健全水土保持监督管理、执法体系，强化监督，严格执法，依法查处违反水土保持法律法规的行为，严格执行生产建设项目水土保持方案申报审批、竣工验收、规费征收等管理规定，督促有关生产建设单位做好水土流失防治工作，落实建设单位水土流失防治责任，逐步推进水土保持监督全过程管理，实现水土保持方案申报率、实施率、验收率“三达标”。

4. 强化水土保持监督管理能力建设

加强水土保持人员配置，充实水土保持人员。强化培训和考核，提高水土保持监督管理队伍的能力和水平。逐步建立开发建设项目水土保持信息发布平台。

（三）投入保障措施

1. 完善政府为主体的资金筹集方式

水土流失治理资金应根据当地的水土流失情况、财政收入状况，采取国家、地方财政投入与受益群众集资等方式筹集，水土保持作为一项公益事业，投资的主体应该是代表公共利益的各级政府，A县人民政府应把防治水土流失目标纳入本县国民经济和社会发展计划、生态建设规划，财政上设立水土保持专项资金纳入财政预算，加大投入力度。

2. 规范水土保持补偿费征收使用

水土保持补偿费主要用于水土保持建设和管理，县政府、部门应强化征收和使用管理工作，制定征收措施，完善征收标准，不得超越权限随意减免，也不能将征收的水土保持补偿费随意挪用，做到专款专用。

3. 充分调动社会资金的介入

A县人民政府应制定相应的优惠政策，引导并吸收社会资金，充分调动社会各界治理水土流失的积极性，形成“水保为社会、社会办水保”的局面，实行国家、地方、社会、个人共同投入的多层次、多渠道的投入机制，鼓励不同经济成分和各类投资主体，以独资、合资、承包、股份制等不同形式积极参与，按照“谁投资，谁受益”的原则筹集水土流失治理资金，把治理水土流失与治穷致富融为一体，充分发挥水土保持的生态效益、社会效益和经济效益。

（四）科技保障措施

1. 加强水土保持从业人员的培训和教育

提高水土保持从业人员的业务水平和综合素质，扩大技术交流合作的领域和范围，学习吸收国内国外的水土保持先进技术和经验。重点进行水土保持执法与监督管理、水土保持行政管理、水土保持前期工作、水土保持重点工程项目管理等培训。

2. 加强水土保持技术支撑体系建设

培育、发展水土保持技术市场，使水土保持规划、方案编制、技术评估论证、工程设计、工程施工、工程监理、监测等规范有序地开展。

3. 推广水土保持实用先进技术

加大实用技术的推广力度，通过开展各类示范工程建设，以示范区、示范小流域、示范工程建设为载体，推广成熟的水土流失综合治理模式、水土保持实用先进技术，形成典型引路、示范带动、点面结合、以点带面的局面，全面推动全市水土保持工作。

相关附表、附件略。

案例二 B 地块拆迁安置房工程水土保持方案

一、综合说明

（一）项目概况

1. 工程概况

工程位于××区××镇三墩北单元。工程主要建设内容包括 6 幢高层住宅、配套公建、2 层地下室、小区内道路广场和景观绿化。工程总建筑面积 84 900.8 m^2，其中地上建筑面积 53 864.6 m^2，地下建筑面积 31 036.2 m^2。

工程总占地面积 1.86 hm^2，其中永久占地 1.86 hm^2，占地类型为住宅用地。临时占地 0.10 hm^2，位于永久占地范围内。

工程合计开挖量 15.89 万 m^3，包括土方 12.20 万 m^3，钻渣 3.69 万 m^3；回填量 2.50 万 m^3，包括表土 0.28 万 m^3，土方 2.22 万 m^3，回填方从周边生产建设项目调运或商购；借方 1.97 万 m^3，包括表土 0.28 万 m^3，土方 1.69 万 m^3；工程产生弃方 15.36 万 m^3，包括土方 11.67 万 m^3（由第三方外运处置），钻渣 3.69 万 m^3（采用槽罐车外运至××区双浦镇铜鉴湖村泥浆泥水分离点处进行处置）。

工程建设工期为 24 个月，计划于 2019 年 3 月开工，2021 年 2 月完工。

工程概算总投资约 32 932 万元，土建投资约 17 484 万元。项目建设资金由建设单位自筹。

2. 项目区概况

地块现状以平地为主，红线范围内现状高程 3.15 ~ 4.53 m（85 国家高程，下同），区域地质构造简单，未见不良地质现象。项目区属亚热带季风气候区，多年平均气温 16.5 ℃，多年平均降水量 1 464.2 mm，年内降水主要集中在汛期 4 ~ 10 月，1 年一遇 1 h 降雨强度为 18.87 mm/h。多年平均无霜期 299 ~ 328 d，多年平均风速 1.3 ~ 2.7 m/s。项目区土壤以黄壤土为主，植被属中亚热带常绿阔叶林北部亚地带。

项目区属于水力侵蚀为主的南方红壤丘陵区，容许土壤流失量为 500 t/(km^2 · a)。根据现场调查，项目区背景土壤侵蚀模数约 300 t/(km^2 · a)。

根据《全国水土保持规划国家级水土流失重点预防区和重点治理区复核划分成果》（办水保〔2013〕188 号），项目区不属于国家级水土流失重点预防区或重点治理区；根据《浙江省水利厅 浙江省发展和改革委员会关于公布省级水土流失重点预防区和重点治理区的公告》（公告〔2015〕2 号），项目区不属于省级水土流失重点预防区或重点治理区。

(二)防治标准及目标值

根据《开发建设项目水土流失防治标准》(GB 50434—2008),本工程水土流失防治执行建设类项目二级标准。

至方案设计水平年,水土流失防治目标为:扰动土地整治率95%,水土流失总治理度87%,土壤流失控制比1.7,拦渣率95%,林草植被恢复率97%,林草植被覆盖率22%。

(三)主体工程水土保持分析评价结论

主体工程在选址、工程布局、建设方案等方面基本满足《中华人民共和国水土保持法》、《开发建设项目水土保持技术规范》(GB 50433—2008)及《关于严格开发建设项目水土保持方案审查审批工作的通知》(水保〔2007〕184号)等的约束性规定,不存在重大的水土保持制约因素。

从水土保持角度考虑,主体工程在占地、施工组织设计、土石方平衡等方面均考虑了水土保持要求,相关措施基本能满足水土保持的要求。主体工程设计的排水、弃渣清运、绿化及洗车平台等措施较为完善,也基本能满足水土保持功能。

通过对主体工程水土保持分析,结合主体工程中具有水土保持功能的措施设计,根据水土保持有关的法律法规和《开发建设项目水土保持技术规范》(GB 50433—2008)完成工程水土保持方案,通过方案中多项措施的全面实施,可保证工程建设引发的水土流失得到防治。

因此,从水土保持角度考虑,工程建设是可行的。

(四)水土流失防治责任范围

本项目水土流失防治责任范围共2.03 hm^2,包括项目建设区及直接影响区。

项目建设区面积1.86 hm^2,主要为建构筑物、道路工程和绿化范围。

直接影响区面积0.17 hm^2,主要为主体工程区及临时设施区影响范围。

(五)水土流失预测

本工程扰动土地面积合计1.86 hm^2,由于本工程为农居改造项目,属于保障性安居工程,免征水土保持补偿费。

工程建设可能造成水土流失总量为5 467 t,其中背景水土流失量13 t,新增水土流失量5 454 t。施工期是工程建设可能产生水土流失最为严重的时期,而地下室开挖、土方清运、泥浆钻渣是可能造成水土流失的主要区域,在施工过程中必须加强水土流失防治和监测工作。若不进行有效防护,将对周边居民生活、工程安全及区域景观等带来不利影响。

(六)水土流失防治分区与措施总体布局

1. 水土流失防治分区

本方案水土流失采取分区防治措施,共设两个防治分区:Ⅰ区为主体工程防治区,防治面积1.93 hm^2,包括主体工程及其影响范围;Ⅱ区为临时设施防治区,防治面积0.10 hm^2,施工工区范围包含在永久占地范围内。

2. 措施总体布局及主要工程量

本工程水土保持措施总体布局及工程量如下:

(1)Ⅰ区主体工程防治区。

工程措施:雨水管400 m,绿化覆土0.28万 m^3,弃渣清运15.36万 m^3。

植物措施:园林绿化及抚育管理0.56 hm^2。

临时措施:临时排水沟 550 m,临时沉沙池 4 座,洗车平台 1 座。

(2) Ⅱ区临时设施防治区。

临时措施:施工工区临时排水沟 120 m,泥浆池 1 座。

(七)水土保持监测

本工程水土保持监测主要采用现场调查辅以地面监测,主要监测内容为水土保持生态环境变化监测、水土流失动态状况监测、水土流失防治措施效果监测、水土流失六项防治目标监测。

共设置监测点 4 个,同时对弃渣去向进行跟踪监测。具体布置如下:

(1)沉沙池:在项目区内 2 级沉沙池处各设置一个监测点(1#、2#监测点)。

(2)泥浆池:在工程泥浆池处设置一个监测点(3#监测点)。

(3)绿化区:在项目区绿化区设置一个监测点(4#监测点)。

水土保持监测时段从施工准备期至设计水平年结束,即 2019 年 3 月至 2022 年 2 月。监测工作在整个建设期(含施工准备期)内必须全程开展。调查监测频次:正在实施的水土保持措施建设情况等每 10 天监测记录 1 次;扰动地表面积、水土保持工程措施拦挡效果等每个月监测记录 1 次;主体工程建设进度、水土流失影响因子、水土保持植物措施生长情况等每 3 个月监测记录 1 次。遇暴雨、大风等情况应及时加测。水土流失灾害事件发生后一周内完成监测。地面观测频次:4 ~ 10 月每月测 1 次,其他月份隔月测 1 次,遇暴雨(24 h 降雨量大于 50 mm)、大风等情况应及时加测。

(八)水土保持投资概算及效益分析

本工程水土保持总投资 2 054. 68 万元,其中工程措施 1 653. 82 万元,植物措施 280.00万元,临时措施 47. 31 万元,独立费用 73. 55 万元(其中水土保持监理费 0. 23 万元,水土保持监测费 10. 00 万元),本工程免征水土保持补偿费。

在水土保持总投资中,新增水保投资为 40. 71 万元。

本工程各项水土保持措施实施后,扰动土地整治率大于 95%,水土流失总治理度大于 97%,土壤流失控制比达 1. 70,拦渣率大于 95%,林草植被恢复率大于 97%,林草覆盖率达到 30. 11%。各项水土流失防治指标均可达到预期的目标。

(九)结论

(1)工程在采取各项防治措施后,能够有效地控制项目建设可能产生的水土流失,保护项目区的生态环境。建设单位需严格落实各项水土保持措施,积极配合 ×× 区林业水利局加强监督检查。从水土保持角度分析,工程不存在重大的水土保持制约因素,工程建设是可行的。

(2)主体设计中的排水、弃渣清运、绿化及洗车平台等措施均能满足水土保持要求;工程也采取了一些能够减少水土流失的施工方法。以上措施及要求均能从不同角度防治工程建设产生的水土流失,起到了较好的水土保持作用。

(3)本方案在主体设计的基础上,新增和完善以下水土保持措施。

Ⅰ区主体工程防治区:临时排水沟 550 m,临时沉沙池 4 座。

Ⅱ区临时设施防治区:施工工区临时排水沟 120 m,泥浆池 1 座。

水土保持方案特性见表 7-2。

表 7-2　水土保持方案特性

项目名称	B 地块拆迁安置房工程					
涉及省区	浙江省	涉及地市或个数		杭州市	涉及县或个数	××区
项目规模	新建包括 6 幢 22～24 层住宅、配套公建和景观绿化等	工程总投资（万元）		32 932	土建投资（万元）	17 484
开工时间	2019 年 3 月	完工时间		2021 年 2 月	设计水平年	2022 年
项目组成	建设区域	面积（hm^2）	挖方量（万 m^3）	填方量（万 m^3）	借方量（万 m^3）	弃方量（万 m^3）
	主体工程	1.86	15.89	2.50	1.97	15.36
	施工临时设施	0.10	/	/	/	/
	合计	1.86	15.89	2.50	1.97	15.36
重点防治区类型		不属于国家级或省级重点防治区				
地貌类型		丘陵、坡地		气候类型		亚热带季风气候
土壤类型		黄壤土		原状林草覆盖率（%）		0
植被类型		中亚热带常绿阔叶林		原地貌土壤侵蚀模数[t/(km^2·a)]		300
防治责任范围面积（hm^2）		2.03		容许土壤流失量[t/(km^2·a)]		500
项目建设区（hm^2）		1.86		扰动原地表面积（hm^2）		1.86
直接影响区（hm^2）		0.17		水土保持补偿费计征面积（hm^2）		0
建设期水土流失预测总量（t）		5 467		新增水土流失量（t）		5 454
新增水土流失的主要区域		地下室开挖、土方清运、泥浆钻渣				
防治目标	扰动土地整治率（%）	95		水土流失总治理度（%）		87
	土壤流失控制比	1.70		拦渣率（%）		95
	林草植被恢复率（%）	97		林草覆盖率（%）		22
防治措施	分区	工程措施		植物措施		临时防护措施
	主体工程防治区	雨水管 400 m，绿化覆土 0.28 万 m^3，弃渣清运 15.36 万 m^3		园林绿化及抚育管理 0.56 hm^2		临时排水沟 550 m，洗车平台 1 座，临时沉沙池 4 座
	施工临时设施防治区	/		/		施工工区临时排水沟 120 m，泥浆池 1 座
水土保持各分项投资（万元）		1 653.82		280.00		47.31
水土保持总投资（万元）		2 054.68		独立费用（万元）		73.55
水土保持监理费（万元）		0.23	监测费（万元）	10.00	水保补偿费（万元）	免征
方案编制单位				建设单位		
法人及电话				法人及电话		
地址				地址		
邮编				邮编		
联系人及电话				联系人及电话		
传真				传真		
电子信箱				电子信箱		

二、编制总则

(一)编制目的与意义

工程为新建项目,主要建设内容为6幢高层建筑以及道路、绿化、景观等配套设施。工程的建设将占用及扰动征用的土地,破坏其原有的水土保持功能,使工程建设区内的水土涵养能力下降;在工程建设过程中,地下室开挖等涉及大量的土石方挖填,在降雨的作用下,部分土石方会流失入周边区域,不仅会导致工程建设区及其周围的水土流失,还影响到周围区域的景观,甚至危及工程和周边居民安全。

编制本方案的目的是根据建设项目及项目区情况,结合项目建设区域的水土流失及治理情况,对工程建设可能造成的水土流失及其危害进行分析、预测;界定防治责任范围,对工程建设引起的水土流失进行防治,提出相应的防治措施,最大限度地减小水土流失危害,使因工程建设造成的水土流失得到有效的防治,保证工程的安全,改善项目区生态环境;概算水土保持投资,提出方案实施的各项保证措施;为满足"建设项目中的水土保持设施,应该与主体工程同时设计、同时施工、同时投产使用"的要求,提供比较合理的水土保持方案,并为水行政主管部门监督检查和水土保持设施竣工验收提供依据。

编制水土保持方案的意义主要是使水土保持工作纳入工程基本建设程序,使项目建设水土保持法律义务落到实处,确保水土保持措施得以顺利实施;使项目建设区的环境得到明显改善、水土流失得到有效控制,为该项目水土流失防治提供科学规划和技术保证,为工程管理和促进当地经济发展创造良好条件。

(二)编制依据

1. 法律法规

(1)《中华人民共和国水土保持法》(中华人民共和国主席令39号,2010年修订);

(2)《中华人民共和国防洪法》(全国人大常委会,2016年修订);

(3)《中华人民共和国环境保护法》(全国人大常委会,2014年修订);

(4)《中华人民共和国环境影响评价法》(中华人民共和国主席令第48号,2016年修订);

(5)《中华人民共和国土地管理法》(中华人民共和国主席令第28号,2017年修订);

(6)《浙江省河道管理条例》(浙江省人大常委会,2017年修订);

(7)《浙江省水土保持条例》(浙江省人大常委会,2017年修订)。

2. 部委规章

(1)《开发建设项目水土保持方案编报审批管理规定》(水利部令第5号,根据水利部令24号修改,2005年);

(2)《水土保持生态环境监测网络管理办法》(水利部令第12号,2000年);

(3)《产业结构调整指导目录(2016年修正)》(国家发展和改革委员会令第9号)。

3. 规范性文件

(1)《全国水土保持规划(2015—2030年)》(国务院,国函〔2015〕160号);

(2)《规范水土保持方案编报程序、编写格式和内容的补充规定》(水利部,保监〔2001〕15号);

(3)《关于公布〈水土保持工程概(估)算编制规定和定额〉的通知》(水利部,水总〔2003〕67 号);

(4)《关于规范水土保持方案技术评审工作的意见》(水利部,水保〔2005〕121 号);

(5)《关于严格开发建设项目水土保持方案审查审批工作的通知》(水保〔2007〕184 号);

(6)《水利部办公厅关于进一步加强生产建设项目水土保持方案技术评审工作的通知》(办水保〔2016〕123 号);

(7)《关于印发〈浙江省生产建设项目水土保持方案技术审查要点〉的通知》(浙水保〔2015〕7 号);

(8)《水利部办公厅关于印发〈水利部生产建设项目水土保持方案变更管理规定(试行)〉》(办水保〔2016〕65 号);

(9)《浙江省水利厅 浙江省发展和改革委员会关于公布省级水土流失重点预防区和重点治理区的公告》(浙江省水利厅、浙江省发展和改革委员会,公告〔2015〕2 号);

(10)《水利部办公厅关于印发〈生产建设项目水土保持信息化监管技术规定(试行)〉的通知》(水利部办公厅,办水保〔2018〕133 号);

(11)《国家发展改革委关于进一步放开建设项目专业服务价格的通知》(发改价格〔2015〕299 号);

(12)《浙江省人民政府办公厅关于深入推进收费清理改革的通知》(浙政办发〔2015〕107 号);

(13)《关于印发〈水土保持补偿费征收使用管理办法〉的通知》(财综〔2014〕8 号);

(14)《浙江省物价局浙江省财政厅浙江省水利厅关于水土保持补偿费收费标准的通知》(浙江省物价局、浙江省财政厅、浙江省水利厅,浙价费〔2014〕224 号);

(15)《关于认真做好水土保持补偿费征收工作的通知》(浙水保〔2014〕98 号);

(16)《浙江省水利厅关于印发〈浙江省生产建设项目水土保持管理办法(试行)〉的通知》(浙江省水利厅,浙水保〔2014〕97 号);

(17)《浙江省水利厅关于进一步做好生产建设项目水土保持管理的通知》(浙水保〔2015〕97 号);

(18)《水利部办公厅关于印发〈生产建设项目水土保持监测规程(试行)〉的通知》(办水保〔2015〕139 号);

(19)《浙江省水利厅贯彻〈水利部关于加强事中事后监管规范生产建设项目水土保持设施自主验收的通知〉的实施意见》(浙水保〔2018〕5 号);

(20)《水利部关于加强事中事后监管规范生产建设项目水土保持设施自主验收的通知》(水保〔2017〕365 号);

(21)《关于建筑物实施营改增后浙江省建设工程计价规则调整的通知》(建建发〔2016〕144 号);

(22)《关于发布营改增后浙江省建设工程施工取费费率的通知》(浙建站定〔2016〕23 号);

(23)《关于增值税调整后我省建设工程计价规则有关增值税税率及计价系数调整的

通知》(建建发〔2018〕104号);

(24)《浙江省物价局浙江省财政厅转发国家发展改革委财政部关于降低部分行政事业性收费标准的通知》(浙江省物价局、浙江省财政厅,浙价费〔2017〕104号);

(25)《水利部办公厅关于印发〈生产建设项目水土保持技术文件编写和印制格式规定(试行)〉的通知》(水利部办公厅,办水保〔2018〕135号)。

4. 设计技术规范和标准

(1)《开发建设项目水土保持技术规范》(GB 50433—2008);

(2)《开发建设项目水土流失防治标准》(GB 50434—2008);

(3)《开发建设项目水土保持设施验收技术规程》(GB/T 22490—2008);

(4)《土壤侵蚀分类分级标准》(SL 190—2007);

(5)《防洪标准》(GB 50201—2014);

(6)《土地利用现状分类》(GB/T 21010—2017);

(7)《水利水电工程制图标准水土保持图》(SL 73.6—2015);

(8)《生产建设项目水土保持监测规程(试行)》;

(9)《水土保持综合治理效益计算方法》(GB/T 15774—2008);

(10)《水土保持综合治理技术规范》(GB/T 16453—2008);

(11)其他相关技术标准、规程规范。

5. 技术文件与资料

(1)《关于三墩北单元B-R21-03地块农转非居民拆迁安置房工程初步设计的批复》(杭州市××区住房和城乡建设局,2018年8月10日);

(2)《三墩北单元B-R21-03地块农转非居民拆迁安置房工程初步设计报告》(杭州市城建设计研究院有限公司,2018年7月);

(3)《三墩北单元B-R21-03地块农转非居民拆迁安置房工程岩土工程勘察报告》(浙江中林勘察研究股份有限公司,2018年8月);

(4)《浙江省水土保持规划》(浙江省水利厅、省发改委,2014年12月);

(5)《浙江省短历时暴雨》(浙江省水文勘测局,2003年2月)。

6. 委托依据

《B地块农转非居民拆迁安置房工程水土保持方案报告书编制合同》(2018年3月)。

(三)水土流失防治标准执行等级

本工程为新建工程,属建设类项目。水土流失防治标准等级应按项目所处水土流失防治区和区域水土保持生态功能重要性确定。

1. 按项目所处水土流失防治区确定

根据全国土壤侵蚀类型区划,项目区属以水力侵蚀为主类型区中的南方红壤丘陵区。根据《全国水土保持规划国家级水土流失重点预防区和重点治理区复核划分成果》(办水保〔2013〕188号),项目区不属于国家级水土流失重点预防区或重点治理区;根据《浙江省水利厅浙江省发展和改革委员会关于公布省级水土流失重点预防区和重点治理区的公告》(公告〔2015〕2号),项目区不属于省级水土流失重点预防区或重点治理区。因此,按项目所处的水土流失防治区确定本工程执行建设类项目水土流失防治三级标准。

2. 按项目所在区域水土保持生态功能重要性确定

工程生产建设活动不对国家和省、市级人民政府依法确定的重要江河、湖泊的防洪河段、水源保护区、水库周边、生态功能保护区、景观保护区、经济开发区等直接产生水土流失影响。但项目区位于杭州市××区城区，工程建设活动将对其周边城市河道直接产生一定的水土流失影响，因此从区域水土保持生态功能重要性及项目特点确定本工程执行建设类项目水土流失防治二级标准。

综上所述，根据同一项目所处区域出现两个标准时，采用高一级标准的规定，本工程水土流失防治执行建设类项目水土流失防治标准中的二级标准。

（四）方案编制深度和设计水平年

1. 方案编制深度

根据《开发建设项目水土保持技术规范》（GB 50433—2008）和《开发建设项目水土保持方案编报审批管理规定》的要求，水土保持方案编制深度为初步设计阶段深度。

2. 设计水平年

根据主体工程施工进度安排，工程计划于 2019 年 3 月开工，至 2021 年 2 月完工，设计水平年确定为完工后的第 1 年即 2022 年。

方案服务期从施工准备期开始，至设计水平年结束，即 2019 年 3 月至 2022 年 2 月。

三、项目概况

（一）基本情况

项目名称：B 地块农转非居民拆迁安置房工程。

建设单位：×××有限公司。

工程性质：新建工程。

建设目的：改善当地农转非居住条件。

工程规模：6 栋高层建筑及相关配套设施。

工程投资：总投资约 32 932 万元，土建投资约 17 484 万元。

建设工期：24 个月，2019 年 3 月至 2021 年 2 月。

建设地点：杭州市××区××镇。

1. 地理位置

工程位于××区××镇，东至甲来路，西至贝家支河，南至东陈路，北至杭政储出〔2017〕58 号地块。工程位置图略。

2. 周边现状

本项目为农转非改造项目，现阶段区域搬迁工作已完成。该区块西侧为贝家支河，现状河底高程约 1.4 m。区块南侧为东陈路，规划为城市支路，目前按规划修建完成，与本项目相邻段路面现状标高 2.7 ~ 4.4 m；东侧为甲来路，规划为城市支路，目前按规划修建完成，与本项目相邻段路面现状标高 4.1 ~ 4.5 m；北侧为杭政储出〔2017〕58 号地块，现状标高约 4.7 m。南侧东陈路和东侧甲来路有完善的排水管线系统，满足区域排水需求。

区块周边现状图略。

（二）项目组成及布置

1. 项目组成

工程建设内容主要包括 6 幢 22 ~ 24 层住宅、配套公建、2 层地下室、小区内道路广场和景观绿化等。

工程总建筑面积 84 900. 8 m^2，其中地上建筑面积 53 864. 6 m^2，地下建筑面积 31 036. 2 m^2。地上建筑包括住宅、配套公建、物业及配套用房、社区服务用房和养老用房等；地下建筑包括地下人防、停车库和地下设备用房等。

工程永久占地面积 18 574 m^2，建筑密度为 21. 4%，绿化率为 30%，容积率为 2. 9，建筑物安全等级为二级，设计使用年限为 50 年，地基基础设计等级为甲级。

2. 工程总布置

1）平面布置

该地块基本呈正方形，建筑物与东侧甲来路平行，两排建筑中间为中心广场和绿地。工程布设两层地下空间，其中地下一层以停车场为主，面积约为 15 092 m^2。地下二层以停车库和人防工程为主，平时用于车辆停放，面积为 15 092 m^2。建筑物与地下一层之间有地下夹层，主要为自行车库，面积为 852 m^2。工程合计设置机动车停车位 657 个，地上 38 个、地下 619 个；非机动车停车位 992 个。

2）竖向布置

地块现状以平地为主，地势较为平坦。工程建筑主要为高层建筑，楼层 22 ~ 24 层，底层架空层为 4. 5 m，其余楼层层高均为 2. 9 m。工程设置两层地下室，地下室开挖线基本沿用地红线向内缩进。主楼区域 1#、2#、3#、4#楼地下一层层高 4. 25 m，地下 2 层层高 5. 0 m。5#、6#楼下设夹层，夹层高度 2. 75 m，地下一层层高 2. 8 m，地下二层层高 3. 8 m。地下室开挖面积 15 092 m^2，顶板覆土 1. 5 m，顶板标高 4. 11 m，底板标高 -3. 49 m。

项目区所在三墩港水系 50 年一遇洪水位 3. 59 m。根据主体设计资料，项目区室外设计标高依据所处地块与道路的衔接，同时满足防洪要求，综合考虑后，确定室内设计标高 5. 86 m，室外地坪标高 5. 61 m。主体设计标高满足防洪要求，结合周边市政道路标高以及雨污水排放的要求，亦不会与周边产生较大边坡。

工程地下室及竖向布置图略。

3）工程主要建设内容

（1）住宅楼。

工程共建设 6 幢住宅楼，包括 4 种不同户型，层高均为 2. 9 m。工程住宅通过大底盘地下室连接为整体，采用框架结构，楼层为现浇梁板体系，采用钻孔灌注桩基础。

（2）配套公建。

工程配套公建建筑面积合计约 4 233. 45 m^2，包括配套公建、物业办公用房、物业经营用房、社区服务用房、养老用房、垃圾房、开闭所、消控室和门卫等。配套公建为 2 层裙房建筑，建筑结构及基础同住宅楼。

（3）地下室。

工程设两层地下室，地下室为总建筑面积 31 036. 2 m^2，其中地下一层建筑面积 15 092. 1 m^2，地下二层建筑面积 15 092. 1 m^2，地下夹层 852 m^2。地下室采用现浇钢筋混凝土框架结构，楼盖拟采用现浇混凝土梁板体系，地基基础采用钻孔灌注桩桩基，地下室抗浮也采用钻孔灌注桩桩基。

(4)配套工程。

①道路广场。

社区采用人车分流，机动车可由南侧主入口直接进入地下车库。整个区域设置宽 4 m 辅道环，满足应急机动车需求，局部设置次要道路，各个景观组团通过步行道路贯穿于各个区域。

②管线工程。

管线工程包括供水、排水等，主要沿道路铺设。本工程采用市政自来水作为水源，从地块周边市政给水管接入 2 路 DN150 的给水管，生活给水管在地块内以支状管网敷设，保证整个地块生活用水量要求。采用球墨给水铸铁管，橡胶圈承插接口。

工程排水系统采用雨污分流制。生活污水重力流排水，地下室废水汇集至集水坑内，用潜水泵提升排放，生活污废水汇聚并经化粪池处理后，排入市政污水管网。室外雨水管采用 UPVC 雨水管，承插连接。

③绿化工程。

根据主体设计社区绿化面积共计 5 572.20 m^2。通过各个景观节点强调各栋多层之间的连接关系，合理利用楼间空地，形成完整连续的景观庭院。在绿化设计中，通过疏密相间的绿化布置、色彩丰富的植物景观，为住户创造一种亲切、活跃的绿色空间形态。平整的草地点缀低矮的灌木与色彩丰富的四季花卉构成和谐的环境。在花园中营造趣味小品，变化的不同质地的硬质铺地、缓坡草坪、连廊等，丰富花园的空间层次，做到户户有景，营造一个园林式住宅小区。

④海绵城市设计工程。

根据《海绵城市建设技术指南》《建筑与小区雨水控制及利用工程技术规范》《杭州市海绵城市低影响开发建设项目管理暂行规定》的相关规定，项目区选用下凹式绿地、透水铺装、雨水调节池等低影响开发设施及其组合系统。下凹绿地面积 843.78 m^2，透水铺装共铺设 4 726 m^2，雨水调蓄池 205 m^3。收集到的雨水用于项目区内绿化浇灌，最大程度地利用雨水资源。

(三)施工组织

1. 施工交通

工程位于杭州市××区××北单元，西临城市主干路××路，北侧靠近城市主干路××路，南侧为城市支路××路，东侧为××路。场地内无须设置临时道路。

2. 施工总布置

工程设置车辆出入口 1 处，位于场地南侧，主体设计考虑在车辆进出口设置洗车平台。本工程将结合占地分析，补充施工工区 1 处作为建筑材料堆放场地，工程人员居住租用民房；泥浆池 1 处，主要用于地下室基坑支护混凝土灌注桩泥浆的收集。

3. 建筑材料

工程所需砂、水泥、沥青、碎石、块石等建筑材料从就近市场采购。

4. 水、电供应

施工用水从市政自来水管网接引,施工用电从附近市政线路接入。

(四)施工工艺

工程主要施工工序为:设置围墙—场地粗平—基坑支护及基础处理—地下室施工—场地平整—建(构)筑物及其他工程施工。

1. 设置围墙

施工进场前在项目区四周设置砖结构围墙。

2. 场地粗平

场地粗平主要是通过自身土石方开挖回填平整场地,为下一步施工创造条件,采取机械施工,主要机械有挖土机、推土机、铲运机、自卸汽车等,采取常规工艺施工。

3. 基坑支护及基础处理(钻孔灌注桩)

工程在地下室开挖前,需对基坑进行支护,本工程沿地下室开挖线设置密排的钻孔灌注桩进行支护。建筑物基础采用钻孔灌注桩。

主要工序为:钻孔机就位—钻孔及注泥浆—下套管—继续钻孔—排渣—清孔—吊放钢筋笼—射水清底—插入混凝土导管—浇筑混凝土—拔出导管—插桩顶钢筋。

钻孔机就位:钻孔机就位时,必须保持平稳,不发生倾斜、位移。

钻孔及注泥浆:调直机架挺杆,对好桩位(用对位圈),开动机器钻进,出土,达到一定深度(视土质和地下水情况)停钻,孔内注入事先调制好的泥浆,然后继续进钻。

下套管(护筒):钻孔深度到 5 m 左右时,提钻下套管。

继续钻孔:防止表层土受震动坍塌,钻孔时不要让泥浆水位下降,当钻至持力层后,设计无特殊要求时,可继续钻深 1 m 左右,作为插入深度。施工中应经常测定泥浆相对密度。

孔底清理及排渣:在黏土和粉质黏土中成孔时,可注入清水,以原土造浆护壁;在砂土和较厚的夹砂层中成孔时,泥浆相对密度应控制在 1.1 ~ 1.3。

吊放钢筋笼:吊放时要对准孔位,钢筋笼放到设计位置时,应立即固定。

射水清底:在钢筋笼内插入混凝土导管(管内有射水装置),通过软管与高压泵连接,开动泵水即射出,射水后孔底的沉渣即悬浮于泥浆之中。

浇筑混凝土:停止射水后,应立即浇筑混凝土,随着混凝土不断增高,孔内沉渣将浮在混凝土上面,并与泥浆一同排回泥浆池内。

拔出导管:混凝土浇筑到桩顶时,应及时拔出导管。

插桩顶钢筋:桩顶上的插筋一定要保持垂直插入。

4. 地下室施工

地下室采用大开挖的施工工艺,施工前期先在基坑四周打设连续深层钻孔灌注桩,同时在灌注钻上部设置混凝土压顶,形成连续的挡土结构,为保证开挖过程中基坑的稳定,设置支撑,同时应在坑(槽)外侧围修筑土堤或开挖水沟,防止地面水流入,并经常对边坡、支撑、土堤进行检查,发现问题要及时处理。完成以上处置后进行土方开挖。施工时采取井点降水的方式降低地下水位。土方开挖宜从上到下分层分段依次进行。随时做成一定坡势,以利泄水。在机械施工挖不到的土方,配合人工随时进行挖掘。

5. 场地平整

场地平整主要采取机械施工，施工机械有铲土机、自卸汽车、推土机、铲运机、翻斗车、平碾、蛙式或柴油打夯机。主要工序为分层铺土—分层碾压密实—验密实度—修整找平验收。

施工前根据工程特点、填方土料种类、密实度要求、施工条件等，合理地确定填方土料含水量控制范围、虚铺厚度和压实遍数等参数。填土应分层铺摊，碾压时，轮（夯）迹应相互搭接，防止漏压或漏夯，机械施工碾压不到的填土部位，应配合人工推土填充，用蛙式或柴油打夯机分层夯打密实，填方全部完成后，表面应进行拉线找平，凡超过标准高程的地方，及时依线铲平，凡低于标准高程的地方，应补土找平夯实。雨季施工，应有防雨措施或方案，工作面不宜过大。

6. 建（构）建筑及其他工程施工

建（构）筑物、道路、硬质铺装及绿化景观等均采用常规施工工艺。

绿化主要采用园林式绿化，绿化前采用机械或人工平整场地，然后按园林绿化设计方案配置乔木、灌木及花卉，并铺植草皮。

（五）工程征占地及拆迁安置

本工程征地总面积为 18 574 m^2，全部为永久占地。工程为农转居安置项目，用地类型基本与现有用地类型一致，全部为住宅用地。主体工程未考虑工程施工期间临时占地面积，本方案将在“五、主体工程水土保持分析与评价”补充临时用地面积。

本工程场地内不涉及拆迁安置工作。

（六）工程施工进度

工程计划于 2019 年 3 月开工，2021 年 2 月完工，总工期（含施工准备期）为 24 个月。其中 2019 年 3 ~ 4 月为施工准备期，主要完成场地粗平、场内交通、通水通电及施工生产生活设施等准备工程；主体工程施工从 2019 年 5 月开始到 2021 年 2 月结束，主要为基础施工、地下室开挖及地面建筑、道路广场、管线及绿化工程施工。

施工进度计划见表 7-3。

表 7-3　施工进度计划

项目名称	2019年				2020年				2021年	
	1	2	3	4	1	2	3	4	1	2
施工准备		—								
桩基基础			—	—	—					
地下室			—	—	—	—				
地面建筑			—	—	—	—	—	—		
道路广场及管线							—	—	—	
绿化工程								—	—	

（七）工程土石方量

根据主体设计资料计算，工程挖方约 10.50 万 m^3，填方 3.58 万 m^3，借方 3.58 万 m^3，弃方 10.50 万 m^3。但主体设计未明确绿化覆土及泥浆钻渣等产生的土石方量，以及弃方的去向。方案将在“五、主体工程水土保持分析与评价”中进行补充，同时对工程的土石方平衡及弃方处置的合理性进行分析。

（八）工程投资及建设单位

工程总投资约 32 932 万元，土建投资约 17 484 万元。项目建设资金由建设单位自筹。

工程建设单位是×××有限公司。

四、项目区概况

（一）自然条件

1. 地质

工程区主要受华夏系和新华夏系构造格局所控制，区内主要发育北东向断层带及北西向断层带。区内节理较发育，以次生节理为主，断层带两侧节理发育、密集。工程区出露的地层有白垩系（K）、泥盆系（D）、志留系（S）；第四系地层有更新统残坡积层、坡洪积及全更新统冲海积、湖沼相沉积层。场地勘探深度范围内岩土层可划分为 8 个工程地质层、14 个工程地质亚层。地下水位埋深在现地表下 0.40 ~ 2.10 m，相当于 85 国家高程的 1.89 ~ 3.84 m。本区地震动峰值加速度为 0.05g，相对于地震基本烈度为Ⅵ度，属构造相对稳定区。

工程区地质构造简单，地层稳定，工程地质条件良好，不属于崩塌、滑坡危险区和泥石流易发区。

2. 地貌

项目区地处杭嘉湖平原南端，天目山山脉余脉末端，是平原与丘陵过渡带，属平原、丘陵地貌，中部为丘陵、南北部为平原。该地块属湖沼平原区，由河流及湖沼共同堆积而成，地势平坦，河网纵横交错，大小池塘星罗棋布，地坪高 2.20 ~ 5.50 m。工程区内现状地形较平坦，地面已经进行粗平，现状平均标高 3.15 ~ 4.53 m。

3. 气象

工程区属中北亚热带季风气候区，冬温夏热，四季分明，光照充足，雨水充沛，年平均气温 16.5 ℃，极端最高气温 42.9 ℃（1971 年 7 月 31 日），极端最低气温 -15.0 ℃（1977 年 1 月 5 日），最热月平均温度 35 ℃，最冷月平均温度 -1.3 ℃。年平均降雨 130 ~ 160 d，年均降雨量 1 464.2 mm，最大降雨量为 2 356.1 mm（1954 年），年最小降雨量 954.6 mm（1967 年），降雨以春雨、梅雨（4 ~ 6 月）、台风雨（7 ~ 9 月）为主。最大平均相对湿度 82%，年平均风速为 1.3 ~ 2.7 m/s，最大风速 20 m/s。冬季土层冻结深度为 0.2 ~ 0.3 m。夏季主导风向为西南、南风，冬季主导风向为东北、东风。无霜期 299 ~ 328 d。年平均蒸发量 1 139.9 ~ 1 377.1 mm，常年平均水汽压 16.7 hPa。

4. 水文

区内河道均属于运河水系，现状主要功能为排水和灌溉。河道驳岸除农居区域采用浆砌、干砌块石驳坎外，其余基本以原生态土坡护岸为主，河道总体生态性较好。现状河道均不通航。

根据《浙江省水功能区水环境功能区划》，工程不涉及饮用水源保护区，水功能水环境功能区划为工业、农业用水区。

5. 土壤植被

根据实地调查和对项目区土壤资料分析，工程区土壤以黄壤土为主，质地良好，养分丰富，土壤肥沃，黏沙适度，并有部分堆填土。

工程区植被区划属中亚热带常绿阔叶林北部亚地带，由于受人类活动的影响，原生植物大部分已经消失，代之次生植物。地块周边植被主要为道路绿化和河道绿化。

本工程用地红线范围内未见珍稀保护植物，以临时建筑物和停车场为主，无植被覆盖。

（二）水土流失及水土保持现状

1. 水土流失现状

1）水土流失重点防治区划分

根据全国土壤侵蚀类型区划，项目区属以水力侵蚀为主类型区中的南方红壤丘陵区，容许土壤流失量为 500 t/(km^2 · a)。根据《全国水土保持规划国家级水土流失重点预防区和重点治理区复核划分成果》（办水保〔2013〕188 号），项目区不属于国家级水土流失重点预防区或重点治理区；根据《浙江省水利厅浙江省发展和改革委员会关于公布省级水土流失重点预防区和重点治理区的公告》（公告〔2015〕2 号），项目区不属于省级水土流失重点预防区或重点治理区。

项目区水土流失重点防治区划分图略。

2）水土流失类型

项目区水土流失以水力侵蚀为主，按全国水土流失类型区划分，项目区属南方红壤丘陵区，主要水土流失形式表现为植被遭破坏后，土地水源涵养能力降低，遇降雨则形成侵蚀，其主要形式为浅沟侵蚀及小型切沟、冲沟侵蚀。

3）水土流失面积及强度

根据 2014 年全省水土流失现场调查，项目所在区水土流失面积共计 12.22 km^2，占全区总土地面积的 3.94%，水土流失以中度和轻度侵蚀为主，分别占项目区水土流失总面积的 57.69% 和 33.31%。项目区水土流失现状见表 7-4。

表 7-4　项目区水土流失现状

名称		水土流失面积					
		轻度	中度	强烈	极强烈	剧烈	小计
××区	面积(km^2)	7.05	4.07	0.48	0.27	0.35	12.22
	所占比例(%)	57.69	33.31	3.93	2.21	2.86	100

根据应用遥感普查水土流失图并经过现场调查，项目区现状平均土壤侵蚀模数约 300 t/(km^2 · a)，小于浙江省允许土壤流失量 500 t/(km^2 · a)。

2. 水土保持现状

20 世纪 90 年代以来，杭州市水土保持工作逐步走上正规化、法制化、科学化的轨道。2001 年市政府批准印发了《杭州市水土保持总体规划》，各市、县组织编制了切合当地实际的水土保持规划，并得到了相应各级政府的批准，成为各市、县开展水土保持工作的纲领性文件。全市开展了以水土流失防治为主要内容的小流域综合治理，开展了市属钱塘江、苕溪流域的水土保持重点治理工程建设。自 2003 年浙江生态省建设启动以来，治理矿山生态环境成为生态省建设的一项重要内容。近年来，杭州市积极开展生态综合治理矿山建设，在减免山体崩塌、泥石流等地质灾害的同时，对生态环境进行了改善。

根据浙江省发改委、省水利厅《关于推进〈浙江省水土保持总体规划（2006—2010 年）〉实施工作的意见》要求，2007 年 6 月完成了《杭州市水土保持规划报告（2006—2010 年）》。随着《中华人民共和国水土保持法》的修订实施，杭州市根据新的形势及要求，组织编制了《杭州市水土保持规划报告》。

此外，杭州市强化了水土保持监督管理力度，在全市广泛深入宣传《中华人民共和国水土保持法》，增强全社会水土保持意识，积极执行开发建设项目水土保持方案申报、审批制度。严格执行水土保持法律法规，贯彻落实水土保持“三同时”制度。

3. 类似开发建设项目的水土保持经验

近年来，房地产建设速度也日渐加快，本工程可借鉴蚕桑西苑小区项目、汇盛德堡公寓项目等。通过实地调查，这些房地产项目的建设过程中在保护生态环境、防治水土流失方面取得了非常好的效果，积累了大量的成功经验，对本工程建设过程中的水土保持工作具有借鉴作用。通过调查，这些房地产项目的建设在保护生态环境、防治水土流失方面均取得了非常好的效果，积累了大量的成功经验，对本工程建设过程中的水土保持工作具有借鉴作用。

工程措施：室内排水废污合流，室外排水雨污分流，地下室污废水提升后排放。雨水综合利用，品质较好的屋面雨水经初期弃流、简单处理、储存，用以道路和绿化区域浇洒等。

植物措施：主要为小区绿化，包括栽植乔木、灌木，植草、铺草皮等。在水土保持植物措施方面，选择适生能力强、速生优质、栽植和养护容易的优良树草种。经调查，周边开发建设项目常用的适生草种、树种较多，草本植物有麦冬、狗牙根、马尼拉及高羊茅等，灌木有圆柏、紫薇、木槿、金银木、小叶黄杨、红叶石楠等，乔木有女贞、蜀桧、香樟等。

临时措施：沿用地红线四周采用彩钢板或者砖砌围挡，减少了对周围地块的扰动；临时堆土采用临时拦挡已经苫盖防护；场地四周设施临时排水沟用于场区内排水，出口处设临时沉沙池，沉淀径流冲刷的泥沙；在施工场地出入口，设置 1 套汽车清洗设备，对进出车辆进行冲洗，避免车辆泥土带出工程区，影响周边环境。

同一地区同类建设项目水土保持方面的教训：①工程占地耕地、园地未进行表土剥离，后期植被绿化覆土还需商购，造成资源浪费，增加工程投资；②临时堆土防护不利，遇到暴雨天，产生严重的水土流失，泥水漫流，进入河道或者市政管网，造成管网堵塞、河道淤积；③未设置洗车平台，进出施工场地的工程车辆将泥土带出，造成道路污染。

五、主体工程水土保持分析与评价

（一）主体工程选址水土保持制约性因素分析与评价

本工程不属于《促进产业结构调整暂行规定》（国发〔2005〕40 号）、国家发展和改革委员会发布的《产业结构调整指导目录（2016 年本）》中限制类和淘汰类产业的开发建设项目。该项目建设符合《杭州市三墩北单元（XH01）控制性详细规划（调整）》的相关要求，2018 年 8 月 10 日，杭州市 × × 区住房和城乡建设局以“西建审发〔2018〕30 号”对该工程初步设计进行了批复。

工程区不涉及公布的泥石流易发区、崩塌滑坡危险区以及易引起严重水土流失和生态恶化的地区；不涉及占用全国水土保持监测网络中的水土保持监测站点、重点试验区及长期定位观测站等。

根据工程设计，工程开挖方主要是地下室开挖土方，填筑土石方主要用于场地填筑。由于场地限制，工程开挖土方全部外运处置。

工程区沿道路布设了雨水管线，将地表雨水经排水管排入市政雨水管网；建筑物空地和道路两侧采取园林式绿化措施；施工裸露面采取临时排水沉沙等措施；主体工程采取绿化措施，使扰动后的裸露地表及时得以覆盖，工程建设可能增加的水土流失将降到最低程度。

施工期间，通过合理安排施工进度与时序，缩小裸露面积和减少裸露时间，减少施工过程中因降水和风等水土流失影响因素可能产生的水土流失。雨季填筑土方应随挖、随运、随填、随压，避免产生水土流失。这些措施使工程建设可能增加的水土流失降到最低程度。

根据《中华人民共和国水土保持法》、《浙江省水土保持条例》、《开发建设项目水土保持技术规范》（GB 50433—2008）、《水利部关于严格开发建设项目水土保持方案审查审批工作的通知》（水保〔2007〕184 号），对项目水土保持制约性因素逐条分析和评价，对照分析结果见表 7-5 ~ 表 7-8。总体而言，本工程选址不存在水土保持制约性因素。

表 7-5　依据《中华人民共和国水土保持法》分析

序号	相关条文	分析评价结论
1	禁止在崩塌、滑坡危险区和泥石流易发区从事取土、挖砂、采石等可能造成水土流失的活动	工程不涉及崩塌滑坡危险区和泥石流易发区
2	生产建设项目选址、选线应当避让水土流失重点预防区和重点治理区；无法避让的，应当提高防治标准，优化施工工艺，减少地表扰动和植被损坏范围，有效控制可能造成的水土流失	工程区不涉及国家和省级水土流失重点预防区和重点治理区
3	依法应当编制水土保持方案的生产建设项目，其生产建设活动中排弃的砂、石、土、矸石、尾矿、废渣等应当综合利用；不能综合利用，确需废弃的，应当堆放在水土保持方案确定的专门存放地，并采取措施保证不产生新的危害	工程弃渣委托第三方土石方公司进行外运处置

续表 7-5

序号	相关条文	分析评价结论
4	在山区、丘陵区、风沙区以及水土保持规划确定的容易发生水土流失的其他区域开办生产建设项目或者从事其他生产建设活动，损坏水土保持设施、地貌植被，不能恢复原有水土保持功能的，应当缴纳水土保持补偿费，专项用于水土流失预防和治理	根据水土保持补偿费征收使用管理办法，本工程属于保障性安居工程，属于免征水土保持补偿费范围
5	对生产建设活动所占用土地的地表土应当进行分层剥离、保存和利用，做到土石方挖填平衡，减少地表扰动范围；对废弃的砂、石、土、矸石、尾矿、废渣等存放地，应当采取拦挡、坡面防护、防洪排导等措施。生产建设活动结束后，应当及时在取土场、开挖面和存放地的裸露土地上植树种草、恢复植被	工程占地范围内无可剥离表土；工程建设产生的弃渣委托第三方土石方公司进行外运处置

表 7-6　依据《浙江省水土保持条例》分析

序号	相关条文	分析评价结论
1	禁止在崩塌、滑坡危险区和泥石流易发区从事取土、挖砂、采石等可能造成水土流失的活动	工程不涉及崩塌滑坡危险区和泥石流易发区
2	禁止在25°以上陡坡地和供水水库库岸至首道山脊线内荒坡地开垦种植农作物	不涉及陡坡地和荒坡地
3	在5°以上不足25°的荒坡地开垦种植农作物，应当根据当地实际情况，按照水土保持技术标准，采取修建梯田、修筑挡土墙、修筑排水系统、蓄水保土耕作等水土保持措施。禁止顺坡耕种	不涉及荒坡地开垦种植农作物
4	利用低丘缓坡垦造耕地等土地整治项目，应当符合水土保持规划，避让水土流失重点预防区和重点治理区；无法避让的，应当提高水土流失防治标准	不属于此类项目
5	生产建设活动占用土地的地表土，生产建设单位应当进行分层剥离、保存和利用；利用后剩余的地表土应当运至水土保持方案确定的存放地。地表土存放地应当采取水土流失防护措施	场地无可剥离的表土，绿化覆土为商购，待覆土时购买，不存在表土临时堆放
6	生产建设活动结束后，生产建设单位应当及时在取土场、开挖面和存放地的裸露土地上植树种草、恢复植被，对闭库的尾矿库进行复垦	工程将实施绿化等措施

表 7-7　依据《开发建设项目水土保持技术规范》分析

序号	相关条文	分析评价结论
1	应控制和减少对原地貌、地表植被、水系的扰动和损坏，保护原地表植被、表土及结皮层，减少占用水、土资源，提高利用率	工程布置紧凑
2	开挖、排弃、堆垫的场地必须采取拦挡、护坡、排水以及其他整治措施	工程基础开挖设施支护
3	施工过程必须有临时防护措施	方案补充临时排水沟及临时沉沙池，完善后符合
4	施工场地应及时进行土地整治，采取水土保持措施，恢复其利用功能	主体后期除硬化部分全部绿化处理
5	选址（线）宜避开生态脆弱区、固定半固定沙丘区、国家划定的水土流失重点预防保护区和重点治理成果区，最大限度地保护现有土地和植被的水土保持功能	不涉及生态脆弱区等区域
6	工程占地不宜占用农耕地，特别是水浇地、水田等生产力较高的土地	不占用耕地
7	不得影响周边公共设施、工业企业、居民点等的安全	工程建设不对周边安全产生影响
8	控制施工场地占地，避开植被良好区	施工场地不占用植被区
9	应合理安排施工，减少开挖量和废弃量，防止重复开挖和土（石、渣）多次倒运	本方案提出要求，完善后符合
10	应合理安排施工进度和时序，缩小裸露面积和减少裸露时间，减少施工过程中因降水和风等水土流失影响因素可能产生的水土流失	本方案提出要求，完善后符合
11	施工开挖、填筑、堆置等裸露面，应采取临时拦挡、排水、沉沙、覆盖等措施	土方随挖随运
12	减少地表裸露时间，遇暴雨或大风天气应加强临时防护。雨季填筑土方时应随挖、随运、随填、随压，避免产生水土流失	本方案提出要求，完善后符合
13	临时堆土及料场加工的成品料应集中堆放，设置沉沙、拦挡等措施	工程成品料集中堆放，完善后符合
14	开挖土石和取料场地应先设置截排水、沉沙、拦挡等措施后再开挖。不得在指定取土（石、料）场以外的地方乱挖	工程地下室开挖前先开挖了临时排水沟、临时沉沙池并做了基坑防护
15	土石料在运输过程中应采取保护措施，防止沿途散溢，造成水土流失	本方案提出要求，完善后符合

表 7-8　依据《水利部关于严格开发建设项目水土保持方案审查审批工作的通知》分析

序号	相关条文	分析评价结论
1	水土保持方案中没有主体工程的比选方案，比选方案水土保持评价缺乏水土保持有关量化指标的	根据相关规划，工程选址唯一，主体设计未进行方案比选
2	工程的土石方平衡、废弃土石渣利用达不到规范要求的	工程产生的弃渣委托第三方土石方公司进行外运
3	《促进产业结构调整暂行规定》（国发〔2005〕40 号）、国家发展和改革委员会发布的《产业结构调整指导目录》中限制类和淘汰类产业的开发建设项目	不属于此类项目
4	《国民经济和社会发展第十二个五年规划纲要》确定的禁止开发区域内不符合主体功能定位的开发建设项目	不属于此类项目
5	在县级以上地方人民政府公告的崩塌滑坡危险区和泥石流易发区内取土、挖砂、取石的开发建设项目	不涉及此类区域
6	根据国家产业结构调整的有关规定精神，国家发展和改革主管部门同意后方可开展前期工作，但未能提供相应文件依据的开发建设项目	项目已经取得初步设计批复
7	分期建设的开发建设项目，其前期工程存在未编报水土保持方案、水土保持方案未落实和水土保持设施未按期验收的	不属于分期建设项目
8	同一投资主体所属的开发建设项目，在建及生产运行的工程中存在未编报水土保持方案、水土保持方案未落实和水土保持设施未按期验收的	建设单位所属的开发建设项目不存在未编报水土保持方案或未验收情况
9	处于重要江河、湖泊以及跨省（自治区、直辖市）的其他江河、湖泊的水功能一级区的保护区和保留区内可能严重影响水质的开发建设项目，以及对水功能二级区的饮用水源区水质有影响的开发建设项目	不涉及此类区域

（二）主体工程方案比选的水土保持分析与评价

主体设计未对工程选址和总平面布置进行比选，工程选址及总平面布置唯一，本方案不对方案选址和总平面布置进行比选分析。

（三）工程建设方案的水土保持分析与评价

1. 工程建设方案与布局分析评价

工程总体布局紧凑，充分利用现有的用地范围布设建筑，对建筑物和硬化面积外的空地全部进行绿化，在增加居住舒适度的同时，增加了雨水蓄渗。因此，本工程平面布置基本满足水土保持要求。

本工程结合现状地形，小区内设计地坪标高为5.61 m，沿街配套公建设计标高为5.21 m。工程竖向设计满足防洪要求，同时减少土石方开挖量，符合水土保持要求。

2. 工程占地分析与评价

根据主体设计，本工程永久占地面积 1.86 hm^2，永久占地内主要布设永久建筑物、道路广场及绿化。根据方案复核，工程在施工期间，需要设置施工工区 1 处，面积 0.04 hm^2，设在工程区西北角。为了收集工程基础处理产生的泥浆钻渣，需设置 1 座泥浆池，面积 0.06 hm^2。工程新增泥浆池设置在永久占地范围内，不重复计列。

经方案复核后，本工程占地面积 1.86 hm^2，全部为永久占地。临时占地设在永久占地范围内。

本工程占用的土地类型为住宅用地，工程的建设扰动原地貌，加大了水土流失，对区域的生态环境带来了不利的影响。

综上所述，土地利用类型未改变（工程建设过程中，将扰动原地貌），对原有生态环境的破坏是不可避免的。因此，在设计、施工及运行过程中必须做好水土保持工作，以减少因工程建设带来的不利影响。工程建成后用地红线内基本被建筑物以及道路植被覆盖，属永久占地性质。

3. 土石方平衡分析与评价

主体设计中考虑了地下室开挖、场地填筑的土石方量，由于工程周边现状场地限制，同时考虑对周边生态环境的影响，工程随挖随运，不设临时堆土场地，工程挖方全部作为弃方处置，回填方采用商购解决。主体设计在土石方平衡计算时，未考虑种植土回填以及基础施工中泥浆钻渣的土石方量，本方案进行复核。

1）土石方平衡原则

（1）在满足施工时序的前提下，工程土石方挖填尽可能平衡利用，不能利用的土石方采取措施妥善处置或综合利用。

（2）土石方平衡按自然方进行计算，换算系数为“自然方：松方：实方 = 1：1.33：0.85”。

2）分项土石方平衡

（1）表土。

工程区块内现状以杂填土为主，占地范围内无可剥离表土。

根据《园林绿化工程施工及验收规范》，草皮覆土厚度≥30 cm，灌木覆土厚度≥40 cm，乔木覆土厚度≥100 cm；主体工程施工结束后，对绿化区域进行覆土，覆土面积 0.56 hm^2，覆土厚度 50 cm，覆土量 0.28 万 m^3。

本单项工程无表土剥离，覆土 0.28 万 m^2，借方 0.28 万 m^2，借方商购，无剩余表土。

（2）一般土石方。

①建筑物基础。工程建筑采用钻孔灌注桩,共设置钻孔灌注桩约 1 400 根,桩径 600 ~700 mm,桩长 30 ~45 m。灌注桩施工将产生钻渣泥浆,根据估算,工程建设将产生泥浆钻渣量约 3.69 万 m^3(按泥浆比 1∶3计算),泥浆钻渣用槽罐车外运至××区城管局指定地点(双浦镇铜鉴湖村泥浆泥水分离点)干化利用。

本单项工程开挖 3.69 万 m^3钻渣泥浆,无填方,无借方,弃方 3.69 万 m^3,经泥浆池收集、离心干化后外运处置。

②地下室工程。工程红线范围内现状高程 3.15 ~4.53 m(平均以 4.10 m 计),工程地下开挖面积约 15 092 m^2(基坑顶部 2 m 深在施工时局部有少量放坡,影响量较小,此处忽略),地下室层高 9.25 ~9.35 m,底板标高 -3.49 m,底板厚 0.5 m,平均挖深 8.09 m,经估算,合计土方开挖量为 12.20 万 m^3。

顶板覆土面积 1.11 hm^2(地下室面积 1.51 hm^2 - 地下室上部建筑物基地面积 0.40 hm^2),覆土厚度 1.5 m。经估算,共需覆土 1.69 万 m^2。

综上所述,地下室工程开挖土方 12.20 万 m^3,回填土方 1.69 万 m^3。地下室开挖土方除 0.53 万 m^3调入场平工程外,其他土方全部外运处置,回填方商购。

③场平工程。项目区现状地面高程 3.15 ~4.53 m(平均以 4.10 m 计),室外地坪设计标高 5.61 m,需做填高平整,平均填高 1.51 m,地下室范围线外平整面积 0.35 hm^2。经估算,需填方 0.53 万 m^3,从地下室工程调入 0.53 万 m^3,无借方,无余方。

3)工程土石方平衡综合汇总

综上所述,工程合计开挖量 15.89 万 m^3,包括土方 12.20 万 m^3,钻渣 3.69 万 m^3;回填量 2.50 万 m^3,包括表土 0.28 万 m^3,土方 2.22 万 m^3;借方 1.97 万 m^3,包括表土 0.28 万 m^3,土方 1.69 万 m^3;工程产生弃方 15.36 万 m^3,包括土方 11.67 万 m^3,钻渣 3.69 万 m^3,弃方外运处置。

工程土石方平衡综合汇总见表 7-9,工程土石方流向框图见图 7-2。

4. 借方来源分析

根据土石方平衡分析,工程回填量 2.50 万 m^3,包括表土 0.28 万 m^3,用于绿化覆土;一般土方 2.22 万 m^3,用于地下室顶板覆土。工程填方来源于周边其他建设项目弃方和剩余表土,不足部分从合法料场商购。

经调查,该区近期建设项目较多,建设过程中产生大量弃方,施工阶段建设单位可及时了解周边其他项目建设进度,综合利用土方资源,也可减少周边项目弃方处置压力。

5. 弃渣处置的合理性分析

经土石方综合平衡后,工程弃方 15.36 万 m^3,其中土方 11.67 万 m^3,钻渣 3.69 万 m^3,工程弃渣由建设单位××区城市建设投资集团有限公司负责处置。

泥浆钻渣采用槽罐车外运至鉴湖村泥浆泥水分离点处进行泥水分离。泥水分离后产生的干泥用于制砖或土地复耕,分离排水经四级沉淀及水生植物净化后部分用于循环使用,部分供应给周边水产品养殖户及农户使用。

表 7-9　工程土石方平衡综合汇总

（单位：万 m^3）

序号	项目	开挖			回填			跨项调运				借方			弃方		
		土方	钻渣泥浆	小计	表土	土方	小计	调入	来源	调出	去向	表土	土方	小计	土方	钻渣泥浆	小计
①	绿化工程				0.28		0.28					0.28		0.28			0
②	建筑物基础		3.69	3.69			0							0		3.69	3.69
③	地下室工程	12.20		12.20		1.69	1.69			0.53	④		1.69	1.69	11.67		11.67
④	场平工程			0		0.53	0.53	0.53	③					0			0
合计		12.20	3.69	15.89	0.28	2.22	2.50				0	0.28	1.69	1.97	11.67	3.69	15.36

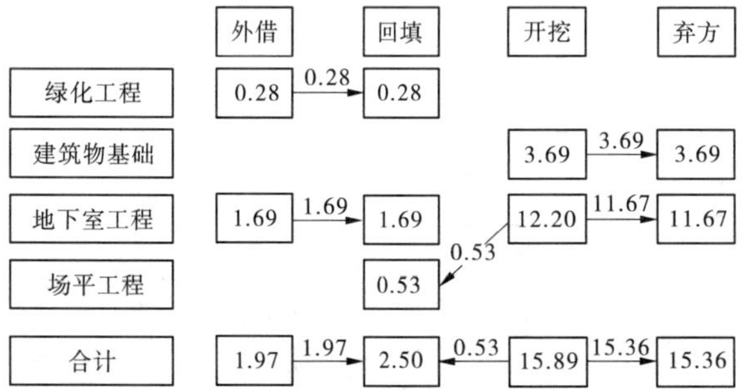

图 7-2　工程土石方流向框图

建设单位承诺在工程开工前明确土方处置方案，土方处置方案符合水土保持法律法规和技术规范要求，符合渣土管理相关规定，并报××区林业水利局备案。同时在工程建设管理中，将弃方处置纳入合同管理，落实监管措施，自觉接受审批机关监督。

建设单位在报批水土保持方案时，落实弃方处置方案，以此作为审批依据。

6. 施工方法分析与评价

与水土保持相关的主要建设内容为土石方的施工，施工以大型机械为主，以人工为辅，工程施工工艺大部分为常规。建设单位在工程建设管理方面具有较为成熟的经验。

本工程施工设计中，优化设计方案，尽量缩短施工工期，减少土方的裸露时间。同时要求施工机械和施工人员应按照施工组织设计进行操作，不得乱占土地和随意取弃土，土石方平衡后，弃方随挖随运，加强运输过程中的防护。综合评价认为主体工程施工符合工程实际，合理安排了施工期，采用较先进的施工工艺，对防治水土流失起到了一定的作用。主体工程所采用的施工工艺基本符合水土保持的要求，无重大制约性因素存在。

7. 主体工程设计中具有水土保持功能工程的分析与评价

1）施工围墙

项目区四周沿用地红线修建施工围墙。施工围墙起到了水土保持作用，但是以与周边区域隔离、保证施工安全为主要功能，不界定为水土保持措施。本方案仅作为分析评价，不计列工程量及投资。

2）基坑防护

地下室基坑周边边坡防护可以有效地防治基坑坍塌，具有水土保持作用，但主要为保证施工安全，不界定为水土保持措施。本方案仅作为分析评价，不计列工程量及投资。

3）场内排水

本项目永久排水系统采用雨污分流制。布设雨水管及污水管，不布设地面排水沟。雨水、污水管使汇流集中排导，可以防止乱流造成地面冲刷，具有水土保持功能。本方案将雨水管界定为水土保持措施，长度为400 m。

4）绿化覆土

根据主体工程设计，施工结束后，对绿化区域范围进行覆土，覆土量0.28万m^3，绿化覆土可提高苗木成活率，降低水土流失危害，界定为水土保持措施。

5）弃渣清运

本项目产生弃渣约15.36万m^3，弃渣采用外运进行处置，主体设计考虑弃渣清运的费用，该项措施界定为水土保持措施。

6）园林绿化

本工程绿化面积0.56 hm^2，分布于道路广场及建筑之外的空地。绿化主要采用园林式绿化，植物种选择适宜当地气候和土壤条件的乡土植物，且采用包含乔、灌、草的复层绿化，乔木主要种植在道路停车场两侧，起到隔离噪声和遮阴的作用。灌木主要种植于建筑物周边的区域，草皮主要分布于主入口广场周围、建筑物周边及乔灌木下面。绿化措施的实施，有助于逐步提高区块蓄水保土能力，具有较好的水土保持功能，界定为水土保持措施。

7) 洗车平台

为了不污染周边的城市道路，在车辆出入口设置洗车平台，防止进出场车辆将泥土带到周边道路，实现文明施工。洗车平台长 15 m、宽 8 m，采用混凝土结构，厚 25 cm。平台表面单侧倾斜，出口位置较低，倾斜度 2%，在洗车平台运输车辆轮胎经过地槽处设置钢架。工程共设置 1 处洗车平台，界定为水土保持措施。

8. 界定为水土保持措施的工程

依据《开发建设项目水土保持技术规范》(GB 50433—2008)，以水土保持功能为主且符合水土保持技术标准的工程界定为水土保持措施。本工程界定为水土保持措施的工程量汇总见表 7-10。

表 7-10　主体设计中水土保持措施工程量

措施类型	项目	单位	工程量	投资(万元)
工程措施	雨水管	m	400	26.00
	绿化覆土	万 m^3	0.28	15.02
	弃渣清运	万 m^3	15.36	1 612.80
植物措施	园林绿化及抚育管理	hm^2	0.56	280.00
临时措施	洗车平台	处	1	1.00
合计				1 934.82

(四)结论性意见

综合以上分析评价，从水土保持角度考虑，工程建设不存在重大的水土保持制约因素，项目建设是可行的。

从水土保持角度考虑，主体工程设计中的排水、绿化等措施均能够满足水土保持要求。以上这些均能从不同角度防治因工程建设而产生的水土流失，起到了较好的水土保持作用。除主体工程已采取措施外，本方案还将从水土保持角度补充提出工程施工过程中的临时防护措施及管理措施要求，并重点针对主体工程现阶段未详细考虑的相关措施等进行设计：

(1)补充地下室顶部及底部临时排水、沉沙措施。

(2)补充施工工区临时排水、沉沙措施。

(3)补充施工场地出入口的临时防护措施。

(4)做好弃渣运输及防护工作。

(5)补充施工期间的监督管理措施，并提出各项水土保持投资估算及方案实施的保证措施。

六、防治责任范围及防治分区

(一)防治责任范围

本项目防治责任范围根据“谁开发，谁保护；谁造成水土流失，谁负责治理”的原则来确定。按照《开发建设项目水土保持技术规范》(GB 50433—2008)关于开发建设项目水土流失防治责任范围界定的有关规定，结合主体工程设计资料并实地调查确定本工程水土流失防治责任范围。防治责任范围包括项目建设区和直接影响区。

1. 项目建设区

项目建设区是指工程开发建设需要占用土地的范围，本工程项目建设区总面积约 1.86 hm^2，全部为永久占地，临时占地位于永久占地范围内。

2. 直接影响区

直接影响区是指因项目生产建设活动可能造成水土流失及危害的项目建设区以外的其他区域。虽然不属于项目建设施工直接扰动范围，但项目建设给其带来了水土流失危害，建设单位应该对其负责防治。

经实地勘察，并参照以往已建工程经验，本方案按照以下原则确定直接影响区：

(1) 主体工程征地红线外 2 m 范围，面积为 0.10 hm^2。

(2) 排水出口处长 50 m、宽 5 m 影响范围，施工出入口处长 40 m、宽 5 m 影响范围，面积合计 0.07 hm^2。

3. 防治责任范围

综上，本项目水土流失防治责任范围共 2.03 hm^2，其中项目建设区 1.86 hm^2，直接影响区 0.17 hm^2，见表 7-11。

表 7-11　水土流失防治责任范围　（单位：hm^2）

区域	项目		面积	说明
项目建设区	永久占地	建筑物	0.40	
		道路广场	0.90	
		绿化	0.56	
		小计	1.86	
	临时占地	施工工区	0.04	永久占地范围内
		泥浆池	0.06	永久占地范围内
		小计	0.10	
	合计		1.86	
直接影响区	围墙外 2 m 影响范围		0.10	
	排水出口及施工出入口影响范围		0.07	
	小计		0.17	
合计			2.03	

（二）防治分区

根据确定的防治范围，依据主体工程布局、施工扰动特点、建设时序等，结合方案编制总则、工程项目的特点以及对水土流失的影响、区域自然条件、项目的功能区分等，确定本方案水土流失防治共分两个防治分区。水土流失防治分区见表 7-12。

表 7-12　水土流失防治分区　（单位：hm^2）

防治分区	区域	面积		
		项目建设区	直接影响区	小计
Ⅰ区（主体工程防治区）	主体工程及其影响区	1.76	0.17	1.93
Ⅱ区（施工临时设施防治区）	施工临时设施	0.10	0	0.10
合计		1.86	0.17	2.03

七、水土流失预测

（一）水土保持补偿费计征面积

根据《财政部国家发展改革委 水利部 中国人民银行关于印发〈水土保持补偿费征收使用管理办法〉的通知》（财综〔2014〕8 号）第十一条规定，“下列情形免征水土保持补偿费：（四）建设保障性安居工程、市政生态环境保护基础设施项目的”。

本工程为新建安置房工程，占地 1.86 hm^2，免征水土保持补偿费。

（二）水土流失预测

1. 预测范围

根据工程建设特点，工程可能产生的水土流失主要发生在工程开挖、填筑等地表扰动区域，故本方案水土流失预测范围主要为项目建设区，包括主体工程区及施工临时设施区等区域。

2. 预测时段

本工程为建设类项目，根据《开发建设项目水土保持技术规范》（GB 50433—2008）及工程建设特点，本工程的水土流失预测分施工准备期、施工期及自然恢复期三个时段。

在施工准备期，主要是施工人员进场及施工场地布设等，这些活动将占用并扰动原地貌，破坏地表覆盖物，会产生水土流失。在施工期，地下室开挖等涉及大量的土石方挖填，使土地原有结构遭到破坏，降低地表土壤的抗蚀、抗冲能力，造成大量水土流失，同时产生大量的开挖填筑裸露面，裸露面表层结构疏松，侵蚀强度较大。自然恢复期，地表扰动基本停止，植被逐步恢复，水土流失强度将逐渐降低，但仍有一定量的水土流失。

因此，本工程水土流失预测的重点时段为施工准备期和施工期，相应地对自然恢复期（1 年）的水土流失也进行分析、预测。

3. 水土流失预测方法

（1）水土流失量主要采用类比法进行预测，计算公式如下：

$$W = \sum_{j=1}^{3} \sum_{i=1}^{n} (F_{ji} \cdot M_{ji} \cdot T_{ji}) \tag{7-1}$$

$$\Delta W = \sum_{j=1}^{3} \sum_{i=1}^{n} (F_{ji} \cdot \Delta M_{ji} \cdot T_{ji}) \tag{7-2}$$

式中　W——土壤流失量，t；

ΔW——新增土壤流失量，t；

F_{ji}——某时段某单元的预测面积，km^2；

M_{ji}——某时段某单元的土壤侵蚀模数，$t/(km^2 \cdot a)$；

ΔM_{ji}——某时段某单元的新增土壤侵蚀模数，$t/(km^2 \cdot a)$，只计正值，负值按0计，其计算公式如下：

$$\Delta M_{ji} = \frac{(M_{ji} - M_{oi}) + |M_{ji} - M_{oi}|}{2}$$

M_{oi}——某单元的土壤侵蚀背景值(根据现场调查，结合2009年浙江省水土流失遥感普查资料以及项目区土壤侵蚀强度图确定)，$t/(km^2 \cdot a)$；

T_{ji}——某时段某单元的预测时间，a；

i——预测单元，$i = 1,2,3,\cdots,n$；

j——预测时段，$j = 1,2,3$，指施工准备期、施工期和自然恢复期。

(2)土方清运及泥浆钻渣主要采用流弃比法进行预测。

$$\Delta W = AQr \tag{7-3}$$

式中　ΔW——新增土壤流失量，t；

A——流弃比(0.01/0.22)；

Q——土方量/泥浆钻渣，m^3；

r——土方/泥浆容重($1.2/1.5\ t/m^3$)。

4. 可能造成的水土流失量预测

1)类比工程基本情况

目前，杭州市在建房地产项目较多，多数为建设单位自行监测。监测主要采取调查巡查的方式，辅以地面观测。经过对工程特点、项目区自然环境状况、水土流失情况等综合分析，C地块经济适用房项目的建设内容、施工工艺、气候条件、地形地貌、土壤植被、水土流失状况等方面与本工程较为类似，建设过程中的水土流失的影响因素与本工程基本相同，因此确定该项目作为本方案水土流失预测的类比调查工程。

类比项目基本情况的比较见表7-13。

本方案通过对类比工程的调查分析，得出类比工程建设过程中的土壤侵蚀强度，然后在对本工程资料进行分析的基础上，结合项目区的降水、地形地貌、土壤植被、水土流失现状以及施工特点等进行分析，拟定本工程建设过程中各区域的土壤侵蚀强度，进行水土流失预测。

2)类比工程产生的水土流失状况

根据各单项工程施工工艺、挖填土石方、堆置高度及时间、扰动土地、林草植被覆盖度、已造成水土流失、水土保持设施效益、拦挡和防护工程情况，并结合土壤侵蚀分级标准等来分析、估算土壤侵蚀模数和流弃比。经上述量测调查、分析估算，得到该工程施工期及自然恢复期产生的水土流失情况如下：

(1)地下室开挖。

施工前，项目区周围设置围墙拦护，工程的主要施工活动均在拦护范围内进行。在降水条件下，地下室开挖面出现细微的侵蚀沟，建(构)筑物开挖面出现细沟状面蚀，估算土壤侵蚀模数约6 750 $t/(km^2 \cdot a)$。

表 7-13 类比工程与本工程基本情况比较

项目	类比工程	本工程
工程概况	工程占地面积 4.01 hm^2，建设内容主要为建（构）筑物、地下室及配套设施等。建筑面积 8.45 万 m^2（包含地下室 2.18 万 m^2）	工程占地面积 1.86 hm^2，建设内容主要为建（构）筑物、地下室及配套设施等。建筑面积 8.49 万 m^2（包含地下室 3.10 万 m^2）
气候条件	亚热带季风气候区，四季分明，温暖湿润，雨量充沛，年均降水量 1 464.20 mm	亚热带季风气候区，四季分明，温暖湿润，雨量充沛，年均降水量 1 464.20 mm
地形地貌	平原	平原
土壤	水稻土	黄壤
植被	中亚热带常绿阔叶林北部亚地带	中亚热带常绿阔叶林北部亚地带
水土流失状况	水土流失以水力侵蚀为主，为面蚀，项目区土壤侵蚀强度以微度为主，现状土壤侵蚀模数约 300 t/(km^2 · a)	水土流失以水力侵蚀为主，主要形式为面蚀，项目区土壤侵蚀强度以微度为主，现状土壤侵蚀模数约 300 t/(km^2 · a)

（2）道路广场。

施工过程中，施工机械及运输车辆扰动，经估算，土壤侵蚀模数约4 000 t/(km^2 · a)，自然恢复期，区域硬化，不再产生水土流失。

（3）绿化区域。

经现场调查，施工过程中，施工机械及运输车辆扰动，经量测估算，土壤侵蚀模数约 4 000 t/(km^2 · a)；自然恢复期，区域为绿化植被覆盖，将产生少量水土流失，估算土壤侵蚀模数约 600 t/(km^2 · a)。

（4）施工工区。

施工过程中，由于施工机械碾压、施工仓库等临时设施布设，施工场地的地表植被基本被破坏，接近于裸地水平，从而导致地表保水保土能力降低。加之施工过程中，物料堆置多、施工机械杂、地面无完善的防护措施等因素存在，在雨季产生水土流失较大，施工期侵蚀模数 2 750 t/(km^2 · a)。

类比工程各区域各时期土壤侵蚀模数见表 7-14。

表 7-14 类比工程监测部分成果

序号	监测项目	土壤侵蚀模数[t/(km² · a)]		
		施工准备期	施工期	自然恢复期
1	地下室开挖	300	6 750	
2	道路广场	300	4 000	
3	绿化区域	300	4 000	600
4	施工工区	2 750	2 750	600

3)本工程水土流失预测分析及成果

(1)预测单元。

根据本工程施工扰动类型、施工布置等特点，全部扰动区域划分为地下室开挖、道路广场、绿化区域、施工工区、洗车平台、土方清运及泥浆钻渣等土壤流失预测单元。各预测单元按照开发建设项目正常的设计功能，无水土保持工程条件下可能产生的土壤流失量进行预测。各单元预测面积见表 7-15。

表 7-15 各预测单元分时段水土流失面积

序号	区域	水土流失面积(hm²)		
		施工准备期	施工期	自然恢复期
1	地下室开挖	1.51	1.51	
2	道路广场	0.90	0.90	
3	绿化区域	0.52	0.52	0.56
4	施工工区	0.04	0.04	
5	泥浆钻渣	按照流弃比计列		
6	土方清运	按照流弃比计列		

(2)土壤侵蚀模数。

①原地貌。根据现场调查，结合浙江省最新的水土流失遥感普查资料及项目区土壤侵蚀强度分布图，水土流失强度以微度为主，土壤侵蚀背景值为 300 t/(km² · a)。

②施工准备期、施工期、自然恢复区。参照类比工程的条件和土壤侵蚀模数，在对本工程资料进行分析的基础上进一步修正，确定本方案的土壤侵蚀模数，对本工程建设过程中和自然恢复期间可能产生的水土流失进行预测。土壤侵蚀模数修正时主要考虑了本项目土壤地形与类比工程相似，同时不采取水土保持措施等因素，并根据各预测单元的实际情况，修正系数取值。

本工程水土流失预测中各区域土壤侵蚀模数取值情况见表 7-16。

表 7-16　各区域土壤侵蚀模数取值

序号	区域	土壤侵蚀模数[t/(km²·a)]						
		施工准备期	施工期					自然恢复期
		本工程	类比工程	降雨量修正	土壤、地形修正	有、无措施修正	本工程	本工程
1	地下室开挖	300	6 750	1	1.1	1.2	8 910	
2	道路广场	300	4 000	1	1.1	1.2	5 280	
3	绿化区域	300	4 000	1	1.1	1.2	5 280	600
4	泥浆钻渣	流弃比 0.22,容重 1.5 t/m³						
5	土方清运	流弃比 0.01,容重 1.2 t/m³						

(3)预测时段。

对于各区域侵蚀时间的选取,按施工进度并结合产生水土流失的主要季节(4～10月),以最不利的时段选取预测时段,施工时段超过雨季长度的按全年计算,未超过的按占雨季长度的比例计算。

工程总工期为 24 个月,2019 年 3 月至 2020 年 2 月,按上述侵蚀时间确定原则,并结合主体工程施工进度安排,各区域水土流失预测时段见表 7-17。

表 7-17　各区域水土流失预测时段

序号	区域	预测时段(a)		
		施工准备期	施工期	自然恢复期
1	地下室开挖	0.2	1	
2	道路广场	0.2	1	
3	绿化区域	0.2	0.5	1
4	施工工区	0.2	2	1

(4)预测成果。

根据以上分析,按照式(7-1)和式(7-2),用预测单元的侵蚀模数、扰动面积及侵蚀时段求得各区域施工准备期、施工期和自然恢复期的水土流失量,见表 7-18。

表 7-18　水土流失预测成果

预测单位	预测时段	土壤侵蚀背景值 [t/(km²·a)]	扰动后侵蚀模数 [t/(km²·a)]	侵蚀面积 (hm²)	侵蚀时间 (a)	背景流失量 (t)	预测流失量 (t)	新增水土流失量 (t)
地下室开挖	施工准备期	300	300	1.51	0.2	1	1	0
	施工期	300	8 910	1.51	1	5	135	130
	小计					6	136	130
道路广场	施工准备期	300	300	0.9	0.2	1	1	0
	施工期	300	5 280	0.9	1	3	48	45
	小计					4	49	45
绿化区域	施工准备期	300	300	0.56	0.2	0	0	0
	施工期	300	5 280	0.56	0.5	1	15	14
	自然恢复期	300	600	0.56	1	2	3	1
	小计					3	18	15
施工工区	施工准备期	300	2 750	0.04	0.2	0	0	0
	施工期	300	3 630	0.04	2	0	3	3
	自然恢复期	300	600	0.04	1	0	0	0
	小计					0	3	3
钻渣泥浆	施工期		数量 (万 m³)	容重(t/m³)	流失系数			
	小计		3.69	1.5	0.07		4 054	4 054
土方清运	施工期		数量 (万 m³)	容重 (t/m³)	流失系数			
	小计		11.67	1.1	0.01		1 207	1 207
合计	施工准备期					2	2	0
	施工期					9	5 462	5 453
	自然恢复期					2	3	1
	总计					13	5 467	5 454

(三)水土流失危害分析

本工程建设过程中,一方面,将扰动区域内的地形地貌,损坏原有的地表、植被,使其原有的蓄水保土功能丧失或降低;另一方面,在施工中开挖、填筑的土石方量很大,极易造成水土流失。

根据工程区的地形、地质、土壤、植被、降雨以及施工方式等特点,本工程可能造成的水土流失危害主要表现在以下几个方面：

(1)扰动地形地貌，降低土壤肥力。

工程建设扰动了原有地形地貌，削弱了其原有的蓄水保土功能，在遇暴雨时，就可能造成水土流失，对项目区及其周边的生态环境产生一定的影响。

此外，工程施工扰动等引起的水土流失会带走土壤表层的营养元素，降低土壤肥力，对土地资源的再生利用带来不利影响。

(2)诱发多种形式的水土流失，影响城区环境。

工程区存在较大的土方开挖，如不采取相应的水土流失防治措施，必将引起多种形式的水力侵蚀、重力侵蚀。工程有部分临时堆土以及大量的土方清运等，若无任何防护措施，经雨水击溅和坡面径流冲刷等作用，将堵塞城区雨水管网，影响环境。

(3)增加水体含沙量，影响水质及周边环境。

本工程周边为景区连通部分河网，如不做好防护措施，施工中大量的开挖方将直接散落进入附近河道中，不仅加剧水土流失，影响工程安全，而且使得河道中泥沙浓度增加，使水体变浑浊，影响水质，从而对河流生态环境产生一定的影响。

(四)综合分析及指导意见

1. 综合分析

工程建设可能造成水土流失总量为 5 467 t，其中背景水土流失量 13 t，新增水土流失量 5 454 t。各项目建设期各单元、各时段水土流失总量和新增流失量汇总见表 7-19。

表 7-19 工程分区域分时段水土流失汇总

类型	区域	背景流失量(t)	预测流失量(t)	新增流失	
				流失量(t)	比例(%)
分区域	地下室开挖	6	136	130	2.38
	道路广场	4	49	45	0.82
	绿化区域	3	18	15	0.28
	施工工区	0	3	3	0.06
	泥浆钻渣	0	4 054	4 054	74.32
	土方清运	0	1 207	1 207	22.14
	合计	13	5 467	5 454	100.00
分时段	施工准备期	2	2	0	0.00
	施工期	9	5 462	5 453	99.98
	自然恢复期	2	3	1	0.02
	合计	13	5 467	5 454	100.00

从表 7-19 可以看出，施工期为水土流失主要时期，共产生水土流失总量 5 462 t，新增水土流失量 5 453 t。而泥浆钻渣、土方清运和地下室开挖为主要的水土流失区域。

因此,泥浆钻渣、土方清运和地下室开挖应做重点防治,是本工程水土流失重点防治区,也是水土保持监测的重点区域。水土流失主要发生在施工期,是产生水土流失量及流失强度较大的时段,也是需要重点防治的时段。

2. 指导意见

通过水土流失预测,可对后续工作提供以下指导性意见:

(1)对防治措施布设的指导性意见。

项目区属水蚀区,根据预测结果,建设期场内各分区均有不同程度新增水土流失量,在水土保持措施布设时,不应有所忽视,应制订有针对性的防治方案,设置相应的防治措施,减少施工过程中的水土流失量。同时,针对前述施工期水土流失的重点区域,必须给予重视,增加措施力度,在具体措施布设时,要针对工程区不同的施工与生产区域、时段,不同的施工工艺、施工特点与施工季节,因地制宜,因害设防,制订行之有效的防治方案。

(2)对施工进度安排的指导性意见。

施工期是新增水土流失最严重的时期,在工程建设过程中,施工进度应安排紧凑,缩短强流失时段。后期土方工程施工应尽量避开雨季,以利水土保持。

(3)对水土保持监测的指导性意见。

根据本工程特点,施工期水土保持监测主要内容应包括:施工期排水监测,水蚀因子作用下的土壤流失量以及植被盖度监测;监测点位主要应布设在地下室开挖区域,遇雨季监测频次应加大。施工期间对于泥浆钻渣的收集干化以及土方的运输和防护进行定期巡查。自然恢复期监测主要为区域植被生长情况等。

八、水土流失防治目标及防治措施布设

(一)水土流失防治目标

1. 定性目标

本工程水土保持方案应达到以下水土流失防治的基本目标:

(1)项目建设区的原有水土流失得到基本治理。

(2)新增水土流失得到有效控制。

(3)生态得到最大限度的保护,环境得到明显改善。

(4)水土保持设施安全有效。

(5)施工中已发生的水土流失严重地段及时整治,遏制其进一步发展。

2. 定量指标

根据《开发建设项目水土流失防治标准》(GB 50434—2008),水土流失防治目标包括扰动土地整治率、水土流失总治理度、土壤流失控制比、拦渣率、林草植被恢复率、林草覆盖率6项指标,到设计水平年,方案实施应达到该标准要求。

本工程水土流失防治执行建设类项目水土流失防治二级标准,根据工程施工进度安排及可采取的水土保持措施进度,至设计水平年的水土流失防治目标值见表7-20。

(二)水土流失防治措施布设

1. 防治措施总体布局

水土流失防治措施布置总体思路是:坚持分区防治、生态优先的原则,同时兼顾生态、

经济、社会效益之间的关系，重点突出生态效益。根据工程所在区域地形地貌单元以及产生的水土流失特点，划分水土流失防治区，并确定指导性防治措施，提出主导性防治措施体系，并根据主要侵蚀部位布置防治措施。

表 7-20　水土流失防治目标值计算

防治指标	设计水平年				
	标准规定值	按降水量修正	按土壤侵蚀强度修正	按地形修正	采用标准
扰动土地整治率(%)	95	/	/	/	95
水土流失总治理度(%)	85	+2	/	/	87
土壤流失控制比	0.7	+1.0			1.7
拦渣率(%)	95	/	/	/	95
林草植被恢复率(%)	95	+2	/	/	97
林草覆盖率(%)	20	+2	/	/	22

注：1. 项目区年平均降水量为 1 464.20 mm，按照水土流失防治标准并结合工程自身特点，水土流失总治理度、林草植被恢复率、林草覆盖率均提高 2 个百分点。

2. 工程区现状土壤侵蚀强度为无明显侵蚀，本方案要求恢复到背景值，确定设计水平年水土流失控制比提高至 1.7。

在具体的防治措施布置上，充分利用工程措施的控制性和速效性，同时发挥植物措施的后效性和长效性，植物措施与工程措施结合进行综合防治。采用点、线、面相结合，全面防治与重点防治相结合，并配合主体工程设计中已有的水土保持设施进行综合规划，建立布局合理、措施组合科学、功能齐全的水土流失防治措施体系，实现方案的总体防治目标。

各分区防治措施如下：

(1) Ⅰ区(主体工程防治区)。

工程措施：场内排水、绿化覆土、弃渣清运。

植物措施：园林绿化及抚育管理。

临时措施：临时排水沟、临时沉沙池、洗车平台。

(2) Ⅱ区(施工临时设施防治区)。

临时措施：施工工区临时排水沟、泥浆池。

水土流失防治体系见表 7-21。

2. 分区防治措施布设及典型设计

1) Ⅰ区(主体工程防治区)

主体工程防治区防治责任范围 1.93 hm^2，包括主体工程区及其直接影响区。水土流失防治措施主要包括场内排水、绿化覆土、弃渣清运、园林绿化及抚育管理、临时排水沟、临时沉沙池、洗车平台。

(1)工程措施。

①场内排水。

表 7-21 水土流失防治体系

分区	防治责任范围(hm^2)	措施类型	设计措施
Ⅰ区 (主体工程防治区)	1.93	工程措施	(1)场内排水√ (2)绿化覆土√ (3)弃渣清运√
		植物措施	(1)园林绿化√ (2)抚育管理√
		临时措施	(1)临时排水沟 (2)临时沉沙池 (3)洗车平台√
Ⅱ区 (临时设施防治区)	0.10	临时措施	(1)施工工区临时排水沟 (2)泥浆池
合计	2.03		

注:打“√”为主体工程已考虑的水土保持防治措施。

区块场内排水采用雨污分流制,工程各建筑物、场区内均布设雨污管网。屋面和场地雨水汇集后通过排水管就近排入市政排水管网;污水经污水管道排入污水处理站处理后,最终就近接入市政污水管网。项目区内排水系统的设置,有效地避免了雨水在项目区内随意漫流。

排水工程雨水排水强度采用杭州市暴雨强度公式确定:

$$i = \frac{57.694 + 53.476\lg P}{(t + 31.546)^{1.008}} \tag{7-4}$$

式中 i——设计暴雨强度, mm/min;

P——设计暴雨重现期,a,取 50 a;

t——降雨历时, min,$t = t_1 + t_2$,t_1 为地面集水时间,取 10 min,t_2 为管道内流行时间, min。

$$Q = 16.67\psi qF \tag{7-5}$$

式中 Q——设计径流量,m^3/s;

ψ——径流系数;

q——设计重现期和降雨历时内的平均降雨强度,mm/ min;

F——汇水面积,km^2。

排水管径依据《室外排水设计规范》确定:

$$Q = A\frac{1}{n}R^{2/3}J^{1/2} \tag{7-6}$$

式中 Q——流量,m^3/s;

A——断面面积,m^2;

n——糙率;

R——水力半径,m;

J——比降。

径流系数为0.8,汇水面积为1.86 hm^2,经计算,设计流量为0.20 m^3/s。设计排水管管径为DN500,排水管长度400 m。经复核,DN500排水管过流能力为0.32 m^3/s,大于0.20 m^3/s的设计流量。

②绿化覆土。

工程绿化区域约为0.56 hm^2,覆土厚度约50 cm,共需覆种植土0.28万 m^3,商购解决。

③弃渣清运。

工程产生弃方15.36万 m^3,包括一般土方以及干化后的泥浆钻渣,弃渣全部外运处置。一般土方委托第三方土石方公司外运处置,泥浆钻渣采用槽罐车外运至××区双浦镇铜鉴湖村泥浆泥水分离点处进行泥水分离。

(2)植物措施。

①绿化方案。

项目区绿化面积共计0.56 hm^2,分布于道路广场及建筑之外空地。绿化主要采用园林式绿化,植物种选择适宜当地气候和土壤条件的乡土植物,且采用包含乔、灌、草的复层绿化,乔木主要种植在项目区四周及道路两侧,起到隔离噪声和遮阴作用。灌木主要种植于建筑物周边的区域,草皮主要分布于主入口广场周围、建筑物周边及乔灌木下面。绿化措施的实施,有助于逐步提高绿化区占地的蓄水保土能力,具有较好的水土保持功能。

②抚育管理。

为提高幼苗的成活率和保存率,栽植后应根据造林立地条件和幼苗成活、生长发育不同时期的要求,及时进行松土、除草、踏穴、培土、选苗、定株、抹芽、打杈和必要的修枝、病虫害防治等抚育管理措施,抚育管理0.56 hm^2。

(3)临时措施。

①临时排水沟。

施工期间,为防止项目区可能产生的水土流失对周边区域的影响,本方案在项目区围墙内侧设置排水沟,收集场地内雨水,同时防止对基坑边坡的冲刷。

根据《开发建设项目水土保持技术规范》(GB 50433—2008),设计径流量按下式计算确定:

$$Q = 0.278kiF \tag{7-7}$$

式中 Q——最大洪峰流量,m^3/s;

k——径流系数;

i——平均1 h降雨强度,mm/h;

F——集水面积,km^2。

临时排水按1年一遇标准设计。排水沟的断面尺寸采用以下公式进行计算:

$$Q = Av \tag{7-8}$$

$$v = \frac{1}{n}R^{2/3}i^{1/2} \tag{7-9}$$

式中 Q——最大洪峰流量,m^3/s;

A——过水断面面积,m^2;

v——流速,m/s;

R——水力半径,m;

i——沟道比降;

n——沟道糙率。

排水沟设计流量按式(7-6)计算,项目区1年一遇平均1 h降雨强度为18.87 mm/h,综合径流系数取0.8,项目区集雨面积取1.86 hm^2,经计算,1年一遇设计流量为0.08 m^3/s。

临时排水沟断面按式(7-8)、式(7-9)推算,并结合施工实际最小尺寸需求,临时排水沟采用砖砌砂浆抹面结构,矩形断面宽40 cm,沟深40 cm,单侧排水过水能力0.24 m^3/s,能满足排水要求。

工程临时排水沟长度合计550 m(开挖土方165 m^3,砌砖75 m^3,砂浆抹面660 m^2)。

由于排水沟防护标准较低,对于施工过程中因降雨或填筑等因素损坏的临时排水沟及时进行修复,保证临时排水设施的正常运行。

②场地临时沉沙池。

施工期间,临时排水沟末端需设置沉沙池缓流沉沙,根据排水沟的设置情况及现状地形情况,共设置4座沉沙池,其中2座2级沉沙池位于排水出口,2座1级沉沙池位于排水沟拐角处。在项目区西南角设置1座2级沉沙池,汇水排入东陈路市政雨水管网;在项目区东北角位置设置1座2级沉沙池,清水回收用于洗车平台的清洗,遇暴雨多余来水经过沉淀排入市政管网。在项目区南侧及北侧各设置一座1级沉沙池。

据《简明排水设计手册》,设计排水标准采用1年一遇标准,项目区1年一遇设计流量为0.08 m^3/s,雨水在沉沙池内停留时间按1 min计算,单座2级沉沙池最小容积2.4 m^3,长度2 m、宽度1.5 m、深度1 m,采用砖砌砂浆抹面结构。1级沉沙池采用矩形断面,长度1 m、宽度1 m、深度1 m,采用砖砌砂浆抹面结构。

③洗车平台。

为了不污染周边的城市道路,在车辆出入口设置洗车平台,防止进出场车辆将泥土带到周边道路,实现文明施工。洗车平台由洗车槽和沉淀池两部分组成,平台长25 m、宽5 m,采用混凝土结构,厚25 cm。洗车槽位于平台中部,一侧接沉沙池。本工程共设置洗车平台1座。

(4)施工期管理措施。

①施工期间施工单位要制订详细可操作的施工组织计划,将水土保持工作列入日常的施工管理中,合理布置各开挖面的施工时序,做到随挖随填,有利于水土保持,同时要注意根据施工需要合理布置场地,尽量减少工作面。

②在满足施工进度的前提下,尽量把挖填工作安排在非汛期;地下构筑物开挖在施工过程中根据需要采取临时支护、降水等措施;此外,场地平整应根据施工组织条件,逐步分片完成。

③工程建设产生的弃渣,应及时外运处理,并做好临时防护措施。

④绿化措施应尽可能提前，尽快发挥其保水保土作用。

(5)工程量。

本区防治措施工程量见表7-22。

表7-22 主体工程防治区水土保持措施工程量汇总

区域	措施类型	项目	单位	数量	工程量			说明
					名称	单位	数量	
Ⅰ区	工程措施	场内排水	m	400	雨水管	m	400	主体设计
		绿化覆土	万 m^3	0.28	覆土	m^3	2 800	
		弃渣清运	万 m^3	15.36	弃渣清运	m^3	153 600	
	植物措施	园林绿化	hm^2	0.56	景观绿化	m^2	5 600	
		抚育管理	hm^2	0.56	抚育管理	m^2	5 600	
	临时措施	临时排水沟	m	550	土方开挖	m^3	165	方案新增
					砌砖	m^3	75	
					砂浆抹面	m^2	660	
		临时沉沙池	座	4	土方开挖	m^3	70	
					砌砖	m^3	40	
					砂浆抹面	m^2	60	
		洗车平台	座	1	洗车平台	座	1	主体设计

2)Ⅱ区(临时设施防治区)

临时设施防治区防治责任范围0.10 hm^2，包括施工工区和泥浆池。该区水土流失防治措施主要为临时措施，部分工程及植物措施包含在主体工程防治区内。

(1)临时措施。

①施工工区临时排水沟。

工程施工工区布设在场地东南角，主要为工程人员居住及办公用房、钢筋加工厂、建筑材料堆场。施工工区周边设置临时排水沟，采用砖砌矩形排水沟，底宽30 cm、深30 cm，水泥砂浆抹面，合计长度120 m。临时排水沟与场地内排水沟相连，共用临时沉沙池。

②泥浆池。

工程采用钻孔灌注桩进行基础处理，施工中产生钻渣泥浆3.69万 m^3(考虑3:1的泥浆量)。桩基施工约150 d，考虑每天泥浆循环3次，需要泥浆池82 m^3，故在钻孔灌注桩施工期间布设泥浆池1座，泥浆池尺寸为10 m×5 m×2 m(底长×底宽×深)；地面以下开挖1.0 m，地上填筑1 m，开挖边坡1:1，内壁夯实，以利于池身稳定；池身四周用梯形填土编织袋进行拦挡，一个填土编织袋高1.0 m，顶宽0.5 m，底宽1.5 m。泥浆中转池周围设置安全围栏及明显的警示标志，防止发生安全事故，并安排专人监管，防止泥浆满溢。

(2)工程量。

本区防治措施工程量见表7-23。

表 7-23 临时设施防治区水土保持措施工程量汇总

区域	措施类型	项目	单位	数量	工程量			说明
					名称	单位	数量	
Ⅱ区	临时措施	施工工区临时排水沟	m	120	土方开挖	m^3	20	方案新增
					砌砖	m^3	10	
					砂浆抹面	m^2	110	
		泥浆池	座	1	土方开挖	m^3	50	
					填土编织袋	m^3	30	

3. 防治措施工程量

水土保持防治措施工程量见表 7-24。

表 7-24 水土保持防治措施工程量一览表

区域	措施类型	项目	单位	数量	工程量			说明
					名称	单位	数量	
Ⅰ区	工程措施	场内排水	m	400	雨水管	m	400	主体设计
		绿化覆土	万 m^3	0.28	覆土	m^3	2 800	
		弃渣清运	万 m^3	15.36	弃渣清运	m^3	153 600	
	植物措施	园林绿化	hm^2	0.56	景观绿化	m^2	5 600	
		抚育管理	hm^2	0.56	抚育管理	m^2	5 600	
	临时措施	临时排水沟	m	550	土方开挖	m^3	165	方案新增
					砌砖	m^3	75	
					砂浆抹面	m^2	660	
		临时沉沙池	座	4	土方开挖	m^3	70	
					砌砖	m^3	40	
					砂浆抹面	m^2	60	
		洗车平台	座	1	洗车平台	座	1	主体设计
Ⅱ区	临时措施	施工工区临时排水沟	m	120	土方开挖	m^3	20	方案新增
					砌砖	m^3	10	
					砂浆抹面	m^2	110	
		泥浆池	座	1	土方开挖	m^3	50	
					填土编织袋	m^3	30	

4. 水土保持工程施工组织设计

1) 施工组织设计原则

(1) 与主体工程相互配合、协调，在不影响主体工程施工的前提下，尽可能利用主体工程创造的水、电、交通等施工条件，以减少施工辅助设施工程量。

(2) 按照"三同时"制度原则，水土保持工程实施进度与主体工程建设进度同步，即同时实施水土保持措施。

(3) 施工进度安排坚持"保护优先、先拦后弃、科学合理"的原则，临时堆料采取临时防护措施；工程施工完毕后，裸露地表及时恢复植被。

(4) 主体工程具有水土保持功能的防护措施的实施，按照主体工程施工组织设计进行。

(5) 坚持"先工程措施后植物措施"的原则，工程措施一般安排在非汛期施工，大的土方工程避开汛期；植物措施实施以春、秋季为主。同时，结合四季特点和工程建设特点及水土流失类型，在适宜的季节进行相应的措施布设。

2) 施工时序

本工程水土流失防治措施实施进度原则上与主体工程的施工进度相一致，即水土保持实施进度根据主体工程的施工进度及防护需要来确定。工程区可能产生水土流失的区域水土保持措施要随开挖、随治理，必须在工程竣工前完成。

整个水土保持措施的一般施工顺序为：临时拦挡—施工过程中的临时防护—防护、排水—场地清理、平整—覆土绿化。

工程前期，一般应先做好临时拦挡、排水等防护措施；各区域施工结束后及时进行场地清理，最后对各区域扰动面、防治责任范围内原流失区域等可进行且须进行植物防护、恢复、绿化美化的区域实施植物措施。

3) 水土保持措施施工

(1) 工程措施。

工程措施主要为覆土、土方开挖。

覆土：采用 10 t 自卸汽车运输，用 105 kW 推土机进行场地平整。

土方开挖：分人工开挖土方和机械开挖土方。人工开挖土方采用人工开挖沟槽的方法，先挂线，使用镐锹挖槽，抛土并运至沟槽两边 0.5 m 以外，同时修坡；机械开挖土方先安设挖掘机，开辟工作面，挖土，装车，移位，推土机清理余土。

(2) 植物措施。

栽植乔、灌木和铺植草皮，主要涉及选苗、苗木运输、苗木栽植、铺植草皮和抚育管理等施工环节。

选苗：绿化苗木采用 2 ~ 3 年生壮苗，并符合以下标准：①根系发达而完整，主根短直，侧根和须根发育较多；②苗干粗壮通直，有一定的适合高度，不徒长；③主侧枝分布均匀，能构成完美树冠；④无病虫害和机械损伤。

撒播草籽：采用人工撒播的方式。

抚育管理：栽植苗木后必须进行抚育管理，应根据立地条件和幼苗成活、生长发育不同时期的要求，及时进行松土、除草、踏穴、培土、定株、抹芽、打杈和必要的修枝、病虫害防治等抚育管理措施。

对于自然灾害和人为损伤的苗木应采取一定的补植措施，苗木补植需采用同一树种的大苗或同龄苗，栽植一年后，在规定的抽样范围内，成活率（或出苗率）应在85%以上，低于41%则重新进行绿化，避免“只造不管”和“重造轻管”，提高绿化的实际成效，及早发挥水土保持功能。

（3）临时措施。

临时措施主要包括土方开挖、填土编织袋等。

土方开挖：主要为排水设施的开挖，采用人工挖沟槽的方法。先挂线，使用镐锹挖槽，开挖土方堆置在沟槽两边0.5 m以外，同时修整底、边并拍实。

填土编织袋：主要为表土及泥浆池的临时防护，采用填土编织袋防护的方法。人工装料，封包并堆筑，装填料利用现有的堆料；防护结束后，拆除填土编织袋，并清理场地。

4）施工质量要求

水土保持工程实施后，各项治理措施必须符合《水土保持工程质量评定规程》（SL 336—2006）等有关规范、规定的质量要求，并经质量验收合格，需符合《水土保持综合治理验收规范》及《开发建设项目水土保持设施验收管理办法》等的相关规定；水土保持各项治理措施总体布局合理，各项措施位置符合规划要求，规格尺寸、质量、使用材料、施工方法符合施工和设计标准，经暴雨考验后基本完好。

工程措施使用的材料规格、质量应符合设计要求，胶合材料性能良好、牢固、整齐。

水土保持植物措施所选种植地块的立地条件应符合相应物种的要求，种植密度要达到设计要求；采用经济价值高、保土能力强的适生优良物种。

5）水土保持措施实施进度安排

根据水土保持“三同时”制度的要求，参照主体工程施工进度，各项水土保持措施的实施进度与相应的工程进度衔接。各防治区内的水土保持措施配合主体工程同时实施，相互协调，有序进行。坚持“因地制宜，因害设防”的原则，首先安排水土流失严重区域的防治措施，在措施安排上，工程措施、植物措施、临时措施应根据轻重缓急，统筹考虑，施工管理措施贯穿整个施工期间。原则上应对工程措施优先安排，植物措施可略为滞后，但必须根据植物的特性，合理安排季节实施，并抓住春季植树时机，力争在总工期内完成所有水土保持措施。

水土流失防治措施实施进度安排见表7-25。

九、水土保持监测

（一）监测目的和原则

1. 监测目的

（1）施工期水土保持监测的目的是协助建设单位落实水土保持方案，加强水土保持设计和施工管理；协调水土保持工程与主体工程建设进度；及时、准确掌握项目水土流失状况与防治效果，提出水土保持改进措施，减少人为水土流失；及时发现重大水土流失危害隐患，提出水土流失防治对策建议。

表 7-25　水土流失防治措施实施进度及其工程量

项目		2019 年	2020 年	2021 年
主体工程区	工程措施	弃渣清运 15.36 万 m^3		雨水管 400 m，绿化覆土 0.28 万 m^3
	植物措施	/		园林绿化及抚育管理 0.56 hm^2
	临时措施	临时排水沟 550 m，洗车平台 1 座，临时沉沙池 4 座	/	
施工临时措施区	临时措施	临时排水沟 120 m，泥浆池 1 座	/	

（2）自然恢复期水土保持监测的目的是通过水土流失防治措施效果的监测，掌握水土流失的控制状态，提出相应的对策，优化水土保持措施。同时还可以验证水土保持方案实施后的保水保土、防蚀减灾等效益，进而检验水土保持效益分析的合理性。

（3）为同类工程的水土保持方案编制积累经验。

（4）水土保持监测结果是项目竣工验收的重要依据。

2. 监测原则

（1）根据水土流失防治措施总体布局分区布设监测点。

（2）监测技术、方法等符合《水土保持监测技术规程》（SL 277—2002）的有关规定，监测方法和监测内容依据经济、合理、可靠的原则进行选择，确保通过监测能够客观地反映各防治区水土保持方案实施后的效益。

（二）监测范围与时段

1. 监测范围

根据《水土保持监测技术规程》（SL 277—2002）的规定，结合本工程水土流失防治责任范围，本次水土保持监测范围为工程水土流失防治责任范围，包括项目建设区及直接影响区。

2. 监测时段

本项目水土保持监测时段从施工准备期开始，到设计水平年结束，即 2019 年 3 月至 2022 年 2 月。

（三）监测内容、方法、频次与点位布设

1. 监测内容

围绕落实扰动土地整治率、水土流失总治理度、土壤流失控制比、拦渣率、林草植被恢复率、林草覆盖率等 6 项指标的需要，根据本工程的项目区地形条件、施工工艺等特点，确定水土保持监测的主要内容如下：

（1）项目区背景水土流失因子情况。

主要包括降雨、地形、地貌、土壤、植被类型及覆盖率、水土保持设施数量和质量等影响水土流失的主要因子调查。

(2)建设期、自然恢复期水土流失情况。

①影响水土流失的主要因子，主要包括降雨、地形、地貌、土壤、植被、水土保持设施数量和质量。

②水土流失量，主要为水力侵蚀和重力侵蚀引起的面蚀、沟蚀、坍塌等。

③扰动地表情况，林草植被覆盖、成活率情况，土石方挖、填情况，土以及渣临时堆放情况等。

④拦挡设施完好率，对实施的拦挡措施的效果、控制水土流失、设施的完好率等进行监测。

⑤水土保持设施的效益，对实施的各类工程、植物、临时防护措施控制水土流失的效果进行监测。

2. 监测方法

本工程水土保持监测以调查监测为主，辅以地面监测及资料分析等，主要方法如下：

(1)雨量观测。

直接利用附近水文站的降雨量数据。

(2)沉沙池观测。

利用工程设置的沉沙池。施工期间，项目区流失物沉积于排水沟及沉沙池内，降雨时及时量测沉积物数量以及排水含沙量，从而推算整体水土流失情况。

(3)简易观测场。

在表土堆场坡面设置简易水土流失观测场进行水土保持监测。将直径 0.5 ~ 1 cm、长 50 ~ 100 cm 类似钉子状的钢钎，根据坡面面积，分上中下、左中右纵横 3 排共 9 根按一定距离布设。钢钎沿铅直方向打入坡面，钉帽与坡面平齐，并在钉帽上涂红漆，编号登记入册。坡面面积较大时，适当加大钢钎密度。每次大暴雨后或汛期终了，观测钉帽距离地面高度，计算土壤侵蚀厚度和总的土壤侵蚀量。

(4)重力侵蚀调查。

在台汛期开始和每次暴雨过后对项目区内的重力侵蚀情况进行一次巡查，查清发生重力侵蚀的地点、类型、原因、面积。

(5)拦挡设施完好率调查。

施工期间，对表土堆场、泥浆池的拦挡质量和运营情况进行巡查监测，若有损坏情况，应立即修补或重建。

(6)植被生长发育状况调查。

在绿化区域选择一定面积的标准地进行定位监测，抽样调查林草的成活率，未满足成活率标准的应补植。植被生长发育状况调查于每年春、秋季进行，主要调查树高、胸径、地径，林草的郁闭度等。

(7)调查巡查。

在观测的同时，尤其重要的是要加强调查巡查，对项目要不定期进行巡查，以便能够及时发现问题并采取相应的措施，从而能够更加有效地防治可能产生的水土流失。

3. 监测频次

(1)调查监测频次。监测工作在建设期(含施工准备期)内必须全程开展，正在实施的水土保持措施建设情况等每10 d监测记录1次；扰动地表面积、水土保持工程措施拦挡效果等每个月监测记录1次；主体工程建设进度、水土流失影响因子、水土保持植物措施生长情况等每3个月监测记录1次。遇暴雨、大风等情况应及时加测。水土流失灾害事件发生后1周内完成监测。

(2)地面监测频次。4～10月每月测1次，其他月份隔月测1次，遇暴雨(24 h降雨量大于50 mm)、大风等情况应及时加测。

(3)雨量等监测工作需常年进行，同时加强对整个建设区的不定期水土保持调查和巡查。

4. 监测点位布设

水土保持监测的重点地段为整个施工区域及后期绿化区域等。监测点共设置4个，同时对弃渣去向进行跟踪监测。具体布置如下：

(1)沉沙池：在项目区内2级沉沙池处各设置1个监测点(1#、2#监测点)。

(2)泥浆池：在工程泥浆池处设置1个监测点(3#监测点)。

(3)绿化区：在项目区绿化区设置1个监测点(4#监测点)。

水土保持监测内容、方法和时间见表7-26。

表7-26　水土保持监测内容、方法和时间

监测区块		监测方法	监测内容	监测时段和监测频次
Ⅰ区	施工区域	沉沙池法	水土流失量	施工期，4～10月每月1次，其他时间每2月1次，遇暴雨加测1次
	弃方清运	现场调查法	弃渣运输及处置情况	施工期，4～10月每月1次，其他时间每2月1次，遇暴雨加测1次
	绿化范围	标准地法	植被生长发育情况	自然恢复期，每3个月1次
Ⅱ区	泥浆池	现场调查法	拦挡设施完好率	施工期，4～10月每月1次，其他时间每2月1次，遇暴雨加测1次
整个项目区		调查巡查	水土保持措施建设情况、扰动地表面积、水土保持工程措施实施效果、主体工程建设进度、水土流失影响因子、植物措施生长情况、水土保持责任制度落实情况、水土流失灾害隐患及造成的危害等	正在实施的水土保持措施建设情况等每10 d监测记录1次，扰动地表面积、水土保持工程措施实施效果每月监测记录1次，主体工程建设进度、水土流失影响因子、水土保持植物措施生长状况等每3个月监测记录1次，遇暴雨加测1次

(四)监测人员与设备

本工程水土保持监测工作的主要内容是开展工程区水土流失背景状况调查，布设定位监测点，以及日常水土流失调查、监测，数据记录整理和分析，各监测设备的日常维护整修等，每次现场监测调查人员1~2人。本工程建设单位可委托监测，也可自行进行水土保持监测，所需监测设备及材料见表7-27。

表7-27 水土保持监测设备及材料

序号	项目	单位	数量	说明
1	沉沙池	处	1	利用方案设计沉沙池
2	秤重仪器(电子天平、台秤)	台	1	按年10%折旧
3	烘箱	个	1	按年10%折旧
4	照相机	台	1	按年10%折旧

(五)监测成果

1. 监测成果内容

监测成果包括监测实施方案、记录表、水土保持监测意见、监测季度报告、监测年度报告、监测汇报材料、监测总结报告及相关图件、影像资料等。

2. 监测成果要求

1)监测实施方案要求

监测实施方案要满足水土保持监测工作的需要，主要内容应包括建设项目及项目区概况，水土保持监测的布局、内容、指标和方法、预期成果及形式、工作组织等。监测实施方案应在现场调查的基础上编制，主要调查施工现场的交通情况、占地面积、水土流失面积与分布，水土保持措施类型和数量，水土保持监测重点区域的位置、数量和监测时段。本项目水土保持监测实施方案应开展专家咨询论证。

2)日常监测报告要求

日常水土保持监测报告主要包括水土保持监测季度报告表、水土保持监测意见、水土保持监测年度报告以及水土保持监测汇报材料，同时在监测过程中填写扰动土地情况监测记录表、弃渣去向监测记录表、临时堆放场监测记录表、水土流失危害监测记录表、工程措施监测记录表、植物措施监测记录表、临时措施监测记录表等。

3)监测总结报告要求

水土保持监测任务完成后，整理、分析监测季度报告和监测年度报告，分析评价土壤流失情况和水土流失防治效果，编制监测总结报告。对防治责任范围、扰动土地情况、弃渣去向情况、水土流失情况、水土保持措施效果等重点评价。

监测总结报告应包含水土保持监测特性表、防治责任范围表、水土保持措施监测表、土壤流失量统计表、扰动土地整治率等六项指标计算及达标情况表。监测总结报告应附照片集。监测点照片应包含施工前、施工期和施工后三个时期同一位置、角度的对比。监测总结报告附图应包含项目区地理位置图、水土保持监测点分布图、防治责任范围图、弃渣去向分布图等。附图应按相关制图规范编制。

3. 监测成果报送

1)监测实施方案报送

建设单位应在主体工程开工1个月内向项目所涉及的各级水行政主管部门报送监测

实施方案。

2)日常监测报告报送

每季度第一个月底前报送上一季度水土保持监测季度报告,每年 1 月底前报送上一年度监测报告,监测年度报告宜与第四季度报告结合上报。水土流失危害事件发生后 7 d 内报送水土流失危害事件报告。

3)监测总结报告报送

监测工作完成后 3 个月内报送水土保持监测总结报告。

根据建设单位技术服务能力,本工程如采用委托监测的方式,由技术服务单位根据相关规范要求完成监测成果报送工作。

十、水土保持投资概算及效益分析

(一)投资概算

1. 编制原则与依据

1)编制原则

(1)采用水利部规定的编制方法,即水土保持投资概算费用由工程措施、植物措施、临时工程、独立费用、预备费和水土保持补偿费构成。

(2)本工程投资概算中的价格水平年、工程措施、植物措施、临时防护工程的材料、机械台班、有关费率与主体工程一致。主体设计的定额取值以建筑工程定额为主,部分水土保持措施采用浙江省水利水电定额及水利部水土保持定额。

(3)独立费用、水土保持补偿费按照水利部的有关规定进行计算。

(4)树、草种单价按照当地市场价计列。

2)编制依据

根据《开发建设项目水土保持技术规范》(GB 50433—2008)规定,本方案投资概算的依据与主体工程一致,主体工程不足部分采用浙江省水利水电定额及水利部水土保持定额补充,主要依据如下:

(1)《浙江省建筑工程计价规则》(2010 版);

(2)《浙江省建筑工程预算定额》(2010 版);

(3)《浙江省水利水电建筑工程预算定额》(浙水建〔2010〕37 号);

(4)《浙江省水利水电工程施工机械台班费定额》(浙水建〔2010〕37 号);

(5)《水土保持工程估算定额》(水总〔2003〕67 号);

(6)《浙江省物价局关于公布规范后的水土保持方案报告书编制费等收费的通知》(浙价服〔2013〕251 号);

(7)《关于印发〈水土保持补偿费征收使用管理办法〉的通知》(财综〔2014〕8 号);

(8)《关于水土保持补偿费收费标准(试行)的通知》(发改委、财政部、水利部,发改价格〔2014〕886 号);

(9)《浙江省物价局浙江省财政厅浙江省水利厅关于水土保持补偿费收费标准的通知》(浙江省物价局、浙江省财政厅、浙江省水利厅,浙价费〔2014〕224 号);

(10)《浙江省人民政府办公厅关于深入推进收费清理改革的通知》(浙政办发

〔2015〕107 号)。

3)相关单价及取费标准

(1)编制价格水平年。

价格水平年为 2018 年 4 月。

(2)基础单价。

①人工预算单价。

与主体工程一致,一类人工 71 元/工日,二类人工 77 元/工日。

②主要材料价格。

主要材料、水、电等预算价格与主体工程一致,不足部分按当地最新一期的工程造价信息计算。

③绿化树苗、草籽。

按当地市场价加运杂费、采购及保管费计算。

(3)费率标准。

根据设计方案结合《浙江省建筑工程施工费用定额》及建建发〔2016〕144 号、浙建站定〔2016〕54 号、浙建站定〔2016〕35 号和建建发〔2018〕104 号,费率取值见表 7-28。

表 7-28 建筑工程费率取值

序号	项目	计算基础	费率(%)
一	直接工程费	(人工费 + 材料费 + 机械费)	
二	施工组织措施费	(人工费 + 机械费) × 费率	7.7
三	综合费用		
1	企业管理费	(人工费 + 机械费) × 费率	10
2	利润	(人工费 + 机械费) × 费率	6
3	规费	(直接工程费 + 施工组织措施费 + 综合费) × 费率	4.39
4	税金	(直接工程费 + 施工组织措施费 + 综合费 + 规费) × 费率	10
5	扩大系数	综合费 × 费率	3

根据《浙江省水利水电建筑工程预算定额》及浙建站定〔2016〕54 号、浙建站定〔2016〕35 号、浙水建〔2018〕8 号,各项费用计算方式和有关费率的取费标准见表 7-29。

表 7-29 浙江省水利水电工程费率取值

序号	项目	计算基础	费率(%)
1	措施费	直接工程费	5
2	间接费	直接费	11
3	利润	直接费 + 间接费	5
4	税金	直接费 + 间接费 + 利润	10
5	阶段扩大系数	直接费 + 间接费 + 利润 + 税金	5

(4)水土保持工程投资概算编制。

①工程措施和植物措施概算,按设计工程量乘以单价计算。

②临时工程,临时防护措施概算按设计工程量乘以单价计算,其他临时工程按工程措施和植物措施投资之和的2%计算。

③独立费用,包括建设管理费、水土保持方案编制及勘测设计费、水土保持监理费、水土保持监测费等。

建设管理费:建设单位管理费按工程措施+植物措施+临时工程费之和的2%计取,并结合水土保持设施验收费用适当增列。

水土保持方案编制及科研勘测设计费:水土保持方案编制费按合同额计列,勘测设计费根据市场行情估列。

水土保持监理费:根据相关规定,工程建设监理费按新增的水土保持工程措施+植物措施+临时工程费之和的3%计算。

水土保持监测费:包括监测人工费、土建设施费、监测设备使用费、消耗性材料费,参照有关规定,按新增的工程措施+植物措施+临时工程费之和的1.5%计取,并结合监测年限和监测范围适当增列。

④水土保持补偿费。

根据2014年1月29日财政部、国家发改委、水利部、中国人民银行颁布的《关于印发〈水土保持补偿费征收使用管理办法〉的通知》及2014年5月7日国家发改委、财政部、水利部颁布的《关于水土保持补偿费收费标准(试行)的通知》要求,本工程为保障性安居工程,属于免征水土保持补偿费的范围,故本工程不计列水土保持补偿费。

2. 概算结果

本工程水土保持总投资2 054.68万元,其中工程措施1 653.82万元,植物措施280.00万元,临时措施47.31万元,独立费用73.55万元(其中水土保持监理费0.23万元,水土保持监测费10.00万元),本工程免征水土保持补偿费。

在水土保持总投资中,新增水保投资为40.71万元。

水土保持工程总投资概算及新增水土保持投资概算见表7-30、表7-31,水土保持分项投资、独立费用及分年度投资概算见表7-32~表7-36。

表7-30 水土保持投资概算汇总 (单位:万元)

序号	项目	工程措施	植物措施	临时措施	独立费用	合计
1	第一部分 工程措施	1 653.82				1 653.82
①	Ⅰ区(主体工程防治区)	1 653.82				1 653.82
2	第二部分 植物措施		280.00			280.00
①	Ⅰ区(主体工程防治区)		280.00			280.00
3	第三部分 临时措施			47.31		47.31
①	临时防护工程			8.63		8.63
	Ⅰ区(主体工程防治区)			7.59		7.59

续表 7-30

序号	项目	工程措施	植物措施	临时措施	独立费用	合计
	Ⅱ区(施工临时设施防治区)			1.04		1.04
②	其他临时工程			38.68		38.68
4	一～三部分合计	1 653.82	280.00	47.31		1 981.13
5	第四部分 独立费用				73.55	73.55
①	建设管理费				54.62	54.62
②	水土保持监理费				0.23	0.23
③	水土保持监测费				10.00	10.00
④	水土保持方案编制及科研勘测设计费				8.70	8.70
6	一～四部分合计	1 653.82	280.00	47.31	73.55	2 054.68
7	水土保持补偿费					0.00
8	总计					2 054.68

表 7-31 新增水土保持投资概算汇总 (单位:万元)

序号	项目	工程措施	植物措施	临时措施	独立费用	合计
1	第一部分 工程措施	0				0
①	Ⅰ区(主体工程防治区)	0				0
2	第二部分 植物措施		0			0
①	Ⅰ区(主体工程防治区)		0			0
3	第三部分 临时措施		0	7.63		7.63
①	临时防护工程			7.63		7.63
	Ⅰ区(主体工程防治区)			6.59		6.59
	Ⅱ区(施工临时设施防治区)			1.04		1.04
②	其他临时工程			0		0
4	一～三部分合计	0	0	7.63		7.63
5	第四部分 独立费用				33.08	33.08
①	建设管理费				15.15	15.15
②	水土保持监理费				0.23	0.23
③	水土保持监测费				10.00	10.00
④	水土保持方案编制及科研勘测设计费				7.70	7.70
6	一～四部分合计	0	0	7.63	33.08	40.71
7	水土保持补偿费					0.00
8	总计					40.71

表 7-32 工程措施投资概算

序号	工程或费用名称	单位	数量		单价(元)	合价(万元)	
			总量	新增		总量	新增
一	Ⅰ区(主体工程防治区)					1 653.82	0
1	雨水管	m	400	0	650.00	26.00	0
2	绿化覆土	m^3	2 800	0	53.65	15.02	0
3	弃渣清运	m^3	153 600	0	105.00	1 612.80	0
第一部分合计						1 653.82	0

表 7-33 植物措施投资概算

序号	工程或费用名称	单位	数量		单价(元)	合价(万元)	
			总量	新增		总量	新增
一	Ⅰ区(主体工程防治区)					280.00	0
1	景观绿化及抚育管理	m^2	5 600	0	500	280.00	0
第二部分合计						280.00	0

表 7-34 临时措施投资概算

序号	工程或费用名称		单位	数量		单价(元)	合价(万元)	
				总量	新增		总量	新增
一	施工临时防护工程						8.63	7.63
(一)	Ⅰ区(主体工程防治区)						7.59	6.59
1	坑顶排水沟	土方开挖	m^3	165	165	18.39	0.30	0.30
		砖砌	m^3	75	75	428.31	3.21	3.21
		砂浆抹面	m^2	660	660	17.10	1.13	1.13
2	临时沉砂池	土方开挖	m^3	70	70	18.39	0.13	0.13
		砌砖	m^3	40	40	428.31	1.71	1.71
		砂浆抹面	m^2	60	60	17.10	0.10	0.10
3	洗车平台		座	1	0	10 000.00	1.00	0
(二)	Ⅱ区(施工临时设施防治区)						1.04	1.04
1	施工工区排水沟	土方开挖	m^3	20	20	18.39	0.04	0.04
		砖砌	m^3	10	10	428.31	0.43	0.43
		砂浆抹面	m^2	110	110	17.10	0.19	0.19
2	泥浆收集池	土方开挖	m^3	50	50	18.39	0.09	0.09
		填筑编织袋	m^3	30	30	99.37	0.30	0.30
二	其他临时工程					0.02	38.68	0
第三部分合计							47.31	7.63

表 7-35　独立费用概算

序号	工程及费用名称	单位	比例（%）	合计（万元）	
				总量	新增
一	建设管理费	项	2	54.62	15.15
二	水土保持监理费	项	3	0.23	0.23
三	水土保持监测费			10.00	10.00
四	水土保持方案编制及科研勘测设计费			8.70	7.70
1	水土保持方案编制费			7.20	7.20
2	科研勘测设计费			1.50	0.50
第四部分合计				73.55	33.08

表 7-36　分年度投资概算　（单位：万元）

序号	项目	合 计	2019 年	2020 年	2021 年	2022 年
一	工程措施	1 653.82	1 157.68	330.76	165.38	
二	植物措施	280.00	0	168.00	112.00	
三	临时措施	47.31	47.31			
四	独立费用	73.55	29.42	22.07	14.72	7.34
合计		2 054.68	1 234.40	520.83	292.10	7.34

（二）效益分析

到方案设计水平年，各区扰动地表面积、项目建设区面积、水土保持措施面积等见表 7-37。

表 7-37　各区指标面积　（单位：hm^2）

防治分区	项目建设区面积	扰动面积	水土保持措施面积		永久建筑物面积	建设区水土流失面积
			工程措施	植物措施		
Ⅰ区（主体工程防治区）	1.86	1.86	/	0.56	1.30	0.56
Ⅱ区（施工临时设施防治区）	/	/	/	/	/	/
合计	1.86	1.86		0.56	1.30	0.56

水土保持方案中的各项水土保持措施实施以后，预期能够达到的防治效果如下：

（1）扰动土地整治率、水土流失总治理度。

前述各项水土保持措施实施后，工程建设所带来的各水土流失区域均能得到有效的治理和改善。项目区的扰动土地整治率大于 95%，水土流失总治理度大于 87%，见

表7-38、表7-39。

表7-38 扰动土地整治率一览表

防治分区	扰动面积（hm^2）	扰动土地整治面积（hm^2）			扰动土地整治率（%）		
		水土保持措施面积	永久建筑物面积	小计	目标值	实际达到	达标评估
Ⅰ区（主体工程防治区）	1.86	0.56	1.30	1.86	95	>95	达标
Ⅱ区（施工临时设施防治区）	/	/	/	/	95	>95	达标
合计	1.86	0.56	1.30	1.86	95	>95	达标

表7-39 水土流失总治理度一览表

防治分区	建设区水土流失面积（hm^2）	水土保持措施面积（hm^2）	水土流失总治理度（%）		
			目标值	实际达到	达标评估
Ⅰ区（主体工程防治区）	0.56	0.56	87	>97	达标
Ⅱ区（施工临时设施防治区）	/	/	87	>97	达标
合计	0.56	0.56	87	>97	达标

（2）土壤流失控制比。

各项水土流失防治措施实施后，参照有关工程的经验，工程建设可能产生的水土流失将基本得到有效治理，项目区土壤流失控制比达到1.7。

工程区土壤流失控制比计算见表7-40。

表7-40 土壤流失控制比一览表

防治分区	土壤容许流失量[$t/(km^2 \cdot a)$]	治理后平均土壤流失强度[$t/(km^2 \cdot a)$]	土壤流失控制比		
			目标值	实际达到	达标评估
Ⅰ区（主体工程防治区）	500	300	1.7	1.7	达标
Ⅱ区（临时设施防治区）	500	300	1.7	1.7	达标
总体目标	500	300	1.7	1.7	达标

（3）拦渣率。

工程产生的弃渣15.36万m^3得到妥善的处置及防护，小部分流失，拦渣率大于95%，见表7-41。

表 7-41 拦渣率一览表

防治分区	弃渣量/堆土量堆放量（万 m^3）	实际拦挡量（万 m^3）	拦渣率（%）		
			目标值	实际达到	达标评估
Ⅰ区（主体工程防治区）	15.36	14.90	95	>95	达标
Ⅱ区（施工临时设施防治区）	/	/	/	/	/
合计	15.36	14.90	95	>95	达标

工程适宜恢复植被的区域在采取了前述水土保持措施后，全部可得到恢复。工程可恢复植被面积 0.56 hm^2，林草植被恢复率大于 97%，林草覆盖率达到 30.11%。

工程区林草植被恢复率及林草覆盖率见表 7-42 及表 7-43。

表 7-42 林草植被恢复率一览表

防治分区	可恢复植被面积（hm^2）	恢复林草植被面积（hm^2）	林草植被恢复率（%）		
			目标值	实际达到	达标评估
Ⅰ区（主体工程防治区）	0.56	0.56	97	>97	达标
Ⅱ区（施工临时设施防治区）	/	/	97	>97	达标
合计	0.56	0.56	97	>97	达标

表 7-43 林草覆盖率一览表

防治分区	项目建设区面积（hm^2）	林草植被面积（hm^2）	林草植被恢复率（%）		
			目标值	实际达到	达标评估
Ⅰ区（主体工程防治区）	1.86	0.56	22	26.14	达标
Ⅱ区（临时设施防治区）	/	/	22	100	达标
总体目标	1.86	0.56	22	30.11	达标

十一、实施保障措施

（一）组织机构与管理

1. 组织机构

建设单位应充分重视由于工程的兴建可能给该地区带来的水土流失危害，为保证水土保持各项措施的顺利实施，建立强有力的组织领导是十分必要的。

根据《中华人民共和国水土保持法》，水土保持方案报经水行政主管部门批准后，由建设单位成立专职机构进行管理，负责组织实施，协调本方案与主体工程的关系，保证各项水土保持设施与主体工程同时设计、同时施工、同时投产使用。

2. 工作职责

（1）认真贯彻、执行“预防为主、保护优先、全面规划、综合治理、因地制宜、突出重点、科学管理、注重效益”的水土保持工作方针。

(2)建立水土保持目标责任制,把水土保持列为工程进度、质量考核的内容之一,按年度向水行政主管部门报告水土流失防治情况,制订水土保持方案的详细实施计划。

(3)工程建设期间,负责与设计、施工、监理单位保持联系,协调好水保方案与主体工程的关系,确保水保工程的正常开展和顺利进行,并保证水土保持工程按时竣工,最大限度地减少本工程建设可能造成的水土流失和对生态环境的破坏。

(4)水土保持工程建成后,为保证工程的安全和正常运行,充分发挥工程的效益,必须制定科学的、切实可行的运行规程。

(5)建立、健全各项档案,积累、分析整编资料,总结经验,不断改进水土保持管理工作。

(6)加强管理人员的培训和工作业绩考核,使工程能够发挥最佳的经济效益和生态、环境效益。

3. 操作程序

(1)严格执行开发建设项目水土保持方案申报和审批制度。

(2)水土保持措施的设计与相应的主体工程一起,参与招标、投标工作。

(3)由建设单位按招标、投标方式选定工程监理单位(应包括水土保持方案实施的监理),对方案的实施进行全过程监理。

(4)建立健全水保管理规章制度,工程开工时应向水行政主管部门备案。

(5)在实施过程中委托有相应资质的施工单位负责建设,施工单位必须严格按照设计要求施工。

(6)施工完成后,按照设计要求进行验收。

4. 日常管理

(1)水土保持措施是生态建设的重要内容,建设单位要把水土保持工作列入重要议事日程,切实加强领导,真正做到责任、措施和投入"三到位",认真组织方案的实施,施工中加强管理、文明施工、定期检查,并接受社会监督。

(2)加强水土保持的宣传、教育工作,提高施工承包商和各级管理人员的水土保持意识。

(3)制订详细的水土保持方案实施进度,加强计划管理,以确保各项水土保持措施与主体工程同时设计、同时施工、同时投产使用。

(4)成立专业的技术监督队伍,确保水土保持工程的工程质量,使其能够发挥出最大作用。

(5)及时将水土保持工程施工进展情况向当地水行政主管部门报送。

(二)后续设计

本水土保持方案经审批后作为水土保持后续设计的依据。方案批复后由具有相应工程设计资质的单位完成水土保持工程的施工图设计,将方案制订的防治措施内容和投资纳入主体工程设计文件,并编制单册或专章。水土保持方案批复后,水土保持工程设计如有变更,也应按规定报批手续报相应水行政主管部门批准。

(三)方案变更

水土保持方案经批准后,生产建设项目因地点、规模发生重大变化的,生产建设单位应当补充、修改水土保持方案,并报原审批机关重新审批。水土保持方案实施过程中水土保持措施等发生重大变化的,生产建设单位应当报经原审批机关批准。

(四)工程施工

(1)由具有相应资质的设计单位依据批复后的水土保持方案完成水土保持工程施工图设计。

(2)水土保持工程施工过程中,建设单位需对施工单位提出具体的水土保持工程施工要求,并要求施工单位对其责任范围内的水土流失负责。

(3)施工期间,施工单位应严格按照工程设计图纸和施工技术要求施工,并满足施工进度的要求。

(4)施工过程中,应采取各种有效措施防止在其占用的土地上发生不必要的水土流失,防止其对占用地范围外土地的侵占及植被资源的损坏,严格控制和管理车辆机械的运行范围,防止扩大对地表的扰动。设立保护地表和植被的警示牌,施工过程中应注重保护植被。注意施工及生活用火的安全,防止火灾烧毁地表植被。

(5)各类工程措施,从总体部署、施工设计到清基、备料、开挖、填筑、砌石等全部完成,各道工序的质量都应及时进行测定,不合要求的应及时改正,以确保工程安全及治理效果。

(6)植物措施从总体部署、施工设计到工程整地、植物选择、播种栽植等全部完成,各道工序的质量都应及时进行测定,不合要求的应及时更改。此外,还应加强植物的后期抚育工作,做好抚育和管护,确保其成活率与保存率,以求尽早发挥植物措施的水土保持效益。

(7)在水土保持施工过程中,如需进行设计变更,施工单位需及时与建设单位、设计单位和监理单位协商,按相关程序要求实施变更或补充设计,并经批准后方可实施。

(五)水土保持工程监理

水土保持工程必须纳入监理制度,可将水土保持监理纳入主体工程监理,从施工准备期开始,即需落实和开展水土保持监理,施工现场配备专业水土保持监理工程师和工程监理员,形成以项目法人(业主)、承包商、监理工程师三方相互制约,以监理工程师为核心的合同管理模式,以期达到资金投入有效合理、施工进度得到保证、水土保持工程质量得到提高的目的。

监理单位在具体监理工作中,一要对水土保持工程建设的全过程进行投资控制、质量控制、进度控制;二要及时了解、掌握水土保持工程建设的各类信息,并对其进行管理;三要在工程实施过程中,对建设单位与施工单位发生的矛盾和纠纷组织协调。

监理人员在日常工作中应及时整理、归档有关的水土保持资料,定期向建设单位报告现场水土保持工作情况,负责编写水土保持工程监理报告,监理报告应报送建设单位和当地水行政主管部门备案,并作为水土保持竣工验收时提交的专项报告。

(六)水土保持监测

项目开工时落实和开展水土保持监测工作,按批复后的水土保持方案中的监测要求和有关监测技术规范编制监测计划并实施。

承担水土保持监测的单位应按照国家、行业、地方的有关水土保持技术标准及批准的水土保持方案开展水土保持监测工作,并编制项目水土保持监测实施方案。监测实施方案应根据项目水土流失的防治责任范围和采取的水土流失防治措施,分析确定监测范围、分区,监测内容、方法和时段,提出监测点布局;落实监测重点地段、重点对象的监测内容和指标,提出各监测点的主要监测指标及其监测频次、方法及采用的设施、设备,其中现场调查监测每个月不少于1次;对监测工作的组织管理、进度计划、人员分工、成果提交等进行安排。

承担水土保持监测的单位应及时向建设单位报告水土流失发生情况及发展趋势,及时提供预警信息。项目实施期间发生崩塌、滑坡、泥石流或乱挖乱弃渣土等重大水土流失事件的,应协助建设单位及时向项目所在地县级水行政主管部门报告情况。

承担水土保持监测的单位应定期编制监测报告,提交生产建设单位。

(1)分季度监测报告,监测内容应反映项目实施过程中建设单位、施工单位、监理单位等开展水土保持工作情况、水土保持设施建设情况,以及存在的问题和建议。

(2)年度监测报告,对项目年度水土流失及其防治情况进行总结。

(3)在项目水土保持设施验收前编制水土保持监测总结报告,在全面分析水土保持监测实施方案执行情况的基础上,总结水土流失及控制和水土保持设施建设成效,按规范要求统计、分析各项水土保持控制指标,作为水土保持设施验收工作的依据。

(七)检查与验收

水土保持方案经水行政主管部门审查批复后,建设单位应主动与当地水行政主管部门取得联系,自觉接受地方水行政主管部门的监督管理。水土保持工程的施工过程中及工程建成后,建设单位要贯彻执行国家的方针政策,接受水行政主管部门的监督和管理,并经常开展水土保持工作的检查,确保水土保持工程安全,充分发挥水土保持工程效益。××区水行政主管部门对本工程不定期进行巡回检查,发现问题当场予以处理。

根据《水利部关于加强事中事后监管规范生产建设项目水土保持设施自主验收的通知》,依法编制水土保持方案报告书的生产建设项目投产使用前,生产建设单位应当根据水土保持方案及其审批决定等,组织第三方机构编制水土保持设施验收报告。

水土保持设施验收报告编制完成后,生产建设单位应当组织水土保持设施验收工作,形成水土保持设施验收鉴定书,明确水土保持设施验收合格的结论。水土保持设施验收合格后,生产建设项目方可通过竣工验收和投产使用。

生产建设单位应当在水土保持设施验收合格后,通过其官方网站或者其他便于公众知悉的方式向社会公开水土保持设施验收鉴定书、水土保持设施验收报告和水土保持监测总结报告。对于公众反映的主要问题和意见,生产建设单位应当及时给予处理或者回应。

生产建设单位应在向社会公开水土保持设施验收材料后、生产建设项目投产使用前,向水土保持方案审批机关报备水土保持设施验收材料。报备材料包括水土保持设施验收鉴定书、水土保持设施验收报告和水土保持监测总结报告。生产建设单位、第三方机构和水土保持监测机构分别对水土保持设施验收鉴定书、水土保持设施验收报告和水土保持监测总结报告等材料的真实性负责。

水土保持设施自主验收包括单位工程验收和竣工验收,单位工程验收资料清单包括主体工程设计相关资料、水土保持方案(含变更)及其批复文件、水土保持初步设计和施工图设计及其审批(审查、审定)意见、各级水行政主管部门监督检查及落实情况。竣工验收除需要上述资料外,还需要提供项目立项(审批、核准、备案)文件、水土保持分部工程单位工程验收资料、水土保持监理总结报告及原始资料、水土保持监测总结报告及原始资料、水土保持设施验收报告。

(八)资金来源及使用管理

(1)本方案水土保持投资应纳入项目建设资金统一管理,资金来源与主体工程建设资金来源相同,并建立水土保持资金档案,进行专项管理。

(2)建设单位负责水土流失防治费用的筹集、使用与管理,并按水土保持实施进度与资金年度计划按期拨付水土流失治理费。

十二、结论及建议

(一)结论

三墩北单元 B－R21－03 地块农转非居民拆迁安置房工程的建设符合地方经济发展及相关规划要求,工程在选址、工程布局、建设方案等方面基本满足《中华人民共和国水土保持法》、《开发建设项目水土保持技术规范》(GB 50433—2008)及《关于严格开发建设项目水土保持方案审查审批工作的通知》(水保〔2007〕184 号)等的约束性规定,不存在重大的水土保持制约因素。

本工程建设将不可避免地对项目区生态环境造成一定范围和程度的不利影响。主体工程设计中的排水、绿化等措施均能够满足水土保持要求,且在主体工程设计中采取了一些有利于水土保持的施工工艺、方法。除主体工程已采取措施外,本方案根据工程特点采取针对性的工程措施、植物措施及临时措施,并提出施工中的水土保持要求,可有效防治工程建设产生的水土流失。工程建设是可行的。

(二)建议

(1)进一步优化工程布局,避免在占地范围以外产生扰动,将工程施工造成的水土流失减少到最低。

(2)工程产生的弃方外运处置,建设单位必须严格按照方案要求进行弃渣运输及处置。

(3)建议建设单位尽可能缩短工期,以减少水土流失时间。

(4)建设单位及时向××区林业水利局备案,积极接受监督检查,及时开展水土保持监测工作。

相关附表、附件略。

参考文献

[1] 王青兰. 水土保持生态建设概论[M]. 郑州:黄河水利出版社,2017.
[2] 黄梦琪. 工程建设项目水土保持技术[M]. 北京:中国水利水电出版社,2017.
[3] 齐实. 水土保持规划与设计[M]. 北京:中国林业出版社,2017.
[4] 李智广. 水土保持监测[M]. 北京:中国水利水电出版社,2017.
[5] 王治国. 水土保持规划设计[M]. 北京:中国水利水电出版社,2017.
[6] 邹林. 水土保持与生态保护实务[M]. 北京:中国水利水电出版社,2016.
[7] 吴发启,张洪江. 土壤侵蚀学[M]. 北京:科学出版社, 2012.